中央编译局文库编辑委员会

主　任：贾高建
副主任：俞可平　魏海生　王学东　陈和平　杨金海
委　员：贾高建　俞可平　魏海生　王学东　陈和平　杨金海
　　　　柴方国　何增科　季正聚　郗卫东　张文成　曹荣湘
　　　　卿学民　刘明清　薛晓源

中央编译出版社文库编辑中心编辑小组

薛晓源　董　巍　苗永姝　冯　章　侯天保　李媛媛　盛菊艳
薛迎春　董　妍

中国的民主治理
理论与实践
Democratic Governance in China
Theory and Practice

主编 俞可平
副主编 何增科

国家出版基金项目
NATIONAL PUBLICATION FOUNDATION

法治政府

GOVERNMENT RULED BY LAW

李月军 主编

中央编译出版社
Central Compilation & Translation Press

《中国的民主治理：理论与实践》编辑委员会

主　编：俞可平
副主编：何增科
委　员：陈国权　丁元竹　龚维斌　何增科　黄卫平　姜晓萍　景跃进　蓝志勇
　　　　马　骏　米加宁　浦兴祖　王长江　王绍光　王正绪　吴建南　徐　勇
　　　　薛　澜　燕继荣　杨大利　杨光斌　杨雪冬　俞可平　余逊达　赵树凯
　　　　周光辉　朱光磊

总　序　·　俞可平　·　I
导　论　中国法治政府之路：经验与问题　·　李月军　·　1

论政府社会管理创新的法治化路径
　　——由"法治湖南"引发的思考　·　宋智敏　·　3
行政处罚权自由边界的厘定与有益探索
　　——云南省昆明市行政处罚自由裁量权规范细化制度探究　·　贺琳凯　·　17
政府与公民间的见面机制：法治政府建设之酶
　　——重庆市"创建法治政府四项制度"案例分析　·　邵明阳　·　33
深化行政审批制度改革　推进法治政府建设
　　——以海南省行政审批制度改革为视角　·　李　林　·　65
建设法治政府
　　——以江苏省执法告知服务制度为例　·　郤继红　·　84
新型城市化进程中的地方法治路径选择
　　——以成都法治城市建设的实践为例　·　成都法治城市建设课题组　·　121
论城市化与法治化的融合与互嵌
　　——兼及律师参与城市征迁的晋江经验　·　陈忠禹　·　140

"扩权强镇"后的乡镇权力规范运行探索
　　——绍兴市"中心镇权力规制"案例研究 · 翁列恩　胡税根 · 152
规范行政行为　构建法治政府
　　——关于济南章丘市环保局依法行政的调查与思考
　　　　· 陈　可　刘　云 · 175
除罪化、程序法治与法的可预期性
　　——以"黄碟案"为中心的法理透视 · 易延友 · 187
哈尔滨市行政复议机制改革 · 吴　杨 · 217
理念、范式、制度：面对社会矛盾纠纷时的政府选择
　　——以上海市浦东新区司法调解中心为个案 · 钟开斌 · 241
行政部门立法后评估制度研究导向
　　——以国土资源部后评估工作实践为分析个案 · 郭　威　邹谢华 · 271
地方法治建设绩效测评体系构建的实践性探索
　　——以余杭、成都和香港等地区法治建设为例的分析 · 朱未易 · 284

· 插图图次 ·

图 1　江苏省机动车保有量、驾驶人数变化 · 108

图 2　江苏省接报交通安全执法群众投诉数量（单位：件）· 110

图 3　新型村级治理组织体系 · 128

图 4　行政复议委员会机构设置图解 · 222

图 5　行政复议委员会工作机制与原办案机制对比图示 · 223

图 6　哈尔滨市行政复议工作流程图 · 226

图 7　哈尔滨市政府行政复议委员会案件统计情况（2006—2009）· 232

图 8　哈尔滨市中级法院行政诉讼案件统计情况（2006—2009）· 233

图 9　社会矛盾调解中心组织结构示意图 · 245

图 10　社会矛盾纠纷应急管理功能定位与治理原则关系图 · 248

图 11　浦东新区群体性矛盾态势（1994—2001）· 250

图 12　110 司法联动接处警流程图 · 257

图 13　横向协调小组组织结构图 · 259

· 插表表次 ·

表 1　昆明市滇池综合执法机关行政处罚
　　　自由裁量权中部分的规范细化标准 · 26
表 2　交通安全违法记分临界告知单 · 95
表 3　电子监控设备记录交通安全违法行为告知单 · 96
表 4　公安局立案告知单 · 100
表 5　公安局信息网络安全管理违法行为告知单 · 101
表 6　江苏省交通事故处理情况 · 106
表 7　调解中心直接参与调处的较大矛盾纠纷（1995—2001）· 254
表 8　调解中心 110 接处警情况（1999 和 2001）· 258
表 9　调解中心三级协调网络结构 · 260
表 10　我国目前不同类型的调解机构 · 263

总　序

尽管与社会经济迅速发展的进程和人们日益增长的需求相比，我国的政治体制还存在许多严峻的挑战，深化政治体制改革依然是一项极为紧迫的任务，但不能否认，改革开放30多年来中国的政治发展取得了重大的进步。30多年的改革开放进程，是一个包括政治生活、经济生活和文化生活在内的全方位的社会进步过程。然而，坦率地说，与人们对经济改革成就的评价不同，对政治改革的成就充满着争议。典型的争论呈两个极端：一种观点认为，中国的政治改革与经济改革一样，进步迅速，成就巨大；另一种观点则认为，与中国的经济发展不同，中国的政治发展几乎停滞不前，没有多少重大成就。海外一些专家甚至认为，不改革政治只改革经济，正是中国创造经济发展奇迹的原因所在。

其实，上述争论在相当程度上是因为观察问题的立场和视角不同，如果从宏观政治框架上看，那么中国的政治变迁确实很少。中共一党执政的政党体制没有变，人民代表大会和人民政协的基本制度没有变，党领导行政、立法、司法的政治格局没有变，马克思主义主导的一元化政治意识形态也没有变。然而，如果换一种视角和立场，从国家治理的角度来观察中国的政治变迁，就会发现截然不同的另一幅景象：中国的政治生活在过去30多年中也同样发生了巨大的变化。例如，从人治开始逐渐走向法治，首次确立了建设法治国家的根本目标，着手建构较为完备的法律体制，政府行为更多地受到法律的约束；从封闭政治逐渐走向透明政治，首次颁布了政务公开的法规，各级党政权力部门逐渐推行政务公开；从管制政府走向服务政府，出台一系列的措施，大幅度减少行政审批事项，同时为公民提供更多的公共服务；从高度集权走向适度分权，中央政府从财政、税收、审批等多个方面向地方政府分权，同时将更多原先政府管制的事务转交给民间组织，开始向社会分权。

毋庸讳言，国家治理更多属于工具理性的范畴。换言之，无论哪一种社会政治体制中，统治者都希望有更高的行政效率、更加稳定的社会环境、更加完善的公共服务，从而有广泛的民意基础。但是，工具理性与价值理性之间并非存在不可跨越的鸿沟，工具理性的改革通常需要价值理性的指导，而且也或迟或早会催生新的价值理性。更进一步说，国家治理的改革虽然是达到既定政治和经济目标的手段，是一种工具理性的改革，但治理改革本身必然体现着某种政治价值，而且势必导致新的政治需求。因此，我一直坚持认为，治理改革是政治改革的重要内容，甚至也是政治体制改革的组成部分。改革开放以来，中国政治生活的进步与变革，主要体现在国家治理领域和社会治理领域的改革和进步。

迄今为止，我一直是增量改革的倡导者和践行者。我在20世纪末提出了"增量民主"理论，并且在21世纪初主持发起了"中国地方政府改革创新研究与奖励计划"。在社会各界已有广泛影响力的"中国地方政府创新奖"，便是该计划的重要内容，也是以"增量民主"推动社会政治进步的一个重要尝试。从2000年开始，我与中共中央编译局比较政治与经济研究中心的同事们一道，利用"中国地方政府创新奖"这个重要平台，对过去十多年中各级政府的改革创新案例进行了搜集、整理、分析和研究，对其中的先进案例进行了奖励、宣传和推广。可以自豪地说，关于中国的民主治理改革和政府创新，我们中央编译局比较政治与经济研究中心拥有最齐全的案例数据库。我们一直希望能够通过某种方式，使我们的案例数据和研究成果能够为更多的学术同行和党政官员分享，这套丛书便是这种努力的一个重要结果。展示在读者面前的这套《中国的民主治理：理论与实践》，按主题共分十卷，分别由"中国地方政府改革创新研究与奖励计划"的骨干成员主持编选。这十卷的目录和主编依次是：《民主选举》（闫健）、《民主决策》（陈家刚）、《民主管理》（龙宁丽）、《民主监督》（何增科）、《党内民主》（靳呈伟）、《法治政府》

(李月军)、《透明政府》(刘承礼)、《效率政府》(陈雪莲)、《服务政府》(徐焕)和《社会管理创新》(周红云)。

丛书各卷的选材主要依据"中国地方政府改革创新研究与奖励计划"的案例和成果,但并非局限于此。除此之外,我们还广泛选取了在相关主题方面的经典案例和代表性研究成果。从这个意义上说,这套丛书是我国在民主治理的实践探索和理论研究方面较为重要的一个成果汇编,读者从中可以大体了解21世纪以来我国治理改革的现实进展和研究现状。所以,作为丛书的主编,我特别希望这套丛书对于党政部门的实践者来说,具有一定的借鉴意义;对于学术部门的研究者来说,则具有一定的史料价值。

俞可平
2013年端午节于京郊方圆阁

导 论
中国法治政府之路：经验与问题

李月军

（中共中央编译局战略部政治发展研究所）

1997年，中共十五大明确提出了"依法治国，建设社会主义法治国家"的基本方略，两年之后全国人大通过的宪法修正案规定"中华人民共和国实行依法治国，建设社会主义法治国家"，这标志着法治、依法治国已经正式成为党和国家主要的执政理念之一。而依法行政、建设法治政府是实现依法治国的重要组成部分和步骤。2013年3月17日，国务院总理李克强答记者问时指出，建设创新政府、廉洁政府和法治政府，是完成持续发展经济、不断改善民生和促进社会公正三大目标的重要保障，并强调法治政府尤为根本。

作为《中国的民主治理：理论与实践》丛书之一，本卷所收入的文章，以法治政府案例为研究对象，其中的多数案例是历年获得"中国地方政府创新奖"的项目。为更深入全面地反映建设法治政府的经验，本书也兼收其他有关典型案例的研究文章。通过这些案例与研究，我们既可以看到近十年来中国建设法治政府生动鲜活的图景，也可以看到建设道路上的问题，解决问题的不懈创新与努力以及取得的经验。同时，如果我们用"挑剔"的眼光分析这些案例时，也会观察到法治政府建设本身面临的各种局限，甚至是困境。当然"挑剔"地发现这些局限与困境，是想为创新法治政府建设的路径、方向，提供一些理论上的可能参考，以期中国的法治政府创新具有更广阔和光明的前景。

那么什么是法治政府呢？法治政府就是政府的一切行动——从决策到执行及监督，都纳入法律化轨道；在政府与法律的关系上，法律至上，政府活动只能在法律之内而不能在法律之外，只能在法律之下而不能在法律之上；在政府与公民的关系上，公民为重，政府只能实现和保障公民合法权益，而不能违背和侵犯公民基本权利。在保证法律符合正义公平基本原则的前提下，中国法治政府建设的基本目标是"有法可依、有法必依、执法必严、违法必究"。需要重点说明的是，这四点不仅是对政府治理社会角度来说的，其法治政府建设的意义在于，它们也必须落实在政府自身行为上，即政府行为必须"有法可依、有法必依"，规制政府行为的法律也必须执法必严，对于政府的违法也要做到"违法必究"。

一、中国建设法治政府的基本经验

（一）建立健全法律体系，提高法律正义与公正性，使法治政府建设"有法可依"

没有健全的法律体系，法治政府建设就成为无本之木，无源之水。所以，建立健全法律体系，是改革开放30多年来法治政府建设的最重要的经验。根据官方发布的数据，截至2012年底，中国已制定现行宪法和有效法律243部、行政法规721部、地方性法规9200部，涵盖社会关系各个方面的法律部门已经齐全，各个法律部门中基本的、主要的法律已经制定，相应的行政法规和地方性法规比较完备，法律体系内部总体做到科学和谐统一。中国特色社会主义法律体系已经形成。[1]

法治的本质在于良法之治，法治政府的本质是保护公民的基本人权，限制公权力。在中国的立法与健全法律体系的过程中，也逐步抛弃了纯粹的法律工具主义观念，在目前体制下，努力创新各种手段，最大限度地提升立法质量，保证法律的公正与正义品质。尽管有学者论证说，"不应该指望一种良好的法律会引起对它的服从义务"[2]，但从理论上讲，在专业立法的基础上提高立法的民主程度，提升法律的正义与公正性，是成为良法的最佳途径，而良法总体上比恶法更有利于促进公民、组织和政府守法，实现真正的法治。近年来，中国立法工作的最重要经验之一就是促进立法的民主化。根据《立法法》规定，2008年4月，全国人大常委会委员长会议决定，今后全国人大常委会审议的法律草案，原则上都在中国人大网上全文公布，对关系改革发展稳定大局和群众切身利益、社会普遍关注的重要法律草案，还要在中国主要新闻媒体上公布。同时，为在制定行政法规过程中进一步提高公众参与度，国务院规定除涉及国家秘密、国家安全等内容外，行政法规草案全部公开征求意见。有立法权的地方人大及其常委会，通过公布地方性法规草案，公开征集立法项目和法规草案，建立多元法规草案起草机制，扩大公民对立法工作的参与、直接听取利益相关者的意见，还要多次召开国内国际研讨会、座谈会等，听取专家意见，举办座谈会、论证会、听证会等多种方式，不断拓宽民主立法渠道。这些措施大大增加了法律体系建构的透明度，实现了公布法律草案的常态化，是朝着立法民主化方向迈出的重大步伐，也大大提高了法律的合法性、正义性和公正性，使法治政府建设"有良法可依"。

2009年开始，还开展立法后评估工作。立法后评估是提高法律建设质量

---

1. 《中国特色社会主义法律体系》白皮书。
2. ［英］约瑟夫·拉兹：《服从法律的义务》，见应奇、刘训练主编：《政治义务：证成与反驳》，南京：江苏人民出版社2007年版，第231页。

的重要保障，也是《全面推进依法行政实施纲要》提出的原则要求。国务院法制办从 2006 年起探索开展立法后评估工作，选择了《艾滋病防治条例》、《特种设备安全监察条例》等 12 部行政法规进行了立法后评估，取得了较好效果。2009 年，又选择《国家自然科学基金条例》等 6 件行政法规进行立法后评估。本书中的第十三篇文章《行政部门立法后评估制度研究导向》，为我们提供了一个行政部门立法后评估制度创新，限制行政部门通过立法扩张自己利益与权力的生动案例。

（二）各方合力共同推进中国政府法治化进程

总体来看，中国法治政府建设的开启与成就是在政府自觉、社会压力等因素合力推动下的结果。自改革开放之初，法治进程也随之开启。尽管最初的"法制建设"被有些学者指责为"工具主义"，从"群众运动"到"依法治国"的转变是出于国家治理策略转化的需要，是为了运用社会力量来节省国家的力量，从而有效化解政治反对的力量，并把这些力量运用到社会主义现代化建设中来[1]，但是，综观 30 多年来，特别是近 10 年来的中国法治与法治政府建设的进程，国家和各级地方政府的自觉与创新是一个主要力量。

自依法治国被提升为国家建设战略指导思想后，中国法治政府的建设在各级政府的推动下进一步加速。为全面落实依法治国基本方略，加快建设法治政府，2004 年 3 月，国务院发布《全面推进依法行政实施纲要》，明确提出建设法治政府的奋斗目标；2008 年又发布《关于加强市县政府依法行政的决定》；2010 年又发布《关于加强法治政府建设的意见》，这些决定和意见为法治政府建设提供具体指导，在压力型体制下，也成为地方政府法治化建设的强大动力。需要指出，这些决定和意见是基于中央政府清楚认识到每个阶

---

1. 强世功：《惩罚与法治——当代法治的兴起（1976—1981）》，北京：法律出版社 2009 年版，第 210 页。

段法治政府建设的必要性和紧迫性的基础之上的。例如,《关于加强市县政府依法行政的决定》指出,市县两级政府在我国政权体系中具有十分重要的地位,处在政府工作的第一线,是国家法律法规和政策的重要执行者。实际工作中,直接涉及人民群众具体利益的行政行为大多数由市县政府作出,各种社会矛盾和纠纷大多数发生在基层并需要市县政府处理和化解。市县政府能否切实做到依法行政,很大程度上决定着政府依法行政的整体水平和法治政府建设的整体进程。但是与形势发展的要求还有不小差距,一些县市行政机关及其工作人员依法行政的意识有待增强,依法办事的能力和水平有待提高;一些地方有法不依、执法不严、违法不究的状况亟须改变。又如,《关于加强法治政府建设的意见》指出,我国经济社会发展进入新阶段,国内外环境更为复杂,挑战增多。转变经济发展方式和调整经济结构的任务更加紧迫和艰巨,城乡之间、地区之间发展不平衡,收入分配不公平和差距扩大,社会结构和利益格局深刻调整,部分地区和一些领域社会矛盾有所增加,群体性事件时有发生,一些领域腐败现象仍然易发多发,执法不公、行政不作为乱作为等问题比较突出。解决这些突出问题,要求进一步深化改革,加强制度建设,强化对行政权力运行的监督和制约,推进依法行政,建设法治政府。

在自觉意识到法治政府建设中存在的问题,及时为解决问题提供整体战略策略的同时,中央政府对具体紧急事件也迅速作出反应,以具体行动推动法治政府建设。如三鹿牌婴幼儿奶粉事件发生后,国务院废止了有关食品免检制度的规定,及时制定《乳品质量安全监督管理条例》,进一步完善乳品从牧场到餐桌全过程的质量安全管理,严格落实执法责任,维护人民群众生命健康安全。

在中央政府的推动下,地方政府也不断深化自身法治建设。事实上,以往不少地方行政改革创新的本土经验,不仅有效地推动了地方经济与社会发展,而且对中央层面的立法建制和整个法治政府建设,都发挥了积极的示范和推动作用。本书收入的绝大多数案例都是关于地方法治政府建设的。又如,我国改革开放以来在克服法律虚无主义之后，重实体法、轻程序法的问题逐渐显现出来，行政程序违法现象突出，影响恶劣，教训深刻。客观上要求加强行政程序法制建设，要求行政机关及其工作人员增强程序法治意识，在行政管理过程中严格遵循法定的管理方式、步骤、顺序和期限。由于种种原因，曾列入立法规划的"行政程序法"的起草制定工作近年来被搁置下来。在此背景下，2008年4月湖南省在全国率先颁布了十章一百七十八条的《湖南省行政程序规定》并于同年10月1日起施行，这犹如一石激起千层浪，受到各方关注，投射出多方面的行政法制创新示范意义。它是近年来陷于滞缓状态的我国行政程序立法进程的重大突破，体现了领导决策者和政府法治工作者的创新精神。此外，近年来引起全社会广泛关注和讨论的地方行政改革创新举措，有上海、重庆等地的人本城管举措；广州、北京等地的公众参与举措；安徽、广州等地尝试进行的立法和行政立法后评估制度实践等。[1]

从国家—社会关系角度看，各级政府在法治建设方面的自觉推进，在相当程度和范围内是对来自社会的法治要求所带来的压力的感知。正如孙笑侠教授所说："当今中国官方推行的法治化运动，实质上也正是来自民间的权利运动。"[2] 早在1987年，浙江温州苍南县农民包郑照到法院状告县政府，催生了中国行政诉讼制度。近年来，出现了许多的体现社会对法治要求并推动中国法治政府建设的典型案例，如2007年成都市的"唐彩珍案"发生后，北京大学五位教授向全国人大常委会递书，建议撤销拆迁条例。这一事件与其他和拆迁相关的社会抗争案例，一起推动了《国有土地上房屋征收与补偿条例》在2011年初颁行。其他案例还有2010年的"孙志刚案"，导致了一个旧法律的废除和一部新法律的诞生。本书中江苏省公安机关执法告知服务制度的出台，也是与对2005年6月"杜宝良事件"的反思直接相关。2007年，厦门

---

1. 莫于川：《建设法治政府和服务型政府的基本路向——透视地方行政改革创新经验》，载《社会科学研究》，2010年第3期。
2. 孙笑侠：《拆迁风云中寻找法治动力——论转型期法治建构的主体》，载《东方法学》，2010年第4期。

"市民散步事件"发生,导致同年12月中旬举行的厦门历史上"第一次大规模的公众座谈会",市民代表踊跃发表理性专业的意见,让人见识了素为官方忽略的民间智慧。此次以城市中产阶层为主体的环保运动让官方看到,厦门市民乃至全国更广大地区的民众,完全具备了推行更充分民主政治所必需的社会动力。

除了持续不断的普通民众的抗争运动外,推进中国法治政府建设的社会动力还来自民间组织。在任何时代、任何国家,个体权利面对国家权力时都是弱不禁风的。因此,要想使个体权利和自由获得可靠保障,社会成员就必须联合起来,形成社会组织,并以组织化形式和群体化力量来表达愿望、主张权利、捍卫自由。特别在中国,官本位浓重,垄断企业势力庞大,加之个体自由和权利的保护渠道不健全、不完善,个体的力量更显脆弱。因此,民间组织就成为保护个体权利和自由的重要后盾和屏障。[1] 如1997—1998年间海南省企业协会就以自身组织力量,促进了海口狮子楼大酒店董事长雷献强受非法拘禁案的解决,保护了个体权利和自由。如果没有海南省企业协会的介入,单凭雷献强的个体力量恐怕很难取得这样的效果。

如前所述,保护公民的合法权益与限制政府公权力是法治的一体两面。也就是说,从某种意义上讲,社会权力/权利与政府权力存在此消彼长的关系。上述这些社会中个体和组织对自己权利的维护,从另一个方面来说也是对政府权力的有力约束。

推动中国法治政府建设的另一支社会力量还有知识分子。他们推进中国法治政府建设主要表现在两个方面:一是其法治民主理论研究为中国法治政府建设提供了理论支持,通过各种渠道使法治理念从社会知识上升为国家知识;二是身体力行地参与法治政府建设,如相关立法过程都有这些专业知识分子的身影,"孙志刚事件"、"唐彩珍事件"中,都有知识分子直接向中央

---

1. 马长山:《民间组织兴起:转型期法治进程的新兴动力》,载《求是学刊》,2010年第5期。

政府提出意见。2003年7月，杭州市机械工业学校退休教师刘进成发起、金奎喜律师等116人联名上书全国人大，要求对《拆迁管理条例》进行违宪审查。最近，一些学者又向中央政府呼吁废除与法治政府建设极不相适的劳动教养制度，并得到回应。2013年3月17日，李克强总理在回答有关劳教制度的提问时说："中国劳教制度的改革方案，有关部门正在抓紧研究制定，年内有望出台。"

总之，中国法治政府建设的经验已经显示出中国式进路的特点，显示出中国法治秩序特有的建构方式。这就是在政府为主导力量、政府与社会力量的动态合力作用下，中国法治政府建设在转型和磨合中一边建构，一边探索，一边前行。法治政府建设的进退取决于所涉及的各种力量能否理智地进行沟通与互认，建立新的法律制度解决相互之间的利益冲突，达成恒久的一致的制度框架，防止相似冲突的重现与激化。

（三）我国的法治政府建设，不能简单地照搬国外模式，必须注重与本土资源的结合

长期以来，我们一直强调，中国的政治体制改革更加注重发挥法治在国家治理和社会管理中的重要作用，积极借鉴人类政治文明有益成果，绝不照搬西方政治制度模式。法治与法治政府理论作为一种理性思维的结晶，有理由也有义务引导法治建设的实践，但实践又包含着它自己的运行逻辑。法学与政治学理论界以往对法治与法治政府的研究，较多地指向了应然的理论构想这个层面，较少关注到实践层面，尤其是实践自身的运行逻辑。学者们论及法治，习惯于以一些源于西方的法治理论作为检验当代中国法治实践的标准或作为引导中国法治政府建设与改革的目标，总是认为，任何不符合西方法治理念的实践似乎都是消极的、错误的，都没有存在的理由，都是改革的对象。

站在法治政府建设实践的角度上看，可以发现，法治与法治政府建设的具体模式与路径，往往与一个国家甚至一个地区的政治状况、经济发展水平、历史传统等诸多因素都是相互关联、融为一体的。可能的法治是社会在其现有的资源、知识、文化约束下，在各种社会关系的交互影响下可以实现的制度，而脱离具体地方性和社会条件的抽象的"法治"是没有现实对应物的。具体的法治模式与路径则是特定时空环境下造就的，本书中提及的司法调解就是一个例证。秉持西方自由主义理念的学者认为，"几乎所有案件都将把调解作为优先解决程序，有悖于司法的性质，限制和剥夺了诉讼法授予当事人的权利"[1]。实际上，现在中国的调解制度既是历史传统所来，也与中国国情相适应。在长期研究调解制度后，黄宗智先生认为，西方国家也有相近的调解制度，只是不如中国这样明显，在对上海司法调解制度改革与运作成效表示赞同的同时，进一步指出"如果调解机制完全消失，每十万人的诉讼案率比今天的要再上升二十九倍？我相信不会，我们也应该希望不会"[2]。据2011年官方统计，中国有人民调解组织80多万个，人民调解员490多万人，形成了覆盖广大城乡的人民调解工作网络，在解决民间纠纷、化解社会矛盾、促进和谐稳定等方面，人民调解发挥着重要作用。2010年8月，全国人大常委会审议通过了《人民调解法》，这部法律规定的调解原则，一是自愿、平等。当事人在调解活动中可以选择或者接受人民调解员，可以接受、拒绝或者终止调解，可以要求调解公开或者不公开进行，可以自主表达意愿，自愿达成调解协议。二是合法。调解不得违背法律、法规和国家政策。三是尊重当事人权利。不得因调解而阻止当事人依法通过仲裁、行政、司法等途径维护自己的权利。随着调解与司法裁决之间关系的制度化界定，调解协议的法律效力得以明确规定，有望厘清调解和司法职能的分界。"只有这样，才能将属于

---

1. 秋风：《调解优先，还要法院干什么》，载《东方早报》，2010年6月29日。
2. 黄宗智：《调解与中国法律的现代性》，载《中国法律》（香港），2009年第3期，第2—7页。

司法的（诉讼）还给司法，属于民间的（调解）还给民间"[1]，也有助于更加充分合理地发挥调解制度的积极作用。

二、中国法治政府建设中存在的问题与局限

中国是一个超大型国家，而且人治观念与相应的体制，经过千年传承，统治着多数人的头脑与身体。对于这样一个国家来说，法治（而不是法制）的进程刚刚进行了不过十几年，因此，旨在把非法治化的集体观念与行动，转变为法治化的集体观念与行动的中国法治与法治政府建设不可避免地存在诸多困难和问题，表现出许多局限性。对此，此处不可能逐一枚举分析，仅选择一些易为多数学者和读者所忽视，或者对中国未来法治政府建设具有重要影响的议题作扼要分析。

与民主一样，法治本身并不是十全十美的，也不是万能的。如前所述，法治应该是"良法"之治。然而，现实中的法律并不一定完全符合"良法"所饱含的正义与公平原则。以经济人为前提的公共选择理论指出，由于人受自身能力的限制，无法获取和理解足够的相关信息以实现利益最大化，其行为与最大化目标并不保持一致，因而无法杜绝权力者的机会主义"寻租"行为。任何一个人，无论他是制造商、政府官员，还是立法者和法官，其行为都被看做是为了满足自己的喜好，最大化自己的利益。在法治社会中，即使那些号称代表人民的立法者实际上也是一群追求自身利益的理性的个人。用布坎南的话说，立法机构由一群理性的个人组成，它不是一个内部结构和谐一致的有机体，也没有统一的意志。从布坎南"作为交易的政治"这一角度，法律可以认为是个体、集体与国家的一种交易，个人、集体和政府都可能是法律的需要体，但他们的利益并不一致，他们在需要的问题上是冲突与竞争

---

[1]. 张千帆：《2010年中国法治的进步与局限》，载《民主与科学》，2011年第1期。

性的。[1] 现实中的法律并不是一致同意的结果，而是利益冲突着的、资源与行动能力不平等的不同个人、群体、组织不断博弈的结果。所以就公平而言，法律所反映的意志会有偏私的可能；就技术而言，法律不可能永恒且又准确地实现立法者的目标。退一步讲，即便是法律能够比较准确地实现立法者的目标，那么由于立法机关的代表们有可能仅仅只是自己需要的代表，立法者们的个人理性也无法汇总为集体理性，他们制定的法律也不能完全体现公共利益。法律所体现的往往是特殊利益，而不是普遍的共同利益，不是所有人的需要都能够被体现。在此时，法治只是起着一个维持人们合法争斗的秩序的作用，充其量只不过是一出出政治游戏和闹剧，体现绝对正义与公平的理想法治社会并不可能完全实现。现实的法治只能是无限地接近理想的"良法"之治。加之其他诸多因素的影响，现实法治与理想法治之间的距离与空间就是法治的局限所在。既然法治的优长能够映射到法治政府之上，那么它的局限也不可避免地会在法治政府建设实践中体现出来。这些带有普遍意义的法治与法治政府的局限也会在中国法治政府建设中不时地以某些形式表现出来。这是导致法治与法治政府并不能解决中国发展过程中面临的与法律或政府建设相关问题的重要原因之一。

在经过诸多讨论后，民主正在逐渐被除魅，然而，对法治争论研究虽很热闹，对法治的通常理解，却还停留在"有法可依，有法必依，执法必严，违法必究"的口号层次上，对法律运作的内在机理缺乏深入的研究。经过多年的宣传，法治不仅成为官方的一种意识形态，而且也作为主导社会话语的新意识形态。[2] 这种不自觉的意识形态在法治与现代化、进步等宏大话语之间建立起了一种直线式因果关联，被认为法治可以提供国家政权的合法性；法

---

[1]. Buchanan, "Marginal Notes on Reading Political Philosophy", in Buchanan & Tullock, *The Calculus of Consent: Logical Foundations of Constitutional Democracy*, Ann Arbor: University of Michigan Press, 1962, p. 512.

[2]. 梁治平：《法治：社会转型时期的制度建构——对中国法律现代化运动的一个内在观察》，载《当代中国研究》，2000 年第 2 期。

治政府被赋予了诸多本不完全负担得起的功能，解决原本不属于它们解决的问题。法治政府被认为担负起建设服务型政府、廉洁政府、信用政府、有限政府、高效政府等的任务。仔细深入地想来，法治政府的主要目标是解决政府权力的边界问题，而对提高权力来源进路上的合法性无能为力，也不一定会使政府高效、廉洁地提供优质公共产品。前者主要是由民主制度解决的问题，而后者则与法律把政府规制哪个方向相关。我们理想中的政府是规模尽量小、费用尽量少又具有强大的高效地提供公共产品的能力，单单地法治化似乎并不能提供这样的一个理想政府。

为法治除魅，"并不是要拒绝法治的理念，或否定法治理论与实践对中国社会发展可能具有的意义；相反，这样做的目的是要对'法治'理念本身进行理性的和批评性的检视，通过把'法治'理论置于中国特定的历史、文化和社会情境中加以反思，重新认识其历史的和现实的意义，进一步确定其性质、力量和限度"[1]，反对"法治崇拜"和"法治迷信"。

由于受现有政治权力体制的限制，后一类问题在中国法治与法治政府建设中还不同程度地存在，学者们多有论及，这里只是扼要概括如下：

第一，立法实际过程与法定立法过程存在相当的出入，居于立法过程权力中心的并非《宪法》与《立法法》所确立的全国人大及其常委会，而是中共中央；行政部门——国务院掌握次要的立法权，全国人大及其常委会在整个立法过程中处于决策圈子的最外缘。就人大的修宪权来说，新中国成立以来的历次修宪建议都是由中共中央正式提出的。[2] 当然，我们可以辩称，这样的实际立法结果未必不能实现"良法"之治，但程序本身与法律规定不一致，没有体现法治的程序公正与合法的精神。此外，立法过程对社会的开放度不够，还基本上停留在开门纳谏的层次，公民参与途径不通畅，参与范围有限，

---

1. 梁治平：《法治：社会转型时期的制度建构——对中国法律现代化运动的一个内在观察》，载《当代中国研究》，2000年第2期。
2. 韩丽，《中国立法过程中的非正式规则》，载《战略与管理》，2002第4期。

参与深度不够，公民没有发言权，辩论权更少的问题。公民的立法建议与意见是否被采纳还是取决于立法者。

第二，政府法治化建设根本困境在于党的权力约束问题远没有解决。党权在相当程度上还是在法律之上和之外运行的。在党委决策、政府执行、人大监督的政治运行过程中，法治建设的重点放在担任执行角色的政府上，而党权决策远没有法治化，大大制约了法治政府建设的进程与效果。例如党的宣传部门实际上领导着政府中的新闻出版部门，这种领导达到了非常细微的程度。到了什么事情可以报，什么词可以用，什么人可以上镜，什么人不能上镜都由前者说了算。也就是说宣传部门的行为实际上是一种国家治理行为，按法治化的要求，它应该在法律之内和之下运行，但实际上相反。即便是我们从一个实证主义的立场出发，宣传部门该做什么，边界在哪里等问题都应该有相应的法律规定。

第三，审判不独立，表现在首先是法院和法官审理案件形成判决除了服从法律，还受外部力量（地方党委、党委书记、政法委书记）的指使或干预；其次是具体案件的承审法官不独立于法院其他组成人员，尤其是院长或首席法官常常能左右每个承审法官对具体案件的裁判；再次是审级不独立，即上级法院与下级法院之间的监督与被监督关系，扭曲成了国家行政机关之间的领导与被领导关系，使地方各级法院的审级独立受到了近乎毁灭性的破坏，以致最高法院、高级法院动辄向下发文件、发指令，或由政法委领导人、法院院长出面发表讲话，向各级法院和法官提各种要求。其后果之一，是中国各级法院在很大程度上已不再是依照法律规定独立行使审判权，而是按照内部文件、指示、指令、领导讲话和甚至暗中干涉司法机构行使审判权。[1]

对于中国法治建设与法治政府建设过程中存在的某些问题，有的问题是由法治局限本身引起的，有的问题则是中国特有政治体制或法治政府建设过

---

1. 《司法体制改革需要走向司法独立》，http://www.21ccom.net/articles/zgyj/fzyj/article_2012091067325.html。

程中特定因素所致，对不同的问题我们应该采取"凯撒的归凯撒，上帝的归上帝"式的态度。这不但有助于廓清对法治的理论认知，也有助于我们理性地看待和处理中国法治政府建设过程中出现的问题，对建设绩效给予客观评价。

论政府社会管理创新的法治化路径
——由"法治湖南"引发的思考

宋智敏

(湖南科技大学法学院)

随着我国社会经济的不断发展、社会结构的不断变迁、利益格局的不断调整、思想观念的不断变化,各类矛盾纷纷凸显,各种冲突不断频现。面对新的严峻形势,如何协调社会关系、化解社会矛盾、促进社会公正、保持社会稳定,是摆在各级政府面前亟待解决的重大课题。敢为天下先的湖南再次乘势而上、顺势而为,走在社会管理创新的前列,大胆探索社会管理法治化的改革路径。先后颁行了《湖南省行政程序管理规定》、《湖南省规范性文件管理办法》、《湖南省规范行政裁量权办法》、《湖南省政府服务规定》和《法治湖南建设纲要》等规定,创造了推进政府法治的"湖南现象",促进了政府社会管理在理念、内容、手段、程序等方面的革新,为优化我国社会管理探索出了一条具有参照意义的新路。

一、从"管制"到"服务":政府社会管理理念的更新

我国传统行政一直实行以"权力"为本位,以"命令"和"强制"为手

段,以保障行政权力运行为目的的管理模式。这种模式极大地抑制了社会力量的成长和公众参与积极性、主动性、创造性的发挥,容易滋生官僚主义,导致公共行政效率低下。伴随着世界上以公共服务为价值取向的政府管理职能的逐步演进,我国政府切实更新管理理念、强化服务意识已是大势所趋。党的十七大就明确提出了要构建服务型政府的目标。服务型政府,是一种以公民为中心,以服务公众日益多元化的公共需求为导向的新型政府治理模式。[1] 建设服务型政府,客观上要求政府依法行政,倡导公民本位、社会本位和权利本位的法治理念。湖南省政府严格依法管理,连续几年推出数部约束权力的规章,目的就是通过政府社会管理的法治化,促进由过去"以政府为中心"的重管制模式向"以满足人民需求为中心"的公共服务模式转变。

(一)"民本位"取代"官本位"

"官本位"思想是中国几千年封建社会政治文化的产物,至今在我国社会生活中仍然存在着广泛的影响。"官本位"意识使政府习惯于凌驾在社会之上、企业之上、人民之上,而难以把自己摆在"服务者"、"合作者"的位置。随着改革的不断深入,政府必须转换角色,树立公民本位的法治理念。所谓公民本位就是指公民是国家的根本,公民在国家的经济、政治、文化和社会生活中是国家和社会的主人,拥有一系列切实的政治、经济权利,成为独立权利主体。树立公民本位的理念,意味着政府与公民的关系,是一种"仆"与"主"的关系,政府必须按照以人为本、执政为民的要求,为全体社会成员提供基本而有效的公共产品和公共服务。湖南省政府认真贯彻全心全意为人民服务的根本宗旨,坚持人民主体地位,把人民满意作为加强和创

---

1. 刘熙瑞:《服务型政府——经济全球化背景下中国政府改革目标选择》,载《中国行政管理》,2002 年第 7 期,第 5—7 页。

新社会管理的出发点和落脚点。如在《湖南省政府服务规定》中把加强和创新社会管理同人民群众意愿和需要紧密结合起来，以人民群众利益为重、以人民群众期盼为念，充分尊重人、理解人、关心人，寓管理于服务之中，努力实现管理与服务的有机统一。《湖南省行政程序规定》更是立足于解决行政管理中存在的问题，以建设法治政府为主要目标，以保障公民的程序权利为主要内容，构建了与公民本位相适应的公众参与制度、信息公开制度。

(二) "社会本位"取代"政府本位"

在计划经济时代，我国政府形成了以政府为本位的治理理念。政府是国家意志的体现者和贯彻者，是唯一享有公共事务管理资格的主体，是全社会利益的代表者，行使着对全社会一切事务监督、控制和管理的权力。在这种管理体制下，政府凌驾于社会之上，其行政权力很难受到社会民众的监督和制约。政府职能的无限膨胀，严重影响了市场作用的有效发挥，造成了社会主体功能的萎缩。随着现代社会走向开放和多元，政府必须重新审视市场力量的存在及其主体地位提升的现实，树立社会本位的理念，将其权力逐步让渡给社会和市场，实现由国家与社会高度同一的"大政府、小社会"的管理格局到国家与社会分离，社会职能社会化，社会事务社会办的"小政府、大社会"的管理格局的转变。[1] 湖南省按照"政府主导、社会参与"的原则，在《湖南省政府服务规定》中突出各级行政机关作为政府服务的责任主体地位的基础上，采取积极措施，组织、支持、引导企业事业单位、基层自治组织、社会组织、社会工作者、志愿者等社会力量提供公共服务，并加强对社会力量提供公共服务的监督管理。该《规定》还将公共服务分为基本公共服务和非基本公共服务，并明确了两者的范围。基本公共服务主要由政府提供，非

---

1. 陈岳堂、胡杨名：《政府职能转变与社会公共组织发展》，载《湖南农业大学学报》，2007 第 12 期，第 121—123 页。

基本公共服务主要由社会力量提供。公共服务主体的多元化和公共服务的社会化，有利于激发公共服务体制的活力，提升公共服务的效率和水平。

（三）"权利本位"取代"权力本位"

传统政府是一种以权力为本位的政府，表现为对权力的崇拜与服从，缺少对权力的足够监督与有效控制。从权力本位走向权利本位，既是发展市场经济的必然要求，也是现代民主政治的重要特征。在"权利本位"理念下，政府必须是法治之下的政府，必须是对公民和社会负责的政府，而不是凌驾于公民和社会之上的官僚机构。首先，坚持权利本位，必须培养权利神圣的意识。正如学者所言："对权利的这种意识的信念和热情，正是使权利得以成为权利、使法律秩序得以成为法律秩序的根本条件。如果没有这些，权利不复存在，被称为权利的内容尽管写在法律条文中，现实中它也决不是权利。"[1] 为了提高公民的法律素质和依法执政的意识和能力，湖南省于2011年7月通过《湖南省法制宣传教育条例》，对于完善政府的社会管理和公共服务职能，满足人民群众日益增长的法律需求，维护社会和谐稳定都具有十分重要的意义。其次，坚持权利本位，必须拓展公众参与的渠道。《湖南省法治建设纲要》、《湖南省行政程序规定》、《湖南省政府服务规定》都不同程度地规定了与公众参与相适应的信息公开制度、公共参与权制度、公共参与评价制度、社会组织参与社会管理的制度等，促进了政府管理向民主政治的重大回归，是政府与公民关系从政府为中心走向公民为中心的重大进步。再次，坚持权利本位，必须强化政府责任。建立权责统一的行政管理体制是依法行政的基本要求，也是"法治湖南"的浓墨重彩之笔。《湖南省行政程序规定》用了

---

[1] ［日］川岛武宜：《现代化与法》，申政武、渠涛、李旺、王志安译，北京：中国政法大学出版社1994年版，第57页。

两章的篇幅规定了行政监督和责任追究，创新了行政监督制度和行政问责制度，体现了湖南省打造责任政府的决心和行动。

二、从"全能"到"有限"：政府社会管理内容的厘定

由于受苏联模式、中央集权制历史文化传统以及计划经济体制的影响，我国实行的是一种行政全能主义的管理模式，政府的行政权力至高无上，对人、财、物拥有绝对的支配权。这种高度集权和大包大揽的管理模式，导致了市场不能自主经营，社会不能自由选择，社会资源不能合理配置。服务型政府建设要求政府的权力、职能、规模、行为方式都受到宪法和法律的明文限制，并接受社会监督和制约。湖南省政府通过依法确权、适度让权、严格控权的方式，促进了政府从"万能"的政府转变成"有限"的政府，从"为所欲为"的政府转变成"为所必为"的政府。

（一）依法确权

"法无授权不可为"。打造有限政府，必须从依法确权开始。湖南省率先对行政权力进行了清理，到 2010 年底，湖南公布了 55 个行政执法部门的"权力清单"，全省一共取消了 131 项审批权，省级下放 74 项审批权、精简了 36 项年检项目。[1] 特别是针对当前日益严重的"政府权力部门化"、"部门权力利益化"、"部门利益法定化"等问题，湖南省政府出台了《规范性文件管理办法》，从实体和程序两个层面创新了管理机制。首先，明确了规范性文件的制定主体为各级人民政府、县级以上人民政府依法设立的工作部门和派出机关、法律法规授权的组织，议事协调机构、部门派出机构、部门内设机构

---

[1]. 罗忠恒：《服务型政府建设的"湖南样本"：经验与启示》，载《四川行政学院学报》，2011 第 3 期，第 98—101 页。

不得制定规范性文件。其次,细化了规范性文件的制定程序,要求起草单位在起草过程中采取多种形式广泛征求公众的意见。再次,健全了规范性文件的管理机制,废除了"终身制",建立了对规范性文件的"三统一"制度(统一登记、统一编号、统一公布),杜绝了以往规范性文件满天飞的现象,使政府权力设置的源头受到了立法的监控。最后,对规范性文件的定期考评、事后审查监督、定期清理和即时清理、规范性文件的解释、责任追究作了全面而系统的规定,完善了规范性文件的监督程序。规范性文件管理的法治化,从权力的源头上最大限度地控制行政权的唯我独尊,切断行政权的无处不在,限制行政权的无所不管,转化行政权的无所不能。[1]

(二) 适度让权

随着新社会组织的日益发展和壮大,政府将不再是公共事务的唯一治理者,公共事务的治理将更多依赖于社会与市场的参与合作。因此,政府必须破除行政本位及官本位的思维定势,在公共服务中激发市场和社会的积极性,采取措施组织、引导、支持市场和社会力量积极提供公共服务,建立政府主导、社会参与的公共服务体制机制。湖南省坚持建立健全"党委领导、政府负责、社会协同、公众参与的社会管理格局",在《湖南省政府服务规定》中明确"要求县级以上人民政府应当转变职能,加快推进政企分开、政资分开、政事分开、政社分开,注重公共服务,加强社会管理,严格市场监管,改善经济调解,全面正确履行职能"。同时,大力培育和扶持社会组织发展。根据《湖南省法治建设纲要》的规定,湖南省将力争到 2015 年基本建立起与该省经济社会发展相适应、布局合理、结构优化、功能到位、作用明显的社会组织体系,充分发挥其提供服务、反映诉求、规范行为的作用。湖南省社会组

---

1. 袁曙宏:《论加强对行政权力的制约和监督》,载《法学论坛》,2003 第 2 期,第 100—103 页。

织管理的法治化，必然推进有限政府的建立和社会治理格局的变迁。

（三）严格控权

随着行政权力的不断膨胀，行政裁量权通过行政活动的所有过程，涉及一切行政领域。而"所有的自由裁量权都可能被滥用，这仍是个至理名言"[1]。如何促进裁量的理性化，又保持行政的创新性、灵活性以及"个体化正义"的实现，是构建法治政府面临的挑战。湖南省针对本省行政裁量权公权私用、行使过程各方利益失衡、程序实施和方法不当的现状，于2010年4月颁行了《湖南省规范行政裁量权办法》，一改传统行政裁量权控制模式的单一性、封闭性，以一种多元的、开放的、复合的视角，对行政裁量权的行使实行内部综合控制。首先，规定了所有拥有自由裁量权的机关都必须制定裁量权基准，对裁量权予以细化和量化。其次，规定了行政机关在行使裁量权时应考虑的主要情形，包括立法目的、行政法基本原则、地域差异以及其他可能影响裁量权的合理性因素。再次，规定了行政机关行使行政裁量权应遵循相应的程序。最后，建立了行政案例指导制度，要求县级以上人民政府应当选择本行政区域内行政机关行使行政裁量权的典型案例向社会公开发布，指导行政机关行使行政裁量权。《湖南省规范行政裁量权办法》的制定，对贯彻依法行政、公平公正、合情合理的执法理念，防止和减少因自由裁量权的空间过大而造成执法不公现象具有重要意义。

三、从"刚性"到"柔性"：政府社会管理手段的优化

随着市场经济的建立和民主政治的日益发展，现代行政法的人文精神已

---

1. ［英］威廉·韦德：《行政法》，徐炳等译．北京：中国大百科全书出版社1997年版，第70页。

从"命令与服从"的单向强权理念,转化为"服务与合作"的双向沟通理念。相应地,政府管理方式也从传统的行政命令、行政处罚、行政强制等刚性管理手段向行政指导、行政合同、行政奖励、行政调解等柔性管理方式转变。此类柔性化管理方式,体现了广泛参与、双方互动、平等协商、自由选择等行政民主化的基本要求,如果在行政实践中被自觉或不自觉地运用,必将发挥特殊的行政管理功效。[1] 湖南省政府在吸收大量行政实践经验的基础上,在《湖南省行政程序规定》中专门确立了行政合同、行政指导、行政裁决、行政调解等制度,旨在充分发挥柔性管理手段在政府管理和政府职能转变中的作用。

(一)行政指导制度法律化

行政指导是指行政机关为实现特定的行政目的,在其法定的职权范围内或者依据法律、法规、规章和政策,以指导、劝告、提醒、建议等非强制性方式,引导公民、法人和其他组织作出或者不作出某种行为的活动。行政指导虽然不具有强制性,也不能直接产生法律效果,但并不等于说不需要法律的规范。事实上,西方国家对行政指导等新型管理方式都具有较为完备的法律规范。[2] 我国目前没有行政指导的专门法律,《湖南省行政程序规定》首次明确要求行政机关实施指导行为必须遵循正当性、自愿性和必要性原则。行政指导可适用于需要从技术、政策、安全、信息等方面帮助当事人增进其合法利益、需要预防当事人可能出现的妨害行政管理秩序的违法行为以及其他需要行政机关实施行政指导的情形。在行政指导中,行政机关可以采取说服、建议、协商、奖励、帮助等方式进行,在进行重大行政指导时,应当采取公布草案、听证会、座谈会、开放式听取意见等方式,广泛听取公民、法人或

---

1. 莫于川:《建设法治政府与服务政府的基本路向——透视地方行政改革创新经验》,载《社会科学研究》,2010 第 2 期,第 96—103 页。
2. 叶必丰:《行政法的人文精神》,北京:北京大学出版社 2005 年版,第 245 页。

者其他组织的意见。当事人对于是否接受指导具有自由选择的权利，行政机关不得采取或者变相采取强制措施迫使当事人接受行政指导，并不得因当事人拒绝接受、听从、配合行政指导而对其采取不利措施。行政指导的法治化，对创新我国行政管理方式，密切政府与公众的关系，取得公众对行政管理的配合和信任，具有重要的价值。

（二）行政合同制度规范化

行政合同是指行政机关为了实现行政管理目的，与公民、法人或者其他组织之间，经双方意思表示一致所达成的协议。行政合同既是现代行政法中合作、协商的民主精神发展的结果，也是现代市场经济发展过程中对市场调解失灵和政府干预双重缺陷的一种补救办法。在行政实践中，行政机关借助行政合同实现行政管理的目的，已成为现代社会中行政机关常用的一种手段。我国目前没有专门规定行政合同的法律。《湖南省行政程序规定》针对我国行政合同优先权行使不规范、行政合同救济制度缺失的现象，率先对行政合同订立原则及行政合同缔结、变更、解除的程序等相关问题作出了具体规定。湖南实行行政合同的法治化，有利于规范行政合同行为，推进政府职能转变，实现社会管理目标。

（三）行政裁决制度法治化

行政裁决是指行政机关根据法律、法规的授权，处理公民、法人或者其他组织相互之间发生的与其行政职权密切相关的民事纠纷的活动。由法律授权的行政机关对特定的民事纠纷进行裁决，是当今世界许多国家普遍存在的一个事实，也是现代行政表现出的一个显著特点。[1] 我国目前没有统一的行政裁决法

---

1. 罗豪才：《行政法学》，北京：北京大学出版社2000年版，第219页。

律，在现实中存在法律用语不规范、种类或对象不明确、程序规定不完善、救济途径不统一以及行政裁决权与法院审判权之间衔接不清等问题。[1] 为了保证行政裁决程序的公平性与实体处理结果的合法性和准确性，湖南省以构建完备的行政裁决程序为切入点，在《湖南省行政程序规定》中首次对行政裁决的申请、受理、审查、审理、证据、裁决书的内容等作出了具体规定。该《程序规定》第一百一十二条特别强调："行政机关审理行政裁决案件，应当由2名以上工作人员参加。双方当事人对主要事实没有争议的，行政机关可以采取书面审查的办法进行审理。双方当事人对主要事实有争议的，行政机关应当公开审理，充分听取双方当事人的意见，依法不予公开的除外。行政机关认为必要时，可以实地调查核实证据；对重大、复杂的案件，申请人提出要求或者行政机关认为必要时，可以采取听证的方式审理。行政机关应当先行调解，调解不成的，依法作出裁决。"行政裁决制度的法治化，有利于规范行政裁决行为，保证社会的稳定发展，保护公民的合法权益和减轻人民法院的诉讼压力。

（四）行政调解制度的法治化

行政调解是指行政机关为化解社会矛盾、维护社会稳定，依照法律、法规、规章和有关规定，居间协调处理公民、法人或其他组织相互之间民事纠纷的活动。行政调解契合现代服务行政的理念，有助于行政主体以沟通协商和合作等积极主动的方式建立起与公民的协作关系。但是我国行政调解法律制度至今尚未建立起来，特别是对行政调解的程序缺乏统一规定。《湖南省行政程序规定》首次对行政调解的原则、范围、组织、程序、效力等问题作出了系统规定。首先，明确了调解启动方式的灵活性。"行政机关可以根据公民、法人或者其他组织的申请调解，也可以主动进行调解"，从而增强了行政机关进行调解工作的灵

---

[1]. 王文惠：《中国行政裁决法律制度主要问题探究》，载《法学杂志》，2010第2期，第35—38页。

活性和服务性。其次，规定了"不符合条件或者一方不同意调解的不予受理，并向申请人说明理由"。说明理由制度，体现行政机关对公民知情权的保护。再次，强调调解人员的专业性。要求调解人员必须具有一定的法律知识、政策水平和实际工作经验。最后，强调了调解方式的多样性。"行政机关在查明事实、分清是非的基础上，根据纠纷双方特点和纠纷性质、难易程度、发展变化的情况，采取多种方式，做好说服疏导工作，引导、帮助纠纷双方达成调解协议。"行政调解的法治化，对今后我国行政调解的立法具有重要的启示。

四、从"实体"到"程序"：政府社会管理监督模式的创新

法治的核心要义是规范权力。在严格规则主义模式下，主要通过详细的规则实现法律对行政的控制，其强调的是行政行为的结果。行政程序则是通过行政主体与行政相对人之间的"交涉"与"反思"，赋予相对方以知情权、参与权和辩论权，从而把法律规则控制转化为相对人直接监督的控制，成为行政法治的核心内容。[1] 2008年4月，湖南省政府积极探索，大胆创新，开启了我国行政程序立法的破冰之旅，出台了我国首部系统规范行政程序的地方政府规章———《湖南省行政程序规定》。该规定以建立法治政府为宗旨，以保障公民的程序权利为主要内容，以公开和参与作为核心要素，对行政权力应当遵循的正当程序规则进行了全方位的规定，是推进政府管理体制、管理制度、管理方式创新的一个重大举措。

（一）行政决策程序法治化

行政决策是指行政机关在行政管理活动中对管理事项，收集信息、拟定

---

1. 胡肖华、欧爱民、张坤世：《行政法学若干理论问题研究》，长沙：湖南大学出版社2000年版，第214页。

方案、作出决定或选择的过程。为深入了解民情，充分反映民意，广泛集中民智，切实珍惜民力，提高科学民主决策水平，《程序规定》建立了科学、民主、依法"三位一体"的新型决策机制，明确了重大决策必须经过调查研究、专家论证、公众参与、合法性审查和集体讨论等五个必经程序。对涉及公众重大利益、公众对决策方案有重大分歧、可能影响社会稳定等重大行政决策，必须举行听证会。为保证重大决策的智力支持和信息支持，《程序规定》还明确了作出重大行政决策可根据需要进行成本效益分析，建立行政决策的执行制度、监督制度、纠错制度、评估制度。行政决策程序的法治化，相当程度地减少了政府各项决策的局限性和随意性，提高了政府的执政水平。

（二）行政执法程序规范化

行政执法是政府的主要职能，也是行政行为中最复杂、最丰富、最活跃的部分。为此，《程序规定》对行政执法程序进行了高度关注，根据行政行为的种类、行政事务的轻重缓急，在整合现有执法程序的基础上，确立了职权管辖、地域管辖、级别管辖、管辖权争议、部际联席会议、行政协助、相对集中行政处罚权、综合执法、联合执法等制度。同时，《程序规定》对行政执法行为的期限以及行政系统内部工作期限进行了专门规定，确定了当场办理、限时办结、期限分解等制度；对不作为行为和缓作为行为进行了界定，并规定给予相应的责任追究。执法程序的建立，推动了政府工作流程再造，提高了办事效率。

（三）行政公开程序法治化

行政公开是现代民主政治题中应有之义。党的十七大明确指出："确保权力正确行使，必须让权力在阳光下运行。"我国于 2008 年 5 月开始施行了

《政府信息公开条例》，开启了打造"阳光政府"的新时代。湖南省政府更是以信息公开制度作为整个程序的加速器，在《程序规定》中以专章的形式作出了具体规定。首先，明确规定了统一信息发布平台。规定县级以上人民政府的政府公报和指定的政府网站为政府信息发布的统一平台。既要发布县级以上人民政府及其工作部门制定的规范性文件，也要发布重大行政决策的结果，还要发布《政府信息公开条例》确定的其他应当主动公开的重点政府信息。特别强调县级以上人民政府及其工作部门制定的规范性文件未在政府公报、指定的政府网站上公布的，不得作为实施行政管理的依据，对公民、法人或者其他组织没有约束力。其次，明确规定了会议公开制度。规定行政机关召开涉及公众切身利益、需要公众广泛知晓和参与的行政会议，可以公开举行，允许公民、法人或者其他组织出席旁听。行政公开程序的建立，促进了公民知情权、表达权、参与权、监督权等政治诉求的实现，有利于化解社会矛盾，增进社会和谐，同时也是政府转变执政方式的重要体现。

（四）行政监督程序法治化

建立权责统一的行政管理体制，既是依法行政的基本要求，也是构建有限政府的必然选择。《程序规定》一方面通过强化层级监督创新了监督制度，主要体现在建立了政府主导、多元参与的政府绩效评估制度，要求县级以上人民政府加强政府绩效管理，逐步建立健全政府绩效管理体系，实行政府绩效评估，提高行政效能，同时还规定了政府绩效评估的内容和方式，并要求政府绩效评估的标准、指标、过程和结果都要通过适当方式向社会公开。同时，还规定了政府监督的其他形式，比如报告制度、检查制度、重大行政行为登记和备案制度、执法评议考核制度、执法案件评查制度、公众投诉举报受理制度、程序违法查处制度等，充分体现了湖南在监督机制和制度上的全面创新。另一方面通过强调行政责任创新了行政问责制度。该规定以大量的条文规定了政府违法行为的种类以及应当承担的法律责任，建立了内容丰富的行政问责制度。具体内容包括行政问责的主体、原则、范围和责任形式等。此外，参考了《德国行政程序法》，确定了对违法行政行为的处理措施，创新了我国长期以来形成和实施的传统责任承担方式。[1]

五、结　语

加强和创新社会管理，是我们党和国家在新的历史时期确定的一项重大战略任务。法治既是创新社会管理的基本方式，也是协调利益关系的有效途径，更是发展经济、维持社会稳定的重要手段。法治的要义是"政府应受法律统治并服从法律"，具体包括政府由法律产生、政府依法律管理、政府由法律控制（支配）、政府行为负法律责任、政府与人民（公民）的法律关系逐步实现平等化等几个方面。[2] 湖南省将各项工作都放在法治的框架内展开，以政府为主导，以程序为重点，以服务行政为价值追求，创立了社会管理法治化的"湖南模式"。这对于增强政府社会管理的权威性和公信力，提高社会管理效率和解决社会纠纷具有重要的意义。社会管理法治化，既是一项艰巨复杂的政府再造工程，也是一项重点研究的法学课题，需要实务界、法律界深入探讨和研究。

（原载《湖南科技大学学报（社会科学版）》，2012年第1期）

---

1. 刘丹：《湖南法治政府：思想源流、路径选择与制度创新》，载《湖南行政学院学报》，第2010第2期，第84—89页。
2. 杨海冲：《行政法理论基础——政府法治论》，北京：人民出版社1981年版，第57页。

行政处罚权自由边界的厘定与有益探索
——云南省昆明市行政处罚自由裁量权规范细化制度探究

贺琳凯
(云南大学公共管理学院)

一、行政处罚自由裁量权的法律界定和必要性

(一)行政执法中自由裁量权的法律界定

行政处罚自由裁量权是指国家行政机关在法律、法规规定的原则和范围内有选择余地的处置权利。它是行政机关及其工作人员在行政执法活动中客观存在的,有法律、法规授予的职权[1]。各行政执法机关作为对社会监督管理的职能部门,国家法律法规赋予了其较多的自由裁量权。在依法治国的根本理念之下,行政处罚的自由裁量权体现了国家法律制度赋予行政执法机关充分的自主权利,照顾到了各个不同地域和各种不同处罚情形千差万别的实际状况,是具有高度原则性和灵活性的。但是,正是由于国家的法

---

1. 缪梅玲:《正确行使行政处罚自由裁量权的原则及控制对策》,载《江苏农村经济:品牌农资》,2008年第9期。

律给予地方政府行政执法部门及其工作人员的处罚自由裁量权赋予权限较大，法律仅作了原则性和裁量范围的规定，而没有就具体的行政处罚适用法律情况作出详细的规定，因此，如何合法、合理地行使自由裁量权，树立政府的公信力，提升执法队伍的基本素质，同时能够实现公平公正执法、进行人性化的行政管理，构建和谐社会的法制目标，显示出极大的现实性和必要性。

（二）行政处罚自由裁量权的分类和"自由"的限度

为了更加有效地说明行政处罚自由裁量的"自由"限度，首先从法理学的角度和我国现行法律的规定来看行政自由裁量权的分类。根据《中华人民共和国行政法》以及国务院、各部委各种行政法规的规定，可将自由裁量权归纳为以下几种：

第一，在行政处罚幅度内的自由裁量权：即行政机关在对行政管理相对人作出行政处罚时，可在法定的处罚幅度内自由选择。它包括在同一处罚种类幅度的自由选择和不同处罚种类的自由选择。例如，我国的《治安管理处罚条例》第二十四条规定了违反本条规定的可"处以十五日以下拘留、二百元以下罚款或者警告"，也就是说，行政处罚主体可以视具体的行政违法行为和违法情形在拘留、罚款、警告这三种处罚中选择一种，也可以就拘留或罚款选择天数或数额。这样就给自由裁量留下了较大的空间。

第二，选择行为方式的自由裁量权：即行政机关在选择具体行政行为的方式上，有自由裁量权的权力，它包括作为与不作为。具体而言，即行政主体可以根据行政违法行为具体的情况作出是否采取必要行为进行有效处置或者约束，例如，《海关法》第二十一条第三款规定：被行政没收的"所列货物不宜长期保存的，海关可以根据实际情况提前处理"。也就是说，海关在处理方式上（如变价、冰冻等），有选择的余地，"可以"的语义包含了允许海关作为或不作为。

第三，作出具体行政行为时限的自由裁量权：通观我国的行政法律和行政法规，有相当数量的条文中未规定作出具体行政行为的时限，这说明行政机关在何时作出具体行政行为上有自由选择的余地，对于行政处罚权，也是如此。

第四，对事实性质认定的自由裁量权：即行政机关对行政管理相对人的行为性质或者被管理事项的性质的认定有自由裁量的权力。例如，《渔港水域交通安全管理条例》第二十一条第（三）项规定："在渔港内的航道、港池、锚地和停泊区从事有碍海上交通安全的捕捞、养殖等生产活动的"可给予警告式或罚款。这里的生产活动对海上交通安全是否"有碍"，缺乏客观衡量标准，行政机关有对"有碍"性质的认定有很大的自由裁量权。

第五，对情节轻重认定的自由裁量权：我国的行政法律、法规不少都有"情节较轻的"、"情节严重的"这样语义模糊的词，又没有规定认定情节轻重的法定条件，这样行政机关有对情节轻重的自由裁量权。

第六，决定是否执行的自由裁量权：即对具体执行力的行政决定，法律、法规大都规定有行政机关决定是否执行。例如，《行政诉讼法》第六十六条规定："公民、法人或者其他组织对具体行政行为在法定期限内不提起诉讼又不履行的，行政机关可以申请人民法院强制执行，或者依法强制执行。"这里的"可以"就表明了行政机关可以自由裁量。

从上述的分类可以看出，无论是从行政法律、法规厘定权利边界的角度来看，还是从具体执法的主观赋权来看，均有巨大的弹性空间，一方面使行政执法主体执法的依据不足，另一方面主观判断的偏颇难以避免，正是在这样的情形之下，昆明市人民政府展开了行政处罚自由裁量权规范细化的具体工作。

（三）行政执法中自由裁量权存在的必要性

行政执法，是政府行政执法机关及其工作人员针对行政相对人的行为进行的肯定、约束、管理或者惩罚的政府行为。这项行为中特别能够引起行政相对人的第一感性认识的就是行政处罚。毕竟，行政处罚是针对行政相对人所做的行为违反了国家的法律法规而进行的惩处，如果惩处得当，能够起到较好的管理效能，反之，如果惩处不力或者惩处过度，都将不能够达到有效的社会管理效果。

首先，随着现代社会的不断发展，行政管理的职能愈加重要，行政执法部门监督和管理社会生活的职能和范围不断扩大，对管理的需求不断增加，管理的难度不断提升，必须完善相应的行政处罚自由裁量权，从而与日新月异的社会管理现实相适应。因此，行政处罚自由裁量权是应对千差万别的行政管理现实状况的基本需求。

其次，从法律本身的存在和制定逻辑而言，面对纷繁复杂的社会关系和行政管理要求，法律法规不可能概括完美，罗列穷尽，作出适应每一种现实情况的规定。因此，从立法技术上看，有限的法律只能作出一些比较原则的规定，作出可供选择的措施和上下活动的幅度，促使行政主体灵活机动地因人因事作出更有成效的管理。从这个意义上讲，行政处罚自由裁量权正是适应各种现实管理要求的必由之路。

最后，各个行政处罚自由裁量权的载体——各级地方政府——所面对的行政行为大相径庭，行政处罚自由裁量权的行使，必须根据各地的客观实际情况和法律原则及各级政府及其公务员自己的理性判断加以灵活处理，做到"因地制宜、因事制宜"而非一刀切，无视差别。这就要求行政机关必须有行政处罚的自由裁量权。

二、行政处罚执法过程中存在的问题

（一）行政处罚自由裁量权中可能存在的普遍问题

行政处罚自由裁量权，具有高度原则性和灵活性，从国家法律制定的高度来看，行使行政处罚权的政府机关是有严格的主体资格限定的，在所有的政府部门中，只有具有行政主体资格、负有管理和规制行政相对人的行政行为的一部分政府机关具有处罚资格；然而，从具体执行的角度来看，却又具有法律规定的处罚范围过广、处罚幅度过宽、处罚随意性较大的一系列现实因素存在，具体而言，主要可能受到以下一些因素的影响而显失公平：

首先，由于行政执法主体的"社会人"角色而显失公平。公务员是行政处罚权的执行主体，而公务员本身不可避免地受到社会人的角色影响，受到情感和人际关系的干扰而导致在执法中存在可能偏离执法公正的情形出现。从人力资源学派的角度来看，美国麻省理工大学教授埃德加·沙因（E. H. Schein）把对人性的假设分析分为三种，即科学管理人性观的"理性—经济人"（Rational-Economic Man）和人群关系学派人性观的"社会人"以及人力资源学派的"自我实现人"（Self-actualizing Man）[1]，按照社会人假设的观点，人是有感情的，人最重视的是在工作中与周围人的友好相处，物质利益和制度的约束处于次要地位。在不少地方政府公务员的观念中，存在"有事好好说"的人情关系观念，由于亲戚、朋友、战友、同学等原因，出现自由裁量权的弃用；而如果公务员在执法中不能够受到法律的有效约束，也有可能会公报私仇、可能导致自由裁量权的被滥用。不管是哪种情形，都是自由裁量显失公平的状况。

其次，由于行政执法主体个人的工作能力、认识能力、知识水平冲突、道德水准等因素，可能导致自由裁量权显失公平。在中国行政执法的现实情形中，存在着执法主体的业务素质不高、文化水平偏低、执法能力有限等突出问题，而这种问题，越往基层的执法部门深入就越加明显。因为个人主观的原因，可能带来在执法过程中难以避免的执法不公、执法不力、执法失当

---

[1]. 张德主编：《组织行为学》（第二版），北京：高等教育出版社2004年版，第19页。

问题。

最后，受到外力因素影响而显失公平。由于公务员是国家公共权力的承担者，因此不可避免地牵涉到各种利益因素，尤其是体现着国家权力对社会客体作出的社会行为进行约束、规制的行政处罚权力，更是直接和利益方的利益相挂钩，容易受到多种外力的影响和干扰。例如，一项行政处罚决定作出之后，此项决定对具体工作人员有利害关系，或由于具体工作人员受贿等因素，都可能导致自由裁量权的被滥用，从而使行政处罚自由裁量显失公平。此外，在一些地方政府中存在官本位思想，由于受来自领导的压力、同事的说情等因素的影响，也可能导致自由裁量权的被滥用。

自由裁量权的滥用和显失公平，具有十分突出的社会影响。一是不利于社会秩序的稳定。由于行政执法工作人员如果滥用行政处罚自由裁量权，处理问题随意性很大，反复无常，不同情况相同处理，相同情况不同对待，容易引起群众怀疑、不信任，产生对立情绪，不配合执法，行政违法行为增多，导致社会、经济秩序的不稳定；二是助长特权思想，滋生腐败，影响党和政府的形象。但是，社会事务是复杂的，对于偶发的事务，具体工作人员首次处理，法律虽然规定了原则，工作人员的判断标准可能会与公众标准发生偏差，工作人员认为是公正的，公众可能认为不公正；特别是在公正标准没有形成之前，对于偶发的、复杂的事务的公正处理，是很难把握的。因此，自由裁量权的滥用，在客观上也是不可避免的。正因为自由裁量权可能会被滥用，所以对自由裁量权必须进行控制。

正是由于在行政处罚的过程中存在一系列的问题，引起了昆明市政府，尤其是法制办的重视，从法律技术和法律规范的角度对行政处罚自由裁量权进行了规范，出台了可资参照的执行标准，厘定了行政处罚自由裁量权的边界，使得这一项紧密联结着政府和民众的政府执法行为得到了有效的规制，也大大节省了行政成本，提高了政府及其公务员的公信力。从这项厘定法律中公权边界的制度来看，制度出台以后，使得行政处罚的操作更加规范，裁量的定位更加准确，大大降低了行政处罚的随意性，有效增强了行政处罚的公正性和合理性。从行政相对人来看，实现了权益的有效保护，使罚有所因、罚有所依，心服口服；从行政执法主体来看，避免了受到不良胁迫的影响，保证了人身安全，也免于贿赂的干扰，能够做到问心无愧。

（二）昆明市行政处罚执法中存在的具体问题

随着我国市场经济体制的不断深入和完善，行政执法部门的职能和执法的范围不断扩大，昆明市作为西南地区甚至是辐射东南亚、南亚的国际招商引资城市，面临着必须改善投资软环境的现实问题，而改善投资环境的一个关键性问题是为投资者提供优质的法治管理环境。因此，基于行政处罚权具有高度的自由裁量限度，可能会引起不确定性和显失公平的问题，昆明市人民政府法制办公室针对本市行政处罚自由裁量权的执法状况进行了深入的摸底，总结了不同的执法部门在执法过程中存在的问题，为进一步规范行政处罚自由裁量权的工作奠定前期基础。在经过一系列的实际调研之后，发现在昆明市具有行政处罚自由裁量权的行政机关中存在如下的一些问题：

首先，自由裁量权在行政处罚中存在显失公平的情况，表现为畸轻畸重，自由裁量往往会受到行政执法主体的主观判断差别和一些客观的外力而明显地超过或者低于合理的标准、范围，造成自由裁量权运用中的严重失衡；

其次，由于自由裁量的法律厘定范围过宽，处罚的幅度规定较大，同一行政执法部门的不同执法人员处于主观或者客观的种种原因，致使同一行政执法机关作出"同形不同罚"的行政行为，即同一行政机关，不同的行政执法人员，甚至是同一个行政执法人员，对于相同情形和性质的违法行为所作的处罚结果不一致，进而使得法律的威慑力打了折扣，行政相对人对执法公正性产生怀疑；

最后，在行政执法的过程中明显存在轻错重罚、重错轻罚、以罚代管、重罚轻管、看人处罚、因事处罚等显失公平的行政处罚自由性过大、随意性过强，无法统一规范、难以实现法律教育为主、惩处为辅的法理学精神。

此外，长期的行政处罚自由裁量在某些部门和某些具体执法过程中显失公平的状况，致使行政相对人产生一种游离于法律之外和程序之外的"潜规则"心理，在自己出现行政违法行为时，托关系、找熟人、向执法者施压或者贿赂、变相贿赂等，对行政执法主体的心理和生理造成了很大的影响，更加干扰了行政执法的公正性。

三、昆明市行政自由裁量权规范细化制度的运作过程

昆明市行政处罚自由裁量权细化制度早在 2008 年就已开始。自 2008 年起，昆明市就确定了部分市、县部门开展行政处罚自由裁量权规范细化的试点工作，选择一些条件比较成熟的执法单位进行了一年的探索，为来年的行政处罚自由裁量权细化制度的出台奠定了基础。2009 年，昆明市在全市范围内具有行政执法权的 39 家市级部门完成了行政处罚自由裁量细化制度的具体工作任务，在县（市）区行政执法部门中统一执行按照市级部门统一制定的行政处罚自由裁量细化标准。

（一）梳理行政处罚项目

梳理行政处罚项目，是出台行政自由裁量权规范细化制度的起点。昆明市采用了先在条件较为成熟的试点单位进行试点工作，然后在具有行政处罚自由裁量权的市级单位中广泛进行梳理和细化的做法。从 2008 年始，昆明

市、县试点部门就着手针对本部门执行的具有自由裁量权的行政处罚项目，从处罚项目、处罚依据的名称、制定机关、处罚种类、处罚程序、处罚幅度等六个方面进行了认真的梳理，为制定规范细化的标准进行全面摸底。据统计，全市辖区范围内8家市级试点部门共梳理行政处罚项目853项，其中具有自由裁量权的处罚项目767项；14个县（市）区政府的42家试点部门共梳理出行政处罚项目3827项，其中具有自由裁量权的处罚项目2972项。2009年，昆明市法制办在余下的具有行政处罚权的39家市级单位又对实施的3471项行政处罚项目进行了全面的梳理，截至2009年底，全市46家市级单位一共清理出具有自由裁量权的处罚项目2912项，按照细化的档次和细化的幅度，一共制定了15675项细化的标准。[1]

（二）制定行政处罚自由裁量权的规范细化标准

行政处罚自由裁量权的细化标准分为两个递进的阶段进行。从2008年的细化标准来看，昆明市人民政府法制办要求各级具有行政执法权的行政部门依据行政相对人违法行为的主观故意、涉案标的、违法手段、社会危害程度、行为持续时间、相对人具备的客观条件等情节，将违法行为的情形分为轻微、一般、严重、比较严重四类违法行为，并对处罚依据进行分类细化。2009年，经过前面的工作，在总结实践经验的基础上，又进一步提出了细化的更高要求：各市级部门对具有自由裁量权且适用简易程序的行政处罚项目，根据不同的情形细化为四个档次；对具有罚款数额幅度且适用一般程序的行政处罚项目，按照显著轻微、轻微、一般、严重、比较严重、特别严重六个档次制定出行政处罚自由裁量的细化标准；对责令停产停业、暂扣或者吊销行政许可证、行政拘留等有时间、数量幅度的行政处罚项目，依据不同情形细化为

---

1. 参见《昆明市人民政府法制办行政处罚自由裁量权规范细化制度》（2009年内部资料）中的相关数据。

三个以上档次。[1] 例如，滇池保护是昆明市环境保护的一个重大任务，围绕滇池保护的滇池综合执法机关在行政处罚自由裁量权中细化了处罚的种类和处罚的细化标准，大大提升了执法的效率，收到了良好的执法效果。下面列举了部分细化的处罚项目和适用的处罚种类，细化了针对不同违法情形的罚款数额。[2]

表1　昆明市滇池综合执法机关行政处罚自由裁量权中部分的规范细化标准

执法类别	处罚项目	处罚依据	制定机关	处罚种类	处罚程序	处罚幅度
滇管综合	未经批准在滇池界桩内构筑建筑物的	《滇池保护条例》	昆明市人大	罚款	一般程序	10000—50000元
滇管综合	在滇池水体保护区内取土、取沙、采石的	《滇池保护条例》	昆明市人大	罚款	一般程序	2000—10000元
滇管综合	损坏堤坝、桥闸、泵站、码头、航标、渔标、水文、科研、测量、环境监测、滇池水体保护界桩等设施的	《滇池保护条例》	昆明市人大	罚款	一般程序	2000—10000元
滇管综合	在滇池内网箱养殖水产品的	《滇池保护条例》	昆明市人大	罚款，没收非法财物	一般程序	2000—10000元
滇管综合	私自打捞对净化滇池水质有益的水草和其他水生植物的	《滇池保护条例》	昆明市人大	罚款	一般程序	50—500元

（三）建立健全行政处罚自由裁量权规范细化标准的相关配套制度及社会公开

在行政执法机关日常开展行政管理的过程中，行政处罚自由裁量权面对

---

1. 参见《昆明市人民政府法制办行政处罚自由裁量权规范细化制度》（2009年内部资料）中对行政处罚自由裁量权的细化标准。
2. 参见昆明市滇池管理局：《规范行政处罚自由裁量权工作材料》，2009年9月30日。

的对象是具有行政违法行为的各个行政相对人，可以说，行政管理的对象是处于一个开放的环境中，是对有目共睹的社会行为进行规制、掌控和引导的过程。因此，政府机关的行政行为特别是行政处罚行为，是民众最为关注的焦点问题，要是这项具有积极意义和价值的制度得以顺利地执行，就必须是这项制度向公众公开，提升其社会影响力和公众知晓度。因此，昆明市法制办按照现代电子政务的要求，充分运用现有的市级单位公众网络平台，促使各种行政处罚自由裁量权细化分类实现了对外公开。具体而言，各个行政执法部门拟定的行政处罚自由裁量权细化标准在征求了上一级行政主管部门的意见后，报经本级人民政府法制办机构进行审查、备案，然后对外公开。依据各个行政执法部门的现有条件，公开的方式有两种：一是各部门将经本级政府法制办机构备案的行政处罚自由裁量权细化标准在政务公开栏进行纸质文件的公开；二是在行政执法部门的电子政务网站上进行电子版细化标准的社会公开。此外，对适用听证程序的行政处罚，应当将听证的内容、时间、地点在本部门的政务公开栏或电子政务网站上对社会公布，以方便民众参与听证；各行政执法部门建立的规范行政处罚自由裁量权的内部管理制度，也逐步对社会公开。

四、昆明市行政处罚自由裁量权规范细化制度的特点及效果

（一）行政处罚自由裁量权规范细化制度的特点

经过上述三个步骤的有序进行，昆明市行政处罚自由裁量权规范细化制度逐渐完成，对行政处罚自由裁量权的自由边界的厘定进行了积极而有益的探索。通过在全市范围内逐步地实施，形成了适应云南省昆明地区经济发展水平、行政相对人具体情况和行政管理现实条件的制度规范，取得了良好的管理效果。具体而言，这项制度的特点如下：

第一，行政处罚自由裁量权规范细化制度的可行性和适用性较好。为了考察行政处罚自由裁量权规范细化制度的可行性，这一制度采用试点先期开展，逐渐在全市各执法单位铺开推广的方式进行。昆明市政府先期在区市中选取一部分行政执法条件较好、执法人员素质较高和执法行为较为规范的单位中进行试点，以先梳理各单位行政处罚项目的方式，依据国家法律规定的各项具有自由裁量权行政处罚项目，进行了详细的分类，区分出区县一级行政执法机关具有的行政处罚自由裁量权项目；在梳理的基础上规范细化行政处罚自由裁量权标准，着手制定依据实际情况、因地制宜的六档行政处罚标准并采用网络平台、各类媒体向社会公众公布；经过一段时间的实施，取得较好的实际效果，在此基础上逐渐向全市四区十县范围内推广。

第二，业已形成比较完善的行政处罚自由裁量权规范。自2008年试点单位进行行政处罚自由裁量权规范制度建设以来，经过近两年的建设和完善，昆明市具有行政处罚自由裁量权的各个执法单位均已完成了本单位具有的各项自由裁量权的梳理和处罚标准制定，基本形成了一系列直接可以进行适用的行政处罚自由裁量权标准，下一步在全市辖区范围内各区县的推广和扩大的开展计划已经形成，使该制度具有了发展完善的制度价值和突出意义。

第三，行政处罚自由裁量权规范的配套监督管理机制同步实施。在调研中成员有一个共识是，着重关注该项制度的实施效果，因此比较注重对该制度监督方式和实施效果的调研。昆明市法制办的具体做法是，在行政处罚自由裁量权规范作出以后，采用纪委监督、法制办领导监督、行政相对人监督的多重监督方式、处罚卷宗上报核查、不定期抽查和网络平台、热线电话、投诉监督电话等多种监督手段进行监督，确保各个执法单位和执法人员对行政处罚自由裁量权规范的严格遵守和合法、合理适用。

第四，承担行政处罚自由裁量权规范的工作人员配备合理。调研组关注的另一个问题是，在具有了严格的行政处罚自由裁量权规范之后，承担一线行政处罚自由裁量权的执法工作人员是否能够具有与这项良性制度相匹配的基本素质、执法经验和执法能力。经过调研，昆明市法制办的做法是，为保证执法质量，辖区内的执法工作人员采用岗前严格选拔和培训、岗中定期培训和监督、定期汇报执法情况的办法来予以保证。具体而言，与国家机关公务员一样，经过笔试和面试选拔出准执法人员，在到岗后进行执法岗前培训，考试合格后方可上岗，上岗执法后严格监控，定期再培训、以提升执法能力，保证执法质量。

（二）行政处罚自由裁量权规范细化制度的效果

经过两年多的建设，行政处罚自由裁量权规范细化制度的效果如下：

首先，为地方基层行政执法人员提供了一个具有较强可操作性的行政处罚自由裁量标准。对于地方基础公务员而言，面对的是千差万别的实际情况，仅仅依靠国家行使自由裁量权应当遵循的原则性规定，没有具体细化可行的执法标准，并不能保证执法者都能遵循原则办事，也不等于自由裁量权不会被滥用。而现实效果是，自从梳理并制定了比较详细的六类行政处罚自由裁量标准之后，大大减少了执法者的随意性、缩小了自由裁量的空间，使执法者和相对人处于信息对等的地位，既保护了执法者免于行贿说情者的困扰，又提升了法律执行的权威、相对人得到了更加公正、公平的处罚结果。

其次，大大减少了因行政处罚自由裁量权所致不公正引起的复议、诉讼案件。经过调研组对当地行政复议、行政诉讼案件的数据对比，在实施行政处罚自由裁量权规范细化制度之后，各个地方执法机关及其工作人员因行政处罚自由裁量权所致不公正引起的复议、诉讼案件数量大大减少，既提高了行政效率，又加强了行政相对人对执法部门的信任，提升了地方基层执法部门及其工作人员的威信。

再次，在很大程度上避免了权力寻租和腐败、获得保护执法者和行政相对人的双赢效果。由于行政处罚自由裁量权以政府规范的形式被细化和规范，并向社会公布，执法者自由裁量的空间大大缩小，能够腐败的机会被屏蔽，一方面执法者不会再受到相对人说情、行贿的困扰，另一方面相对人的权力被制度保护，尤其是社会弱势群体能够获得了解处罚规定、公开处罚结果和监督不法行为的知情权，因而，达到了双方均获益的双赢效果。

最后，行政处罚自由裁量权的规范细化制度具有可推广性。一项制度的出台，不是为了解决一个个具体的问题，而是必须要具有一定时间、一定范围内的适用意义和价值。经过两年的完善，昆明市行政处罚自由裁量权的规范细化制度也必须要向辖区范围内逐渐推广，使得这项制度的作用更加明显。基于此，这项制度的基本框架之下，昆明市法制办在全辖区范围内依据各个区县经济社会发展的实际情况，划分了三个板块：第一板块的经济较为发达、社会相对进步，行政处罚的六类标准就相对高；以此类推，第二板块的标准居中；而第三板块的经济社会发展相对落后，则主要依据实际情况，在法律许可范围内酌情从低，这样，行政处罚自由裁量权的规范细化制度即可在全市范围内推广。

五、余论：困难和展望

可以说，行政处罚自由裁量权的规范细化制度取得了较好的成效。尽管如此，在实施过程中，却仍面临着以下难以避免的问题和困难。

第一，行政处罚自由裁量权的规范细化制度的社会公众知晓度较低。尽管昆明市法制办要求各个执法单位在各自的政府网站上进行全规范制度的公开、公示，但是由于各区县的经济条件不一，在经济条件较好的区县中，群众可以直接上网查询了解行政处罚自由裁量权的规范细化制度及其案宗，但是在比较偏僻的县级政府，网络公示的效果不佳，相对人往往被处罚之后才知晓处罚的具体情况和标准，导致执法者和相对人信息不对称。此外，如果采用纸质宣传方式，则经费不许可、而法律的不断出台和更新也使纸质文件的时效性很低，因此，宣传与普及问题在各个执法单位均比较突出。由此可见，一项良性制度的有效运行，还需要硬件设施的完善和财政投入的增加，对于昆明这样的西南边陲的省会城市而言，制度创新的同时还需要进一步大力发展经济，为良性的制度提供施展的平台和空间，因此，现代政府网络政务的开展是保证偏僻的县级单位也能够分享行政处罚自由裁量权细化制度成果的基本条件。

第二，行政处罚自由裁量权的规范细化制度的推广经费不足。尽管从实践来看，整个昆明市各个执法单位依据行政处罚自由裁量权的规范细化进行执法成效斐然，但是要继续完善执法制度、提升执法质量、推广执法成效，昆明市法制办却深感经费有限，无论是网络平台的构建、卷宗的管理和查阅，还是实时监督系统的建立，都存在着经费不足的问题，成为制约这一制度继续发展的瓶颈。同样是面临着经费投入不足的问题，这一项制度要实现继续在昆明市以下的县级单位进行推广，必须要增加对该制度的财政扶持力度，使其能够有保障地实施下去。

第三，行政执法者的素质有待进一步提升、执法任务繁重、人手不足。尽管行政处罚自由裁量权的规范细化制度的实施大大提升了行政效率，减少了复议和诉讼，但是在基层执法单位中，执法者的素质尚待提高，面对复杂的执法对象和情况，还要进一步改变其执法观念、提升其执法能力；而另一个突出的问题是，基层执法任务极其繁重，执法工作人员严重不足，以致有些执法单位不得不依据国家法律规定招用执法协管员，在这样的情况之下，尽管执法协管员不具备执法权，只可协助执法者进行监督管理，但是由于没有执法资格和身份，是否能够对其进行有效监督管理，保证这一制度的可执行性，也是需要着手解决的问题。可以说，加强行政执法队伍建设，提高执法水平是该制度继续有效实施的又一保障。在西南地区，现在行政执法人员素质不高是个较普遍的问题，这与我国正在进行的法治国家建设很不适应，某些基层行政执法人员甚至有十分突出的地方官僚主义思想，而法律素质不高、执法效率低下也是一个突出的问题。为此,一方面要加紧通过各种渠道培训行政执法人员,另一方面对那些不再适宜从事行政执法活动的人要坚决调出,使行政执法队伍廉正而富有效率。

政府与公民间的见面机制：法治政府建设之酶
——重庆市"创建法治政府四项制度"案例分析

邵明阳
（北京市西城区司法局）

人类社会离不开秩序。"历史表明，凡是在人类建立了政治或社会组织单位的地方，他们都曾力图防止出现不可控制的混乱现象，也曾试图确立某种适于生存的秩序形式。这种要求确立社会生活有序模式的倾向，绝不是人类所作的一种任意专断的或'违背自然'的努力。"[1]在人类历史上，曾出现过两种秩序模式：一种是人治，秩序建立与维持的依据来源于某个人或某些人；另一种是法治，秩序建立与维持的依据来源于法律。主要的区别在于法治具有确定性和同一性，即法律平等地适用于所有人，法律是人类智慧的结晶，具有最高的权威；而人治根据治者当时的状态具有较大的随意性，最高的权威属于某个人或某些人。相比之下，法治是迄今为止最优的秩序模式，较之于人治更具正义性。中国共产党于20世纪末提出了"依法治国，建设社会主

---

1. ［美］E.博登海默：《法理学、法律哲学与法律方法》，邓正来译，北京：中国政法大学出版社1999年版，第220页。

义法治国家"的治国方略,拉开了中国法治建设的序幕。2004年3月22日,国务院发布的《全面推进依法行政实施纲要》提出了依法行政、建设法治政府的目标,宣告了中国法治政府建设工程的开始。那么,法治政府的涵义是什么?目前中国建设法治政府的关键何在?本文以重庆市"创建法治政府四项制度"为例,对此问题进行简要的分析。

一、法治政府的涵义与中国目前的现实途径

(一)法治政府的涵义

法治(rule of law),直意为"法的统治"。"法治的基本意义是,法律是公共政治管理的最高准则,任何政府官员和公民都必须依法行事,在法律面前人人平等。法治的直接目标是规范公民的行为,管理社会事务,维持正常的社会生活秩序;但其最终目标在于保护公民的自由、平等及其他基本政治权利。""它既规范公民的行为,但更制约政府的行为。"[1]

法治思想产生于西方,在西方具有丰厚的"历史传统"。古希腊哲学家柏拉图是最早阐述法治思想的人。柏拉图早年曾倡导"精英统治",在其名著《理想国》中,他提出,理想国家是由哲学王统治的。但后来,柏拉图认为由哲学王统治的"第一等国家"是难以实现的,进而转向了"第二等国家"——法治国。"到了《法律篇》,柏拉图认为统治者能不能服从法律乃是决定城邦兴衰成败的关键问题。因此,必须使法律力量高于统治者的权力,而不能让统治者的权力凌驾于法律之上。"[2] 亚里士多德继承了这一信念,认为法治优于人治,因为经过众人审慎考虑后制定的法律,比一个人或少数人的

---

1. 俞可平:《民主与陀螺》,北京:北京大学出版社2006年版,第111页。
2. 李项华等:《中西政治思想比较论稿》,海口:海南出版社2004年版,第53页。

意见具有更多的正确性；法律具有确定性和稳定性的特点，独立于人的主观意志。而罗马人认识到，任何自由社会，只有满足了所有民众而绝非仅是掌权集团的需要时，才能存在下去，因此，它试图建立一种均衡宪政制度，以同时保障敌对双方的主要利益。罗马人成功地建立起了有效的法治，罗马社会系由法律制度结合个人而形成，罗马法成功地将人际关系植根于法律之上。然而，罗马却无法将同样的模式转用在政府的活动上面，这便成为罗马衰亡的主要原因之一。[1] 以后，西方众多学者，从洛克、孟德斯鸠到潘恩、韦德等人，逐渐发展完善了西方法治思想。洛克认为，法律是政府保护公民个人的生命、健康、自由和财产等自然权利的一种形式，政府必须根据既定的和公布的法律来行使权力。韦德认为，在行政国时代，法治的核心是依法行政；法治包括任何事情都必须依法而行，政府根据公认的、限制自由裁量权的规则和原则办事，法律面前人人平等。

从西方法治思想的发展脉络可以看出，西方在构建其社会秩序时，选择法治模式的主要原因是法治具有确定性、稳定性和可预见性等特点。而这又是建立在西方对个人自然权利保护的理论基础上的。特别是到了近代，西方主流学者普遍认为，个人生而具有不可剥夺的生命、自由、财产等自然权利，而公共权力内生的扩张性构成对个人权利侵害的威胁，因此，须在公共权力和个人权利之间设一道屏障，将二者划分开来，这一屏障便是法律，它成为保护个人权利的"铜墙铁壁"。公共权力和个人权利的行使均遵从法律的规定，这种基于法律的秩序模式便是法治。从理论上讲，法治的目的是为了保护个人自然权利，免于公共权力的侵害。个人的自然权利在近代以来逐步发展成为各种公民权利。因此，法治自然地包含两方面：一方面，法治保护公民的权利；另一方面，法治构成对公共权力的限制。法治"意指所有的权威

---

[1]. 参看 [美] 弗里德里希·沃特金斯：《西方政治传统——现代自由主义发展研究》，黄辉、杨健译，长春：吉林人民出版社 2001 年版，第 13—17 页。

机构，立法、行政、司法及其他机构都要服从某些原则，这些原则一般被看做是表达了法律的各种特征，如正义的基本原则、道德原则、公平和合理诉讼程序的观念，它含有对个人至高无上的价值观念和尊严的尊重"[1]。

西方的法治思想是建立在其社会历史条件基础之上的，那么，是什么样的社会历史条件造就了西方的法治思想呢？那便是西方社会所特有的社会与国家的适当分离。弗里德里希·沃特金斯在分析西方法治思想的起源时认为，希腊与罗马人的特殊之处，在于他们能够在社会而非官僚的基础上发展出高度的文明。[2]及至近代，"议会制度的发展，以及各社会阶级逐渐意识到其政治义务，西方世界逐步创立了有组织的公民社会，这正与中世纪时有组织的教会社会一样，获得了足够的道德权威，因之得以控制许多国家的运作"[3]。近现代以来，西方法治正是在发达的公民社会的基础上才得以有效运行的。马长山认为："权力制约和权利保障（或以权力制约权力）是法治的根本和核心……而事实上，权利与权力现象同样根植于市民社会与政治国家矛盾发展的历史脉动之中。特别是近现代，市民社会与国家的分化、对立和互动发展，造就了私人领域和公共领域、特殊利益和普遍利益、个体权利和公共权力、多元社会权利和国家合法性、市民文化和公共理性等等的分野、冲突与整合，正是这一复杂生动的历史进程，产生了社会成员对自由和权利的浓重价值关怀、对权利制约权力的热切诉求和权利、权力与义务的法律规制构架，促动了法治的生成和发展。"[4]

可见，法治秩序是在社会与国家适当分离的社会基础上，依靠立法机关制定优良的法律，依靠行政机关依法行政，依靠司法机关依法审判，依靠公

---

1. 《牛津法律大辞典》，北京：光明日报出版社1998年版，第79页，转引自俞可平：《政府创新的理论与实践》，杭州：浙江人民出版社2005年版，第64页。
2. 参看[美]弗里德里希·沃特金斯：《西方政治传统——现代自由主义发展研究》，黄辉、杨健译，长春：吉林人民出版社2001年版，第2页。
3. 同上，第3页。
4. 马长山：《国家、市民社会与法治》，北京：商务印书馆2001年版，第14—15页。

民依法行事而得以实现的。法治政府，从学理上讲，是基于法律而产生并维护法律秩序的政府。政府按照法治的原则运作，政府的一切权力来源、政府的运行和政府的行为都受法律规范和制约。法治政府是法治的产物，其合法性是建立在法律基础之上的，公共权力依照法律而行使，而且要保护公民的权利和利益，并维护法治秩序。法治政府是法治得以实现的关键。正如1959年国际法学家会议通过的《德里宣言》在对法治进行阐述时所指出的，法治原则不仅要求为制止行政权的滥用提供法律保障，而且要使政府有效地维护法律秩序。[1]

（二）法治政府建设的目标

国务院《全面推进依法行政实施纲要》明确了我国法治政府建设的七大目标[2]：

政企分开、政事分开，政府与市场、政府与社会的关系基本理顺，政府的经济调节、市场监管、社会管理和公共服务职能基本到位。中央政府和地方政府之间、政府各部门之间的职能和权限比较明确。行为规范、运转协调、公正透明、廉洁高效的行政管理体制基本形成。权责明确、行为规范、监督有效、保障有力的行政执法体制基本建立。

提出法律议案、地方性法规草案，制定行政法规、规章、规范性文件等制度，建设符合宪法和法律规定的权限和程序，充分反映客观规律和最广大人民的根本利益，为社会主义物质文明、政治文明和精神文明协调发展提供制度保障。

法律、法规、规章得到全面、正确实施，法制统一，政令畅通，公民、

---

1. 参看俞可平等：《政府创新的理论与实践》，杭州：浙江人民出版社2005年版，第64页。
2. 参看2004年3月22日国务院发布的《全面推进依法行政实施纲要》。

法人和其他组织合法的权利和利益得到切实保护，违法行为得到有效维护。政府应对突发事件和风险的能力明显增强。

科学化、民主化、规范化的行政决策机制和制度基本形成，人民群众的要求、意愿得到及时反映。政府提供的信息全面、准确、及时，制定的政策、发布的决定相对稳定，行政管理做到公开、公平、公正、便民、高效、诚信。

高效、便捷、成本低廉地防范、化解社会矛盾的机制基本形成，社会矛盾得到有效防范和化解。

行政权力与责任紧密挂钩，与行政权力主体利益彻底脱钩。行政监督制度和机制基本完善，政府的层级监督和专门监督明显加强，行政监督效能显著提高。

行政机关工作人员特别是各级领导干部依法行政的观念明显提高，尊重法律、崇尚法律、遵守法律的氛围基本形成；依法行政的能力明显增强，善于运用法律手段管理经济、文化和社会事务，能够依法妥善处理各种社会矛盾。

从这七大目标可以看出，法治政府建设分为两个大的领域，一个领域是政府内部行政管理体制的法治建设，它要求政府内部的运作行为规范、公正透明、廉洁高效；另一个领域是政府对社会行政管理体制的法治建设，它要求政府权责明确、公正透明、依法行政。

（三）目前中国法治政府建设的现实途径

法治政府建设是法治国家建设的重要组成部分，法治的理念及其实践来源于西方，是基于西方的社会历史条件形成的，而我国的人治历史漫长且根深，如何由人治的传统尽快转变为法治？即法治的建设应当走一条什么样的途径？对此，学者多有争议。有的主张自然演进，强调社会自主性、积极性和民众实践创造性对法治的积极推动作用；有的主张政府推进，强调国家权力在法治进程中的设计、引导、创制及保障作用;有的主张政府推进与自然演进相结合。[1] 这个问题的实质在于我国的法治政府建设究竟是应该走一条内生的道路,即从社会着手,唤起民众的公民意识,进而推动政府的法治建设,还是走一条外构的道路,即由政府主动设计并推动法治的进程?

如上所述,法治是建立在公民社会的基础之上的,因而以权利为核心的公民意识对于法治具有根本性的意义,法治政府的建设离不开公民意识,法治的观念须扎根于公民内心,扎根于政府官员内心。西方的公民意识是经由市场经济的发展而内生于公民社会之中的,进而推动并形成了以权利保护为核心的法治社会和法治政府。这是一条内生之路。然而,西方的经验也表明,法治自发演进具有盲目性、迟缓性、无序性和返祖性。所以,在法治的理论和实践均已较为成熟的今天,我们再走一条内生之路无异于闭门造车。那么,这是不是就意味着我们只有走政府推进的道路呢?由拥有公共权力的政府推进法治进程无疑是一条便捷之路。但问题在于法治的设计及推动如果只是政府的事情,没有公民的参与,没有公民意识的自觉,这种设计就只能是一厢情愿。因为它只有外在的、僵硬的法条,不能深入到公民的心里,不能深入到政府官员的脑海,纵使雕刻在大理石柱上,那也只能是冰冷的文字。所以,"从市民社会与国家的互动发展及其法治的内在相关性来看,法治进程既是演进的也是推进的,既有权利的伸张也需权力的动作,既是经验的也是建构的,因此在某种程度上可以说是二者的有机结合"[2]。

所以,拥有一套亚里士多德所说的"良法",建成一套完备的法律体系[3],纵然是法治政府建设的前提,但更重要的是使它深入人心,得到自觉遵守和执行,使它真正发挥作用,使它真正运转起来。我们现在的状况是怎样的呢?就广义的法律体系而言,经过新中国成立以来50余年,特别是

---

1. 参看马长山:《国家、市民社会与法治》,北京:商务印书馆2001年版,第15页。
2. 同上,第15页。
3. 此处所说的法律体系是广义的概念,它包括法律、法规、规章以及各种规范性的制度(文件)。

改革开放以来各级立法机关和行政部门的努力，我们已经拥有了一套比较完备的法律（法规、规章、规范性制度）体系。虽然需要根据新的情况继续加以完善，然而，现在首要的任务是如何使已经制订的法律（法规、规章、规范性制度）运转起来。就法治政府建设而言，就是如何使政府真正依据已有的"法"行政。这也是《全面推进依法行政实施纲要》中所着重指出的问题："与完善社会主义市场经济体制、建设社会主义政治文明以及依法治国的客观要求相比，依法行政还存在不少差距，……有法不依、执法不严、违法不究现象时有发生，人民群众反映比较强烈；对行政行为的监督制约机制不够健全，一些违法或者不当的行政行为得不到及时、有效的制止或者纠正，行政管理相对人的合法权益受到损害，得不到及时救济；一些行政机关工作人员依法行政的观念还比较淡薄，依法行政能力和水平有待进一步提高。"

所以，现在的关键问题是：如何使现有的法律（法规、规章、规范性制度）能够真正运转起来？就像是对已经存在的化学物质，要使它发生化学反应，就需要有酶，法治政府的酶在哪里？

化学中酶的种类千千万，每种化学反应都需要有各自的酶。所以，酶的确定须依其化学反应的性质而定。而法律的运转，也就是法治的实行，实质上是在政府和公民社会之间产生正向的作用，使公共权力依法律而运行，使公民权利依法律得到保障。法律本质上是政府与公民之间、公共权力与公民权利之间良性、有序互动的规则。法治的性质便在于这一规则的实行。就中国目前的现状而言，这些规则实际上多为公共权力的产物，普通公民只能被动接受，而行政部门则在单方面地执行这些规则。如果说由高层级的立法部门或行政部门制定的法律、法规、规章在中国公民中尚具有较高的认可度的话，那么由较低层级的行政部门制定的涉及普通公民利益的部门规定在当地公民中的认可度则要低得多。这就造成一种现象，一方面，这些规则不能深入到公民内心，公民意识在多数人那里还没有产生"自觉"，公民不能对公共权力的运行进行有效监督；另一方面，这些规则也不能深入到行政人员的内心，他们在制定和执行这些规则时具有较大的随意性。这样，公民和政府两者对于法律等规则都存在麻木或轻视的心理。那么，法律等规则的尊严何在？它们何以能够真正运行？

问题已经显露出来，现在的状况是，缺少一座政府与公民之间互动的桥梁。这座桥梁就是使法律等规则能够得以运转起来的"酶"！也就是说，现在法治政府建设的关键是要建起一座使政府与公民能够见面、沟通、互动的桥梁，即建立政府与公民的"见面机制"，从而开启法律真正运行的闸门，使公共权力的运行受到公民的监督，使公民的权利得到保障，使法治观念深入公民的内心，进入官员脑海，使僵硬、冰冷的条文活跃于生活之中。

所以，创建政府与公民之间的"见面机制"就是法治政府建设的"酶"。重庆市政府在2004年制定的"四项制度"，形成了政府与公民之间的"见面机制"，成为法治政府建设所需的"酶"。让我们来看看他们是怎样做的。

二、重庆市"创建法治政府四项制度"的内容及其内在逻辑

（一）重庆市"创建法治政府四项制度"的内容

从2004年4月7日至6月2日，重庆市政府以市人民政府令的形式连续发布了四项制度，它们分别是：重庆市人民政府令第168号：《重庆市行政机关规范性文件审查登记办法》，2004年4月7日发布；重庆市人民政府令第169号：《重庆市政府部门行政首长问责暂行办法》，2004年5月13日发布；重庆市人民政府令第170号：《重庆市政务信息公开暂行办法》，2004年6月2日发布；重庆市人民政府令第171号：《重庆市行政决策听证暂行办法》，2004年6月2日发布。这就是重庆市创建法治政府的四项制度。

《重庆市行政机关规范性文件审查登记办法》规定，市政府各部门的规范性文件涉及行政许可、收费、行政处罚、行政强制等事项的，应送市政府法制机构进行合法性审查。对未将规范性文件报送审查、备案和规范性文件被停止执行或撤销等情况，市政府法制机构可采取发布会或文件通报等形式向社会公布。未经政府法制机构审查并经政府办公厅（室）统一登记编号并公开发布的部门规范性文件，一律无效，公民有权拒绝执行，并有权向制定机关或政府法制机构提出审查意见。

《重庆市政府部门行政首长问责暂行办法》确立了18种问责情形和7种追究责任方式，对政府行政部门"一把手"追究其不履行或不正确履行法定职责的责任，轻则诫勉，重至辞职。问责对象包括重庆市政府各部门的行政首长，以及参照执行的办事机构、派出机构和直属机构及区县政府的"一把手"。被问责的情形主要包括：效率低下、执行不力，责任意识不强，瞒报、迟报重大突发事件，违反法定程序，盲目决策，不依法行政或治政不严，监督不力，服务质量差，工作态度生硬，在公务活动中损害政府形象或造成重大经济损失，以及在政府采购活动中不进行招投标等。

《重庆市政务信息公开暂行办法》规定，除涉及国家机密、商业秘密、公民个人隐私外，其他所有的政务信息都必须公开。该《办法》规定了政府规章和规范性文件、城市总体规划、政府投资建设项目的招标、建设和使用情况以及公务员选拔任用情况等20类政务信息应主动在政府公报或者其他报纸、杂志、政府信息网、广播电视等公共媒体上公开。政府机关应无偿提供政务信息。

《重庆市行政决策听证暂行办法》规定，直接涉及群众切身利益的事项，如拟定和修改农村土地征用的补偿安置方式和标准，设定水、电、气、路桥、教育、卫生、公交、污水垃圾处理等公用事业收费项目及标准等，行政机关都应组织听证，并就如何保障公民广泛参与、如何规范听证活动等作出了规定。

（二）四项制度的内在逻辑

重庆市所作出的这四项制度有没有一定的联系呢？它们对于法治政府的建设有什么意义呢？

在我们的调研过程中，重庆市政府有关政府官员这样向我们解释，这四项制度存在着一定的逻辑联系，形成一个体系。首先，逻辑的起点是信息公开制度，通过这项制度，公民可以及时、方便地了解有关的政务信息，包括听证的信息；其次，听证制度规定了重大决策必须听证，而公民可以及时得到听证的信息并有机会参加听证，从而影响决策；再次，规范性文件审查制度保证了政府发文的统一性和合法、合理性，自行发文的，公民可以拒绝执行，造成损失的，责任部门要自行承担赔偿后果；最后，逻辑的终点是问责制度，如果重庆市政府部门或工作人员违反上述有关规定，将被问责。

而这样一个逻辑体系对于法治政府建设的意义在于："在没有相应的国家立法基础上，重庆市对政府决策、执行和监督中的四个重要方面，即决策听证、信息公开、文件审查、首长问责以地方立法的方式作了系统的规范，全面探索政府科学执政、民主执政、依法执政的措施和方法，标志着重庆市创建法治政府工作迈出了重要的一步。"[1]这说明重庆市的这四项制度是针对"政府决策、执行和监督"的。

从完善"政府决策、执行和监督"的角度出发所制定的这四项制度，在表面上存在这样一个逻辑关系。但是，这个逻辑关系为什么会发生作用？就像是自行车的链条一样，它何以能够运转起来，动力何在？在这表层的逻辑关系之下隐含着某种更加基本的东西，使这表面的逻辑产生作用，那么它是什么呢？透过对四项制度的分析，我们就能够发现这潜在的东西就是四项制

---

1. 重庆市人民政府法制办公室：《关于重庆市"2004年创建法治政府四项制度建设"基本情况的说明》。

度间的内在逻辑。

首先,在信息的交流上,一方面,《重庆市政务信息公开暂行办法》第三条规定:"自然人、法人和其他组织是政务信息公开权利人,依法享有向政府机关提出政务信息公开申请、获取政务信息的权利。政府机关是政务信息公开义务人,依法履行公开政务信息的义务。"《重庆市行政机关规范性文件审查登记办法》第十八条规定:"市人民政府办公厅收到市政府法制办公室审查合格的规范性文件后,应统一登记编号,并在政府公众信息网和政府公报上发布。制定机关在得到统一编号后,亦可在其他新闻媒体上发布。"第十九条规定:"规范性文件应自发布之日起 30 日后施行。"第二十条规定:"区县(自治县、市)人民政府制定的规范性文件,由制定机关在政府公报、公众信息网或当地主要新闻媒体上发布。"《重庆市行政决策听证暂行办法》第十二条规定:"听证机关应当在听证会举行 15 日前公告听证会的时间、地点、出席听证会的人数、听证事项以及陈述人、旁听人报名办法等有关事项。"这些规定都对政府相关政务信息的公布作出了具体要求,公民通过这些制度合法地获得相关的政务信息。另一方面,政府可以通过听证制度获得公民对于相关政策意见的信息,也可以在政务信息公开制度的实行过程中,通过一些技术性的手段得知公民集中关注的政策领域等信息,这就达到了一种双向的信息交流。

其次,在相关政策的制定上,《重庆市行政决策听证暂行办法》以列举的方式规定对直接涉及群众切身利益的事项,如拟定和修改农村土地征用的补偿安置方式和标准,设定水、电、气等公用事业收费项目及标准等,行政机关都应组织听证,并对公民的权利和义务作出了具体规定。通过此项制度,政府和公民可以面对面地进行交流与协商。

最后,在法律、法规、政策等执行上,《重庆市政务信息公开暂行办法》第二十条规定:"在执行本办法过程中,公开权利人认为政府机关的行为侵犯其合法权益的,有权依法申请行政复议或者提起行政诉讼。"《重庆市行政机关规范性文件审查登记办法》第八条规定:"国家机关、行政管理相对人发现规范性文件违反本办法第六条、第七条规定的,可以向制定机关或市人民政府法制办公室提出审查建议。"第九条规定:"管理相对人对下列规范性文件有权拒绝执行:(一)市政府工作部门制定的规范性文件,未按本办法规定经市政府办公厅或市政府法制办公室统一登记编号并公布的;(二)区县(自治县、市)人民政府及其工作部门和乡(民族乡)镇人民政府制定的规范性文件,未采取有效形式公布的。"《重庆市政府部门行政首长问责暂行办法》规定:"市长发现市政府部门行政首长有本办法第五条规定情形之一,或根据以下情况,可以决定启动问责程序:(一)公民、法人和其他组织向市人民政府提出的附有相关证据材料的举报、控告;(二)新闻媒体曝光的材料;(三)人大代表、政协委员提出的问责建议;(四)司法机关或仲裁机构提出的问责建议。"这些规定为公民保护自己的权益提供了制度性的途径,使公民监督政府的权利有了实现的方法。

四项制度中的这些规定,去除了政府和公民间原有的藩篱,打通了公民与政府沟通的渠道,提供了公民与政府见面的场合,从而使二者能够进行良性的互动,为公共权力的运行受到监督、公民的权利得到保护提供了制度性的渠道。这些规定形成了三种公民与政府的见面机制:第一类是在介绍中的见面,双方通过沟通相互了解,可以称这种机制为信息沟通机制;第二类是在谈判中的见面,双方通过相互讨论、协商,达成妥协,可以称这种机制为民主协商机制;第三类是在问责中的见面,双方相互明确各自的责任和义务,并要求各自对其行为负责,可以称这种机制为责任互动机制。这三种见面机制,形成四项制度的内在逻辑,成为推动上述所说的外在逻辑运行的动力,四项制度在其作用下才得以成为相互作用的逻辑体系。

那么,这种内在逻辑和外在逻辑的体系构成是从一开始就从整体上进行设计的吗?它是整体设计的结果吗?也就是说,重庆市政府是否从一开始就意识到了这个问题,从而进行整体规划和设计的?重庆市政府制定四项制度的动因何在？

三、重庆市"创建法治政府四项制度"的背景与动因

(一) 背景

重庆市"创建法治政府四项制度"的出台存在着两个大的背景：一个是中央大力推进依法治国的方略，这是宏观层次的大背景；另一个是重庆市发展地方经济的需要，这是中观层次的背景。

在宏观层次上，从1997年党的十五大正式确立"依法治国，建设社会主义法治国家"的治国方略，到1998年3月第九届全国人民代表大会第一次会议通过宪法修正案，将"依法治国，建设社会主义法治国家"的治国基本方略和奋斗目标规定在我国的宪法中，标志着中央决定在全国大力推进"依法治国"方略。一方面，中央一再强调依法治国的重要性，如2004年第十二次政治局集体学习确定"法制建设与完善社会主义市场经济体制"为学习内容，胡锦涛总书记在主持学习时的讲话中阐述道："各级领导干部要努力提高依法执政、依法行政、依法办事的能力，自觉地在宪法和法律的范围内活动。越是工作重要，越是事情紧急，越是矛盾突出，越要坚持依法办事。"另一方面，中央以各种形式推进这项工程，《行政许可法》的颁布及实施是推进这一工程的具体举措之一。当前，"依法治国、依法执政成为中共治国理政的一大主轴"[1]。在中央的推进下，地方的治理方式发生了转变，依法行政成为政府行政的核心目标，并以各种具体措施落实这一目标。重庆市政府正是在这样一种宏观背景下制定"四项制度"的。

在中观层次上，地方经济发展的需要是促成重庆市政府制定"四项制度"

---

1. 参看中新网5月13日电：《依法治国、依法执政成为中共治国理政的一大主轴》。

的重要背景。正如重庆市政府法制办主任李殿勋在一份报告中所说的:"重庆地处长江上游、三峡库区,在发展中存在较为明显的区位劣势,直辖之初有100万库区移民需要安置,300万贫困人口需要脱贫,老工业基地改造、移民安稳致富、生态环境保护等各项任务十分艰巨。直辖以来,重庆经济社会虽然取得了较快发展,但与东部发达地区相比仍有不小的差距。要缩小差距,最有效的手段就是通过改革创新,转变政府职能,创造西部地区最佳发展环境,吸引国内外投资者共同参与重庆的开发建设,促进重庆经济社会既快又好地发展。而要转变政府职能,改善发展环境,最重要的是提高政府运行的总体水平,逐步建立起政务公开、管理科学、运行高效、权责统一的法治型政府。"[1] 在调研中,我们了解到,重庆市和成都市的竞争关系在某种程度上也促使重庆市积极创新,以促进包括地方经济发展在内的全面发展。

(二)制定"四项制度"的直接动因

在上述背景之下,重庆市于2003年制定了创建法治型和服务型政府的总体方案,成为制定"四项制度"的指导因素。但从"四项制度"的草拟及颁布时间上看,它们并不是总体规划、设计的结果。"四项制度"的制定最初和重庆市的主要领导人直接相关。2004年6月24日的《重庆晨报》(记者:徐庶)有这样一段报道:

> **亲民制度这样出台**
> 7月1日起,问责制、听证制、信息公开制和规范性文件审查登记制正式实施,这四大制度被社会各界誉为四大亲民制度。

---

[1] 李殿勋:《重庆市人民政府以人为本努力建设法治政府——重庆市人民政府推行行政执法责任制报道之一》,http://www.chinalaw.gov.cn/jsp/contentpub/browser/contentpro.jsp?contentid=co981047333a。

法治政府
Government Ruled by Law

昨日下午，领衔起草四大制度的法律专家、重庆市政府法制办副主任陈思聪，向记者独家披露了四大制度酝酿、起草、论证、出台的台前幕后。陈思聪表示，四大制度的实施，将让市民真正感觉到，法治政府更加可亲、可信。

决策听证一天出稿

一天时间，一个制度初稿完成！创造如此神速的，是重庆市政府法制办几名法律专家。

谈及决策听证制，眼眶熬红的陈思聪感慨万千：可以说，法制办为重庆市政府起草了那么多制度，没有哪一个制度出稿这么快！

据悉，制定决策听证制是市长王鸿举亲自点题。今年1月初，昆明交警部门一项交通管制引起了百姓不解，胡锦涛总书记批示：凡涉及老百姓利益的事都要听证。赴京出差的王市长当即电话指示重庆市政府，我市要搞决策听证制。1月5日晚，重庆市政府连夜召集陈思聪等人研究，1月6日，法制办群策群力，拿出初稿。后来，几易其稿，决策听证制正式出台。

书记批示防止扰民

出台规范性文件审查登记制度，源于去年5月一份书记批示。

当时，市委书记黄镇东从一份内参上获悉，云南要搞规范性文件审查登记制。黄书记批示，要防止规范性文件扰民，指示法制办抓紧起草。

很快，法制办起草后，相关方面多次论证、修改，这一制度最终顺利出台。

问责要点"怀胎"三月

问责办事员好办，问责部门"一把手"这可是重庆首次。

接到王市长的指示后，陈思聪和他的法律高参们都在思量：问什么？怎么问？这些问题折磨得他寝食不安，从今年初接到指示起，他一直思考了三个月。

后来，王市长亲自催问。法制办请来大批专家，专家提出，问责与追责应分开，结合《监察法》、《公务员条例》、《党内纪律处分条例》等，并征求部门意见，广泛听取各方的建议。

后来，陈思聪提出问责的五点：决策失误、政令失畅、治政失当、权力失控、行为失范。这五个要点，成了至今成稿的问责制精华。

关于信息公开制度，为确保市民知情权，陈思聪和他的法律高参们也是几易其稿，坚持能公开的尽量向市民公开。

虽然"四项制度"不是整体规划、设计的结果，然而，如上面分析的，却形成了内在的逻辑联系，从而成为一个整体，对于法治政府的建设起到了良好的效果。

四、重庆市"创建法治政府四项制度"的效果

通过上面的分析可以看出，重庆市政府所制定的"四项制度"存在着内在的逻辑联系，起到了使政府与公民见面的作用，成为政府与公民间的见面机制，它们分别是信息沟通机制、民主协商机制和责任互动机制。见面机制的形成及运行对于重庆市法治政府的建设在理论上具有哪些重要作用？它们在重庆市的运行产生了什么样的实际效果？我们将调研的情况按这三种机制进行分类，以便更好地分析"四种制度"对于法治政府建设所起到的实际作用。

（一）信息沟通机制

信息沟通机制是法治政府建设的基础性机制，是见面机制的起点。表面上看来，它只是起到信息交流的作用，实际上，它对于法治政府的建设具有

非常重要的意义。

1. 对于政府

信息沟通机制要求政府政务信息公开，是透明政府，政府要以合法的形象面对公民，这实际上是对政府的权力进行了限制。一方面，政府的行政依据、行政过程和行政结果等都处于公众的了解和监督之下，这就必然促使政府依法行政，公共权力的行使不再可以随意跨越法律所规定的边界；另一方面，它防止和减少政府权力的腐败。"政府透明、政府信息公开使得任何人都有权直接向有关政府机关依法申请获得政府信息，减少了政府管理的许多中间环节，自然减少了政府权力腐败的机会。"[1]

重庆市一方面通过《重庆市政务信息公开暂行办法》规定，管理规范和发展计划、与公众密切相关的重大事项、公共资金的使用和监督、政府机构和人事及法律、法规、规章规定应当公开的其他政务信息等五个方面20类政务应当公开；另一方面，通过《重庆市规范性文件审查登记办法》，加强了对行政机关规范性文件的监督，创新了对抽象行政行为的监督制度，初步解决了一些行政机关规范性文件超越权限违法设置或变相设置行政许可、收费，违法设定行政处罚、行政强制措施，越权减免税，实行行业垄断或地方保护等现象，从而在内部加强了自我监督，维护了法制统一，确保了政府各机关以合法形象面对公民。

2004年7月至2005年9月，重庆市政府共审查中央在渝机关、市政府部门和区县（自治县、市）政府的规范性文件176件，其中区县（自治县、市）政府制定的规范性文件71件，市政府工作部门制定的规范性文件63件，中央在渝机关制定并直接向市政府办公厅申报统一编号的规范性文件42件（只登记不审查）。经审查，准予登记的规范性文件66件，准予备案的规范性文

---

[1]. 俞可平等：《政府创新的理论与实践》，杭州：浙江人民出版社2005年版，第255页。

件75件，不予登记的规范性文件4件，进行修改的规范性文件31件。不予登记和修改规范性文件的比例占登记备案总数的五分之一左右，其影响面很大。

2. 对于公民（市场）

首先，信息沟通机制使公民在与政府的见面过程中不断地唤醒其公民意识。公民意识指社会成员对其公民角色及其价值理念的自觉反映。"它在本质上呈现为与民主政治和市场经济相适应的主体自由追求和理性自律精神。"[1] 从个体的角度讲，公民意识指社会单个成员对其作为公民而拥有的权利和义务、所处的政治地位和法律地位有自觉的认识；从整体的角度讲，公民意识指整体社会成员对其公民角色的公共品质有自觉的认识。朱学勤在《书斋里的革命》中这样解释："公民意识是近代宪政的产物，它有两层含义，当民众直接面对政府权力运作时，它是民众对于这一权力公共性质的认可及监督；当民众侧身面对公共领域时，它是对公共利益的自身维护和积极参与。因此，公民意识首先姓'公'而不是姓'私'，它是在权力成为公共用品，以及在政府与私人事物之间出现公共领域之后的产物。"[2] 公民的权利意识是公民意识的核心，就是一个人对于作为公民而应当享有的权利的认识。

法治政府形成和存在的重要社会基础是社会与国家的适当分离，即法治政府建立在公民社会的基础之上。脱离了公民社会的基础，法治政府便成为空中楼阁、失去根基，犹如无源之水、无根之木，其生命必不能长久。所以，公民社会的形成与壮大对于法治政府具有重要的意义。法治的实行反过来使以公民权利为核心的公民社会得以发展壮大。二者相辅相成，相得益彰。而将公民社会与法治政府紧密联系在一起的是公民权利，公民只有意识到自己

---

1. 李龙、周刚志：《论公民意识的法治价值》，载《浙江社会科学》，2001年第1期。
2. 转引自俞睿、皋艳：《公民意识：中国政治现代化的驱动力》，载《求实》，2006年第1期。

拥有这些权利并自觉行使时，才是真正的公民，法治才能得以真正维持。因而，以权利为核心的、具有公共精神品质的公民意识对于法治政府具有根本性的意义。

我们在重庆市调查中发现，重庆市公民的公民意识在不断增强，主要体现在：关心政务信息，积极参与有关其利益的听证会等。沟通机制的运行为重庆市公民及时了解政务信息提供了制度性的渠道。如每次听证前，组织听证的行政机关会通过电视、报纸、海报、网络等形式进行广泛的告知，公民可以及时了解有关听证的信息。

其次，信息的及时沟通保护了公民的利益。2004年6月23日的《重庆晨报》曾发表一篇题为"信息缺失他们亏大了"的新闻报道，反映政府和公民在没有制度性的沟通机制时的情况，从反面说明信息沟通机制对于保护公民利益的重要性：

> 信息就是财富。在当今的信息社会中，这已经成为生意人的共识。
>
> "但是我们的信息渠道有限，有时候投资一个项目，就留下了'赌博'的阴影。"有老板说，这种阴影有可能导致整个项目"倒台"。
>
> 在重庆，由于信息缺失导致经济损失的事件，据老板们说并非一起两起。"这样的结果不是政府愿意看到的，企业更是如此。假设信息及时公布了，不是皆大欢喜？"
>
> 最近的事例是，南滨路的个别经营户，已遭遇信息缺失的打击。
>
> 据记者了解，事先由于没有得到相关信息，不少经营户入驻南滨花市。而不到一年时间，为给南桥头立交工程施工让路，花市"歇"了。经营户是这样的态度：对重庆的城市建设，绝对"举双手赞成"。不过他们质疑这样一点：为什么不及时公布相关的信息？
>
> 同样有此遭遇的，还有旁边的小天鹅。虽然还在经营着，但影响已经凸现。

据小天鹅相关负责人透露，当地政府也在积极想办法，希望把损失降到最低。"但损失绝对难免。如果信息及时公布了，这种事情就不会发生。"

最后，信息沟通机制对于培育公开公平的市场竞争环境、规范市场经济秩序具有重要作用。这主要体现在打破行业垄断、维护市场统一上。《重庆市规范性文件审查登记办法》第六条规定：规范性文件内容应该符合以下规定：（一）符合法律、法规、规章的规定；（二）符合职权法定原则；（三）与WTO原则或其他规范性文件相协调，无地方保护和行业保护规定。人民网于2004年6月28日报道了有关事件：

平息两起文件风波

屠宰风波

去年，我市有关部门出台文件，规定低级屠宰场产出的肉品，不能到有高级屠宰场的地区销售。日前，市政府常务会决定，撤销该文件的上述条款，并明确指出：新的文件中，不得创设类似条款。

喝水事件

由政府部门出台文件，规定各行各业喝某一种水，在计划经济时代屡见不鲜。然而，这样的事如今还在万州出现，却令人匪夷所思。日前，万州某部门发了一纸红头文件，要求将某品牌矿泉水作为下属单位"指定用水"，名为扶持企业，实则形成了地方保护、垄断经营。此事经媒体披露后，万州区工商部门以"不正当竞争"为由，将其制止。

"屠宰风波"、"喝水事件"的发生，说明《规范性文件审查登记办法》出台的必要。

（二）民主协商机制

民主协商机制是政府与公民面对面直接就某一问题进行协商的机制。民主协商机制主要体现在政府就某一具体公共政策的制定而举行的听证上。公共政策的制定不再只是政府单方面的事情，在此机制下，公民有了制度性的参与途径来维护自己的权利和利益。

1. 对于政府

首先，民主协商机制的实行使政府的决策更加科学化和民主化。过去，公共政策的制定只是政府的事情，在缺少沟通的情况下，政府机关的工作人员往往凭经验"拍脑袋"做决策，有时尽管意愿是好的，但所做的决策却偏离现实。源头上有问题，执行起来当然困难重重，更别提有些公共政策是部门利益的产物，它的执行就会侵犯公民的权利。这种例子不胜枚举。而民主协商机制的实行可以较好地解决这个问题，公共政策的制定不再是政府单方面"拍脑袋"的结果，而是建立在与公民协商的基础上，在这个意义上，公共政策是政府与公民的共识。

《重庆市行政决策听证暂行办法》以列举的方式规定了11类应当听证的事项。而且，这些事项在实际运行中得到细化，如重庆市物价局公布了《重庆市物价局价格听证目录》，明确规定了需要进行价格听证的项目目录，从而使听证具有较高的强制性，减少操作过程中的随意性。为了防止听证"走过场"，该办法设置了预防性条款，如：

第二十九条　听证机关应当在举行听证会后7个工作日内，根据听证记录和评议制作包括下列内容的听证纪要：

（一）听证会的基本情况；

（二）听证的事项；

（三）对听证事项赞同的情况；

（四）对听证事项的意见分歧；

（五）对听证意见的处理建议

第三十条　听证纪要应当作为听证机关行政决策或提出行政决策建议的重要依据。

听证机关在提出行政决策建议时应当附具听证纪要。对未附具听证纪要的，决策机关不得受理。

第三十一条　有下列情形之一的，可以延期举行听证会，但延期不能超过两次：

（一）出席听证会的听证人未达到规定人数；

（二）主要陈述人没有出席听证会的；

（三）需要增加新的陈述人或者调查、补充新的证据材料的；

（四）陈述人临时提出听证主持人回避申请被接受，听证机关不能及时更换主持人的；

（五）其他需要延期的情况。

第三十二条　按照本办法规定应当听证的事项而未组织听证并造成重大不良影响的，对直接负责的主管人员和其他直接责任人员依法追究行政责任。

第三十三条　有下列情形之一的，有关部门应当对其主要负责人和直接责任人员给予通报批评；情节严重的，给予行政处分：

（一）经办方陈述人无正当理由不出席听证会或者拒绝在听证会上陈述的；

（二）经办方陈述人在听证会上陈述不实或提供虚假、错误信息的。

第三十四条　听证机关组织听证应当提供必需的场地、设备和其他工作条件，所需经费由同级财政予以保障。组织听证不得向管理相对人收取或者变相收取任何费用。

《重庆市行政决策听证暂行办法》实施以来，按照制度规定必须听证的行政决策都进行了听证，如《主城区尘污染防治办法》立法听证会、《重庆市轨道交通乘车办法》听证会等。重庆市还首创了在网上公开听证的实践，如市政府法制办公室就《重庆市人民政府关于坚持以人为本创新行政执法的决定》进行现场和网上同步听证，8万人次的网民点击参与，在线建议达300多条，访问地区遍及北京、上海及港澳台地区。最近，《重庆市国家教育考试条例（征求意见稿）》也将举行网上立法听证。这些形式多样的听证会使政府与公民之间能够当面互动，提高了政府决策的科学性和民主性。

其次，民主协商机制的实行提高了公共权力的合法性。这里所说的合法性是一个政治学的概念，不是通常所说的法学意义上符合法律规定的意思。"政治学意义上的合法性是人们对某种政治权力秩序是否认同及其程度如何的问题。具有政治学意义上的合法性意味着一种政治秩序或一个政权获得了人们的同意和自愿服从。"[1] 合法性是任何政治体制得以形成、存在和维持的根源之一。所谓政治合法性的基础，是指公共权力取得合法性的依据。政治合法性的基础主要有三种，即理念基础、规则基础和有效性（绩效或政绩）基础。[2] 张健认为，在1978年以前，中国共产党将其统治的合法性建立在马列主义意识形态之上；而在1978年至90年代，经济增长（绩效）取代意识形态成为主要的合法性支柱。[3] 而法治国家合法性的重要基础是规则，对规则的认同包括对规则本身的认同与对制定规则程序的认同，对规则的认同可以传递到对执行规则的公共权力的认同。所以，法治政府建设的一个重要方面是将其政治合法性建立在规则的基础之上。民主协商机制使公共政策的制定建立

---

1. 俞可平主编：《政治学通论》，北京：当代世界出版社2002年版，第97页。
2. 参看赵虎吉：《比较政治学——后发展国家视角》，广州：中山大学出版社2002年版，第319—325页。
3. 张健：《合法性与中国政治》，载《战略与管理》，2000年第5期。

在公民与政府对话的基础上，公民对公共政策的制定及其结果均具有较高程度的认同，这就有利于政府提高其政治合法性，树立政府的公共权威。而这种公共权威是法治政府所必需的。

我们在调研中发现，所调查对象对于经过听证而形成的政策具有较高的认同度，也愿意自觉遵守或服从相关政策的要求。如市建委在制定轨道交通乘车办法时，举行了决策听证会，广大市民踊跃参加，提出了许多建议并被采纳。重庆市轻轨运行以来，广大市民自觉遵守这一办法，乘车秩序井然。

2. 对于公民

首先，民主协商机制为公民保护权利、维护自身利益开辟了制度性的渠道。法治政府的根本目的是保护公民的合法权利，维护其合法利益。一方面，需要公民具有公民意识；另一方面，公民需要有制度性的渠道来保护自己的合法利益和权利。信息沟通机制为公民意识的自觉营造了良好的环境，而民主协商机制则为公民进一步保护权利、维护利益打开了通道。

在民主协商机制建立起来以前，公民只是被动地接受政府单方面的决定，政府对公共政策的形式所作的决定只是政府单方面的意思表达，可能会侵犯公民的权利，损害公民的利益。而公民要么被动接受，"忍气吞声"，要么消极地应付。虽然随着《行政诉讼法》、《行政复议法》等法律的颁布及实施，"民可以告官"，并且"民告官"的行政案件逐年上升，"法院受理的行政案件呈上升趋势"[1]，"有的省市基层法院受理的行政案件就比上年翻了一番，有的基层法院甚至增长了200%。而自从1989年我国颁布《行政诉讼法》至今，我国各级人民法院受理的一审行政案件已经超过一百多万件。"[2] 但是，即使公民利用这种事后诉讼的方式维护自身权利，效果也往

---

1. 虞彩琴：《当前行政权行使中的若干法律问题思考》，见中国法院网，http：//www.chinacourt.orga。
2. 黄豁、张先国、段博：《"民告官"案件大幅增长的背后》，载《瞭望新闻周刊》，2006年4月22日。

往不好。一方面，在缺乏政府与公民见面机制（除了事后见面，如法庭中的见面）时，政府的法治意识是淡薄的，公民只是管理对象，这也是政府败诉率高的原因。"在行政诉讼案件大幅度增长的情况下，政府部门败诉率高是一个普遍特点，通常有30%—40%的败诉率。而在一些基层法院，政府部门的败诉率甚至高达50%以上。""全国人大代表、湖北省高级人民法院副院长吕忠梅认为，当前'官民矛盾'不少是由政府的不当行政或违法行政引发的。"[1]这样的政府必然干涉案件的处理，加上法律体系本身存在如法律滞后等因素，案件处理难度极大，案件处理周期长，而且很多案件结不了案。据统计[2]，"民告官"上诉案件占结案总数的30%左右，案件审判效率低，一般都要经过两个月以上的诉讼后才能裁判。有的案件拖上两三年也难以结案。所以，公民的权利得不到保护。另一方面，即使公民胜诉，也存在执行难的问题。因此，虽然"行政诉讼法规定，行政诉讼中除行政赔偿案件外不适用调解。但现实中，在法院的协调下或通过原被告私下协商后，原告撤诉的情况仍层出不穷。基层司法部门建议，在当前官民矛盾较为尖锐的情况下，积极推行'民告官'案件的协调机制不失为化解矛盾的有效手段"[3]。如果公共政策本身存在侵犯公民权利的内容，那么，仅靠事后补救的方式无益于"杯水车薪"。所以，在公共政策制定伊始就让公民参与，在源头上防范政府权力的滥用，就变得极为重要。民主协商机制正是起到了这样一种作用，使公民多了一条重要的"维权"渠道。

重庆市民主协商机制的实行，在一定程度上起到了保护公民权利和利益的效果。例如，重庆市轻轨票价听证，轻轨公司提出的价格是不分段，上车15元。市民反映票价偏高。听证会后调整为全程票价5元并可分段计价。市财政每年补贴5000万元给轻轨公司以维持其正常运转。

---

1. 黄豁、张先国、段博：《"民告官"案件大幅增长的背后》，载《瞭望新闻周刊》，2006年4月22日。
2. 同上。
3. 同上。

其次，民主协商机制有利于公民参与能力的提高。公民的参与能力包括主观能力和客观能力。主观能力指公民对自己影响和参与政府决策、参与行政的能力的认知、情感和态度，是公民参与的心理因素或心理基础；客观能力指公民参与和影响政府决策、参与行政的实际能力。[1] 公民参与的主观能力和客观能力相辅相成，成为一体。只有提高公民的参与能力，才能使其更加有效地保护自身的权利和利益，更好地监督公共权力。而"纸上得来终觉浅，绝知此事要躬行"，参与能力提高最有效的途径就是"参与"，只有在制度化的参与中，公民才能逐步提高参与认知，熟悉了解参与程序，提高其参与能力。

民主协商机制的实行，逐步提高了重庆市民的参与能力。这表现在两个方面：一方面，公民的主观参与能力普遍提高，特别是在给公民带来切身利益的听证会的示范效应下，公民的参与热情普遍高涨。重庆市政府法制办的同志告诉我们，每次组织听证，都有大量市民要求参加。在举办房地产两证合一的听证时，九龙坡一起来了几十人，组织者不得不劝说他们选出一两名代表，而65岁的邹小良更是从数百公里外的万州赶到主城区来参加听证会。而市政府法制办首创的网上听证，更是吸引了大量的公民参与，据统计，在市法制办组织《重庆市人民政府关于坚持以人为本创新行政执法的决定》听证时，有8万人次的网民参与。另一方面，公民的客观参与能力有了一定程度的提高。我们在重庆市渝中区调研时发现，公民在制度性的参与中，开始自觉通过各种途径，如报纸、网络等媒体，或到相关部门咨询等，学习法律、法规、政策等有关知识，并开始在实践中学习选举代表等参与方法，从而逐步提高了其参与能力。

（三）责任互动机制

责任互动机制主要是指公民就政府没有尽到其责任、或者没有履行其应

---

[1]. 参看王彩梅：《试论公民参与能力的提高》，载《理论导刊》，2006年第10期。

有的职责、或者超越权限做了其不应当做的事情而对其进行问责的机制。它主要体现在《重庆市部门行政首长问责暂行办法》中。问责制也是重庆市"创建法治政府四项制度"中最为关键的一项制度,是落实其他三项制度的保障性制度。此制度的实行产生了较为明显的效果。

1. 对于政府

首先,使政府机关明确了其责任受体。从理论上讲,政府的权力来源于人民的授予,政府要对人民负责。中国是中央集权的单一制国家,在中央政府层级完成这一程序后,中央政府通过行政授权的方式将各种行政权力授予地方政府,地方政府也以行政授权的方式将这种权力分解到各行政部门。从理论上讲,公共权力最终都要对人民负责。然而,在现实实践中,公共权力往往只对其直接权力授予者负责,而漠视对民众的责任。《重庆市部门行政首长问责暂行办法》为公民追究政府机关因不履行或不正确履行法定职责的责任开辟了制度性的途径。该办法的实施使各级政府机关日益明确其最终责任受体是公民,要对公民负责。例如,奋不顾身跳入水中救出19名乘客的重庆开县农民金有树,在生病无钱继续治疗时,曾向有关部门求救。但是,一封封求助信却没有引起及时反应。2005年6月2日,重庆市政府以渝办发〔2005〕129号文,通报了该市开县政府处理金有树救人及患病求救有关情况。因对见义勇为的金有树患病求救信办理情况督促检查不及时,重庆市政府对开县县长陈远辉启动了行政首长问责程序,予以通报批评,责令其在县政府常务会议上作出深刻检查。

其次,官员的责任意识增强。《重庆市行政首长问责暂行办法》通过制度性的途径解决"庸政无责、小过难究"的难题,在现有的纪律监督和法律监督的基础上开辟了第三条监督通道。如,2004年9月25日,重庆市一辆满载着乘客的中巴车行至一座桥时,翻身落入水中,车上的50名乘客全部遇难,其中48人死亡,2人失踪。在这50名乘客中,有33人是中小学生。据了解,当时河水已经漫过了桥面一尺左右,水位高涨、水流湍急是导致事故发生的直接原因;另一个不可忽视的原因是超载。肇事车辆是一辆经过改装的9座中巴车,出事当天竟然超载到了50人!而这样的超载经营在当地已经是司空见惯。从表面上来看,此事是一件偶然事故,似乎和县长没有关系。然而,事故调查委员会得出的结论是,此事并不是一个偶然事故,石柱县学生上下学交通运输长期存在不安全的状况,反映出交通部门管理的松懈,也反映出交通运输公司的责任意识、安全意识不到位。这种现象长期存在,县长应该有所意识,在工作检查当中发现这些问题,督促交通局和运输公司加强管理,予以纠正。而这一现象长期没有得到纠正,因此,这个地区的行政首长——县长应当负责。所以,事故发生后,重庆市市长王鸿举根据重庆市"行政首长问责制",向石柱县人民政府启动问责,石柱县县长岳中焕引咎辞职。

由于责任意识不够而被问责并引咎辞职的石柱县县长一案,在广大官员中产生了强烈反响。在问责的压力下,官员的责任意识大大增强。重庆市实施问责制以来,各级行政首长普遍反映工作压力增大,责任增强。我们在调研中发现的一个现象可以反映官员责任意识的增强,即在重庆,很多节假日值班电话是由该部门首长接听的,而究其原因,很多官员直言不讳:"现在要问责的嘛!"

最后,政府部门行政的依法性和效率均有较大提高。通过问责制的施行,重庆市构建起了政府责任体系,使责任层层下解,落实到人,行政的依法性和效率有了较大提高。如渝北区的行政部门领导,自该区交通局局长因评议不佳辞职之后,为了避免被问责,积极采取各种措施,缩短行政审批工作时限,工作效率有了大幅提高。而且部门服务态度有了质的改变,极大地改变了过去"门难进,脸难看,话难听,事难办"的官僚习气和衙门作风。行政人员在行政执法时也变得"中规中矩"起来,依法办事的程度有了较大提高。

2. 对于公民

《重庆市行政首长问责暂行办法》为公民对政府侵犯其权利、损害其利益的行为开辟了新的制度性的问责渠道。过去,当政府不依法行政,对其造成利益损害或权利侵犯时,公民只能采取信访或行政诉讼的办法保护其权益,而这两种方式通常都要经过漫长的时间,我们上面亦分析了现在行政诉讼所存在的一些问题。仅通过这两种方式,公民维权往往颇费周折。《重庆市行政首长问责暂行办法》中规定公民有建议启动问责程序的权利,使公民维权有了快速通道。如2004年9月,重庆市有关部门未做好某垃圾填埋场附近村民的搬迁安置工作,村民将垃圾清运车堵在填埋场外,导致主城区几千吨垃圾无法清运,部分市民颇有怨言。问责程序尚未启动,市政府有关部门的行政首长已在媒体上公开向市民进行了道歉,并立即采取果断措施妥善解决了有关问题。

据不完全统计,《重庆市行政首长问责暂行办法》实施以来,共实施问责49例,追责领导干部87人。

五、见面机制存在的问题

"重庆市创建法治政府四项制度"所形成的政府与公民间的见面机制,在政府与公民之间架起良性互动的桥梁,在实际运行中取得较好的效果。但是,机制本身及其运行中仍然存在一些问题,需要进一步加以完善。

(一)**信息沟通机制存在的问题**。一方面,信息沟通呈现出单向度的特征,即政府方面提供的信息量大,而公民提供的信息量小。公民可以从政府网站、报纸等公共媒体以及到政务服务大厅等处获得政府的政务信息。但政府除了听证以及通过统计获得公民关于政策的偏好等相关信息外,没有更多制度性的渠道获得公民的相关信息,即信息沟通是不均衡的,信息沟通的渠道还不够宽。另一方面,政府提供信息还不够及时。2004年6月23日的《重庆晨报》对此有相关报道:

信息平台两大缺憾

时下政府给老百姓构筑的信息平台,虽然让百姓有了一个获取信息的空间,但与即将实施的《重庆市政务信息公开暂行办法》(简称《办法》)要求公布的信息相比,目前的信息平台在内容上还显得单薄。对比目前公众信息网公布的政务信息和《办法》要求公布的内容,会发现很多本该公布的信息,在网上不见踪影。比如公共资金的使用情况、经济社会发展规划的进展情况等等。

所以,记者的一位老板朋友说,他的信息主要来自媒体。

法律界的专家则有这样的说法:"因代理诉讼到法院查阅相关资料,还得开后门。"

另一个缺憾,则是信息更新太慢。

部分网上公布的政务信息,已过去半年时间,却还标识为"新"。记者浏览一些区县政府或职能部门网站后发现,媒体已经公布了十多天的信息,依然还没有挂到网上。

(二)**民主协商机制存在的问题**。首先,民主协商主体的确定是政府单向度意愿的结果。如《重庆市行政决策听证暂行办法》规定,符合听证机关规定条件的公民、法人和其他组织均可报名参加听证,也可推选代表参加听证。听证机关根据拟听证事项和公民、法人及其他组织的申请情况,按照参加听证的人员应当具有广泛性、代表性的原则,确定参加听证的人员。可以看出,听证人员只是由行政机关确定。其次,缺少对弱势群体的保护性制度。积极参与听证的人往往是参与能力较强的公民,他们通常受过一定程度的教育,拥有一定程度的文化知识,能够较好地进行利益表达,行使自己的权利。然而,社会上存在多种利益群体,弱势群体往往没有条件表达自己的利益,行使自己的权利。他们需要一定的帮助才能够完成这些事情,而重庆市在这方面没有制度性的规定。最后,对于公民提出的意见和建议,缺少制度性的回应机制。现在的办法只是规定,将公民的意见记录在案,作为决策的依据,但没有对提出意见和建议的个人给予回应的规定。而回应不但对于公民个人而言是重要的,更是一个政府负责的表现。德国的做法也许值得我们借鉴,《联邦建筑法》(*the Baugesetzbuch*)规定,政府在制定有关城市规划等项目计划时,必须让公民参与,负责建筑的办公室(Bauamt)将对公民所提的意见和建议逐一进行核对。所有提出建议的公民,不管他们的建议是否被最终的方案所采纳,都会收到政府的告知信。

(三)**责任互动机制存在的主要问题**。现在的问责制只是一种内部问责制度,而缺少外部的问责制度。《重庆市行政首长问责暂行办法》第六条规定:"市长发现市政府部门行政首长有本办法第五条规定情形之一,或根据下列情况,可以决定启动问责程序",这就将启动问责程序的权力赋予了市长。而依据此办法所形成的问责体系也是将问责的权力赋予了相应的行政首长,从而形成了一套较为完整的政府内部问责体系。当公民认为应当对政府的有关行政部门问责时,只能想办法将其意见反映到相关政府部门首长直至市长等最高行政首长。一方面,《重庆市行政首长问责暂行办法》没有对公民的反映渠道作出具体规定;另一方面,政府部门行政首长是否启动问责程序可能受到的影响因素较多。这两方面问题的存在,使现在的责任互动机制必然受到相当的限制。

法治政府的建设是一项系统工程,涉及政府职能的转变、法律体系的健全以及行政监督机制的健全等许多方面,需要长期的努力才能完成。但是,法治政府的落脚点是公民权利的保护和对公共权力的法治限制,实现政府与公民的良性互动是法治政府建设的重要一环,具有重要意义。虽然重庆市"创建法治政府四项制度"有需要进一步加以完善的地方,但它已经成功地形成了政府与公民之间的见面机制,使已有的各种法律、法规、规章和政策等规则得到了较好的运转,已经和正在发挥着重要的作用,成为建设法治政府必不可少的"酶"。

深化行政审批制度改革　推进法治政府建设

——以海南省行政审批制度改革为视角

李　林

（中国社会科学院法学研究所）

在中国特色社会主义法律体系如期形成、全面实施宪法和法律成为依法治国关键环节的法治背景下，在我国现行管理体制下，深入实施《行政许可法》，不断改革和完善行政审批制度，既是推进依法行政、加强法治政府建设的重要抓手，也是转变政府职能、推进行政体制改革的重要内容。进入新世纪以来，国务院行政审批改革领导小组办公室对国务院审批的项目先后组织了五次大规模的清理，在清理审核的基础上共取消2167项行政审批项目，占原有总数的60.6%；地方各级政府也在中央的统一部署下，依法取消和调整了77629项行政审批项目，占原有总数的一半以上。

十多年来，在国务院的统一领导和部署下，以加快转变政府职能、全面推进法治政府建设为目标，以清理、减少和调整行政审批项目为重点，以坚持集中、便民、高效和廉洁审批为原则，以创新行政审批体制、建立政务服务中心为平台，以实体集中审批与虚拟网络审批相结合为手段，全国行政审批制度改革取得了明显成效，受到群众和社会的广泛好评，得到专家学者的

充分肯定。

在地方行政审批制度改革中，海南省大胆探索，勇于实践，创新观念，积极推进行政审批体制机制改革，取得显著成效，走在了全国的前列。海南以省人民政府政务服务中心（以下简称"海南省政务中心"）为平台，相对集中行政审批权，大力改革行政审批的体制机制，着力推行行政审批的阳光政务，全面提升行政审批的效率和群众满意度，初步形成了地方行政审批制度改革的"海南模式"。

当然，任何制度改革都不可能是十全十美和一蹴而就的，行政审批制度改革也不例外。据统计，我国有大量法律、行政法规和部委规章对行政审批作出了规定，内容涉及经济、社会、文化、国防、外交、公安、环境、资源、卫生、教育以及物价、收费、市政、城管等数十个领域和行业。从社会主义市场经济不断发展对转变政府职能的必然要求来看，从广大人民群众当家作主对执政党和人民政府全心全意为人民服务的新期待新要求来看，从加强法治政府建设、创新社会管理对推进依法行政的内在要求来看，从监督制约权力、建设廉洁政府对行政体制机制改革的深层次要求来看，目前我国法律体系框架下的行政审批制度还存在诸多弊端，我国的行政审批制度改革还没有到位，存在以下突出问题：一是政府职能转变不到位，不该管的事没有完全放开，该管的事没有认真管好，特别是公共产品和服务提供不足。政府还集中了过多的公共资源和社会资源，权力部门化、利益化的问题依然存在，造成行政审批事项仍然较多，清理不彻底，一些应该取消的审批事项被合并或调整为审核、事前备案等，一些审批事项程序繁琐、时限长、办事效率低下。二是对行政审批设定管理不严，特别是对非行政许可审批项目，管理不规范，随意性大。一些部门和地区利用"红头文件"、规章等，以登记、备案、年检、监制、认定、审定以及准销证、准运证等形式，变相设置审批事项。三是对行政权力的监督机制还不健全，一些部门权力过于集中，同时承担审批、执行、监督、评价职能，权力滥用、权钱交易、官商勾结等腐败现象屡有发生。[1]四是未从法律上明确实施行政审批制度改革的牵头部门和责任主体，致使该项改革因缺乏统筹协调的"主心骨"而难以深入。

从海南省的情况来看，随着行政审批制度改革的深入，也面临一些问题与困难。其中有些是需要海南省自身研究解决的，如行政审批制度改革主要在省一级层面，市县区的改革进展参差不齐。有的是"形象工程"。有的是收发室和转运站，形成了省级审批办事方便、市县行政审批办事难的现象。[2]更多的则带有全局性、普遍性特点，如政务中心的法律地位不确定、法定职责不清晰以及审批项目界定和划分困难、夹带审批难清理等问题，需要在深化全国行政审批制度改革中尽快解决。

一、继续清减行政审批事项，从源头上规范行政审批权

行政审批是现代政府履行公共管理和服务职能、行使行政权力的重要方式和基本内容。行政审批的权限设置、种类划分、数量多少、力度大小、程序安排等，都与政府的角色和功能定位直接相关。在"小政府、大社会"以及"弱政府、强社会"的自由市场经济体制下，政府的审批职能最低、审批事项最少，所谓"政府最好，管得最少"。在"大政府、小社会"以及"强政府、弱社会"的计划经济体制下，政府的审批职能最强、审批事项最多，从火柴到钢材、从摇篮到坟墓无所不及。我国今天实行或试图实行的，是"大政府、大社会"和"强政府、强社会"的"第三种"管理模式，政府管理要有所为、有所不为。

据统计，我国近年来根据中央政府规范性文件设置的行政审批近850项，

---

1. 参见温家宝总理2011年11月14日《在全国深入推进行政审批制度改革工作电视电话会议上的讲话》。
2. 李林主编：《中国法治蓝皮书（2012）》，北京：社会科学文献出版社2012年版，第281页。

法治政府
Government Ruled by Law

根据省级规范性文件设置的行政审批约 500—1500 项，最多的省份已超过 2300 项。在我国深化行政体制改革和发展社会主义市场经济的条件下，政府管理总的方向是减少审批事项，减少对微观经济活动的直接干预，强化经济调节、市场监管、社会管理和公共服务职能，营造更加公平的市场和社会环境。总的原则是：坚持市场优先和社会自治原则，凡市场机制能够有效调节的，公民、法人及其他组织能够自主决定的，行业组织能够自律管理的，政府就不要设定行政审批；凡可以采用事后监管和间接管理方式的，就不要再搞前置审批。[1]

然而，由于"大政府"和"强政府"的体制以及政府管理"有所为、有所不为"的不确定性，加之政府职能转变的不到位和行政法治的不完善，对政府部门有权有利的行政审批事项，往往被纳入政府部门"有所为"的范畴而成为清理、减少和调整的难点、"硬骨头"和"钉子户"，而对政府部门不利或小利的行政审批事项，则比较容易清理、减少和调整。换言之，就是行政审批项目清理还不够，清理掉的有许多是涉及面窄，与群众生产生活、企业生产经营活动相关度较低的项目，而涉及面广，与群众生产生活、企业经营活动密切相关而且不符合生产规律要求的一些审批项目依然未得到清理。所以，前几轮全国行政审批事项的清、减、调，尽管产生了可观的数字和比例，某些"难点"项目也被清理掉了，但清、减、调的改革远没有触底，尤其是一些垄断领域、高利事项和寻租权力，不仅成为改革的盲区或禁区，有的地方和部门甚至还被巩固和强化。更有甚者，部分审批事项在清理后摇身变为"形式审查"或"备案"，实质上是换个旗号变相审批，与国务院精简审批事项的要求背道而驰。

面对行政审批事项"清理难、减少难和调整难"的"三难"问题，主要从以下方面着手解决：

---

1. 参见温家宝总理 2011 年 11 月 14 日《在全国深入推进行政审批制度改革工作电视电话会议上的讲话》。

（一）明确行政审批事项清理的重点

按照中央要求，下一步行政审批事项清理的重点是投资、社会事业和非行政许可审批等三个领域。对于投资领域，国家应当只批准或核准政府投资项目和关系经济安全、涉及整体布局和影响资源环境的项目。对于社会事业领域，应当放宽社会和私人资本进入的限制，打破垄断，扩大开放，公平准入，鼓励竞争。对于非行政许可审批领域，应当清理一些部门和地方利用"红头文件"、规章等对公民、企业和其他社会组织提出的限制性规定，对那些没有法律法规依据、不按法定程序设定的登记、年检、监制、认定、审定以及准销证、准运证等管理措施，都必须予以取消。明确界定非许可审批项目的概念和范畴，研究建立并严格执行非行政许可审批项目设立制度，禁止以非许可审批变相审批的项目。

（二）依法设定和实施审批事项

行政机关设定任何审批事项都要于法有据，严格遵循法定程序，进行合法性、必要性、合理性审查论证；涉及人民群众切身利益的，通过公布草案、公开听证等方式广泛听取意见。凡是没有法律法规依据的，任何行政机关都不得设定或变相设定行政审批事项，尤其不得以"红头文件"等形式，增加公民、企业和其他社会组织的责任和义务。进一步优化政府部门职能配置，一件事情原则上由一个部门负责。职能重复或相近的机构，应当整合归并。确实需要多个部门管理的，明确牵头部门，建立协调配合机制，防止多重审批和推诿扯皮。合理划分中央和地方政府的事权，中央政府重点加强对经济社会事务宏观管理，把更多精力转到制定战略规划、政策法规和标准规范上。市场监管、公共服务和社会管理等直接面向公民、法人和其他社会组织的具体管理服务事项，应当更多地交给地方政府。

（三）实施目录管理，制定和公布全国的行政审批事项目录

依法规范行政审批事项，除涉及国家秘密、商业秘密和个人隐私及其他依法不予公开的审批事项外，应根据一定原则和权限，分别制定行政审批事项的国家部委目录、各省目录和全国总目录。这是一项基础工作，是全国行政审批事项的底数，可为审批事项的动态管理打下基础及提供依据。国家层面实施行政审批事项的目录管理后，取消、调整、下放行政许可审批事项的针对性会更强，对公开、清理、调整、统一、规范都有重要意义。国家各部委实施目录管理按照"先条后块、条块结合"的顺序对项目进行清理，摸清"家底"。此外，将全国、国家部委和各省的目录向社会公开，使各种行政审批事项和所有审批权力一目了然。

实行目录管理是有效应对行政审批事项清理的关键技术。海南省政务中心依照《行政许可法》和行政审批制度改革的有关规定，制定了《海南省行政许可审批目录管理办法》（以下简称《办法》），编制并公布《海南省行政许可审批事项目录》，其根本目的是对全省现有的审批事项进行调查摸底并有效分类清理，不合法的项目不能进目录，不进目录的不能再审批。根据《办法》，海南省政务中心制定集中办理的审批项目标准，对进入目录的项目进行筛选，按照"应进必进"原则，继续推进审批项目的集中办理，进一步深化了行政审批制度集中改革。按照《办法》要求，各审批机关对目录中的每个项目编制《行政许可审批指导书》，对审批流程中每个环节的条件、材料、操作方法、结果、例外处理、后续环节等进行详细规定，同时把《行政许可审批指导书》相关内容公布在群众办事的相关网站和办事指南中，增加办事透明度，集成到网上审批系统和电子监察系统中，作为审批人员的操作标准和电子监察的依据，减少了自由裁量、加强了监督力度，解决了审批的法制化、

标准化、信息化。

（四）进一步下放行政审批事项并做好督导工作

根据市场经济的需求，坚持能下放就尽量下放的原则，进一步推动行政审批事权向具备相应公共管理能力的基层政府转移，实现行政审批管理体制向扁平化方向发展，减少行政层次、降低行政成本、提高办事效率。海南省于2008年将197项行政审批权限下放交由市县政府及有关部门行使，同时成立了下放工作督察调研组，加强配套制度建设及业务指导，保证了下放行政审批事项的顺利交接。

（五）加强对设立行政审批事项的监管

加强对设立行政审批事项进行监督和备案管理，对违反行政审批权限和程序、乱设立或者变相设立行政审批项目的，应当纠正。同时，应当增强行政审批项目的透明度和公开性，通过报纸网络等媒体向社会公布保留的项目，接受社会监督。

二、加强政务中心建设，为行政审批制度改革提供新平台

20世纪90年代中期，一些地方政府就尝试引入政务服务中心（以下简称"政务中心"）模式，实行行政审批"一站式"办理。此后，集中行政审批权、实行统一受理办理行政审批事项的做法，得到《行政许可法》确认。近年来，不少地方在推进政府职能转变、构建法治政府、服务型政府和廉洁政府的改革过程中，积极探索政务中心新体制，创新行政审批管理模式，积累了宝贵经验。中共中央办公厅、国务院办公厅印发《关于深化政务公开加强

政务服务的意见》（中办发〔2011〕22号）指出，政务服务中心是实施政务公开、加强政务服务的重要平台，凡与企业和人民群众密切相关的行政管理事项，包括行政许可、非行政许可审批和公共服务事项均应纳入服务中心办理，充分发挥服务中心作用，统筹推进政务服务体系建设。温家宝总理在"全国深入推进行政审批制度改革工作电视电话会议"上进一步明确指出，要创新行政审批服务方式，推进服务型政府建设，加强政务中心建设，原则上实行一个部门、一级地方政府一个窗口对外。

成立政务中心，搭建集中审批平台，是各地的普遍做法。尤其是《行政许可法》颁布后，政务中心在服务理念、服务内容、服务方式、服务领域、服务效能等方面，取得了突破性进展，成为地方政府的一个明星工程，成为方便群众和企业、服务社会、建设服务型政府的一个重要窗口和平台，对于推动地方经济社会发展起到了重要作用，深受群众的欢迎和好评。

据统计，截至2011年，全国共建立政务服务中心2800多个。具体来看，各地政务中心大约有五种管理类型：第一种是作为政府的派出机构，如海南省政务中心。第二种是作为政府办公厅（室）代管的二级机构或内设机构。第三种是作为政府议事协调机构的办事机构，如与政务公开领导小组办公室一个机构、两块牌子。第四种是作为政府直属事业单位和挂靠政府有关部门（如发展改革委、监察局、招商局等）的事业单位。第五种是作为政府的工作部门，如长春市路园区民生工作局、成都市武侯区行政审批局把所有审批集中在一个部门。

从全国政务中心的实践运行状况来看，各地差异较大，大致有三种模式：第一种是有的地方纳入政务中心的审批事项较少，大部分审批事项仍在政府各个部门办理，例如有些行政职能部门以各种理由拖延或者拒绝进入政务中心，导致部分含金量高甚至收费较高的审批项目仍然在政务中心外审批，政务中心基本上流于形式，行政审批制度改革往往成为"形象工程"。第二种是有的政务中心只管受理申请和发放证照，政府各部门审批职能没有调整归并，例如尽管有些行政职能部门在政务中心设了窗口，但是进入窗口的授权不到位，或者实质性授权不多，窗口只收申报材料，申报材料仍然要回部门审批，政务中心成为行政审批材料的收发室和转运站，行政审批制度改革往往成为"半拉子工程"。第三种是有的政务中心实现了多数审批部门、审批事项进驻，绝大部分进驻事项均能办理，形成了以政务中心为平台的高效、廉洁、便民的行政审批机制，政务中心成为同级政府的行政审批管理与服务机构，切实承担起推动行政审批制度改革的主体角色。海南省政务中心作为第三种模式的代表，是行政审批制度改革的"样板工程"。

实践证明，建立政务中心相对集中进行行政审批，有利于规范行政审批权，提高行政审批的效率，增加行政审批的透明度，方便群众办事和监督。深化行政审批制度改革，加强政务中心建设，应当做好以下工作：

（一）强化政务中心的集中审批

这里的关键词是"集中"。一般来讲，在行政审批制度改革中，有"两集中"和"三集中"两种模式。所谓"两集中"，是指审批人员和审批项目的相对集中。目前大多数地方实行的是"两集中"模式。所谓"三集中"是指审批事项集中、审批权力集中、审批人员集中。审批事项集中是在不增加编制的情况下，各厅局设立专门的行政审批办公室，将原来分散在各处室办理的审批事项向行政审批办公室集中，其他处室不再具有审批职能。审批权力集中是由行政首长授权，将分散在各分管领导和业务处室的审批权力向行政审批办公室主任（即"首席代表"）相对集中。审批人员集中是指行政审批办公室以及工作人员整建制向中心集中。"三集中"后各审批办拥有受理权和直接审批权，启用"行政许可专用章"，在政务中心的统一领导、组织、协调和监督下进行行政审批。从根本上防止和解决了政务中心窗口"只受不理"、"两头受理"、"多头办理"以及由此产生的一系列问题。

海南省政务中心率先提出并实行"三集中"的模式。通过"三集中",海南省实现了对行政审批事项和审批权的有序管理和科学整合,提高了依法行政水平,提升了行政审批效率。集中审批权,主要是审批权在审批机关内部以及从各审批机关向政务中心的集中。集中审批职能,主要是各部门将本部门所承担的行政审批职能和相关项目收费职能全部移交审批办;择优选配审批办工作人员,把政治素质高、业务熟、能力强、服务优的工作人员,集中到省政务大厅审批办窗口办公。另外,各审批机关行政首长要对作为审批办主任的"首席代表"依法委托授权,统一启用行政审批专用章。例如,海南省住房城乡建设厅共有49项审批事项,以前分散在7个内设处室,由3位领导分管、涉及53位审批工作人员,使用7枚专用章进行审批。进入省政务中心大厅后,49项审批事项由省住房城乡建设厅审批办11人一个窗口对外,"首席代表"全权审批,使用1枚审批专用章对外行使审批职能。从海南的经验来看,实行"三集中"之前,审批权过分集中于各委厅局一把手或分管领导手中,容易造成办事拖拉或个别人对审批工作的干预,产生腐败和权力滥用;实行"三集中"之后,大多数审批权从各委厅局一把手或分管领导手中移交给了审批办主任(首席代表),把审批权推向窗口统一行使,接受多层监督;实行"谁审批、谁负责",各委厅局一把手或分管领导对被授权的审批办主任实行监督;"三集中"之前,几乎所有审批项目都会超出法定审批时限,"三集中"之后,在进入政务中心大厅办理的审批项目中,有60.9%规定了短于法定时限的承诺时限,而且绝大多数审批项目都能在比承诺时限更短的时间内完成,除改为即时办理的项目以外,承诺时限比法定时限提速最高达95.6%。以海南省商务厅为例,经过"三集中"改革,审批办件的按时办结率达100%,承诺办件的提前办结率达99.7%,并有83.8%的承诺办件转化为即时办件,大大提高了审批效率。

（二）创新政务中心的审批机制

审批机制是行政审批应当遵循的程序、时限和其他规则，是提高审批效率、降低审批成本、便民利民的保障。各地政务中心设计和实施的审批流程不尽相同，却大同小异，主要有以下四种办理审批机制：

1. 即时办理审批机制，即申请人递交申请后，材料齐全的项目，审批办当场或当天予以办结。目前海南省政务中心大厅有29个单位采用这种审批机制，共有60项可以即时办理的审批项目，即时办件数占全部办件总量的84%。

2. 承诺办理审批机制，即对程序、条件相对复杂，或需组织现场勘察、专家评审、听证等不能即时办理的审批项目，根据项目审批条件和法律规定时限承诺办结。承诺审批分为政务中心内部循环审批和委托办理、分办督办两种类型。

3. 重点项目联合审批会议机制，即对需要多个行政职能部门作出审批意见的项目，设立重点项目联合审批会议协调机构，为申请人提供并联咨询，协调解决审批中的难点、部门间互相配合、前置审批和后置审批的衔接等问题。

4. 上报审批机制，此类机制适用于在政务大厅窗口受理初审、审核、审批办主任（首席代表）作出初审意见后需要报上级审批的项目。目前海南省共有217项需要上报的项目，其中需上报国家部委审批的192项，需上报省政府审批的25项，占总项目的17%。

在实行以上四种审批机制的基础上，海南省还在完善审批配套机制上有所创新：为解决审批"三集中"改革后，审批与批后管理可能出现的"脱节"问题，审批办与本部门相关业务处室建立了协同工作及信息交流机制。审批中涉及监督、年检、事权下放的环节，审批办与业务处室协同办理，并按时、按标准交互审批结果等相关信息,确保审批与批后管理两项工作有效衔接。

(三) 强化政务中心的服务功能

提供高效、便利、廉洁的审批服务,是设立政务中心和改革行政审批制度的初衷。为此,各地根据国务院的原则要求,从本地的实际出发,创新服务方式,强化服务功能,建设服务型政府。以海南省政务中心为例,其推行政务大厅的"一站式服务",创建了对外"四个一"(一个窗口受理、一站式审批、一条龙服务、一个窗口收费)和对内"五到位"(授权到位、机构到位、人员到位、职能到位、监督到位)的行政审批办理模式[1],全面增强了政务中心的服务功能。在强化审批服务功能的过程中,区分审批事项的不同类型作出处理:(1)对于简单审批事项,实行窗口人员直接受理并办理。对于复杂审批事项,实行"一审一核"或"二审一核"办结制,做到办件不出政务中心大厅。(2)对于受场地、设施和设备限制,需要在大厅之外开展检验、勘察、听证、论证等环节的审批事项,各首席代表行使分办权和督办权,依靠会审会签、会议研究、委托评审、专家论证、检测检验等制度,保证项目按时公开办理,按法定审批时限承诺办结。(3)对于涉及两个或两个以上部门办理的审批事项,实行"首办责任制",由首办窗口或政务中心协调相关部门按时办结。同时科学优化审批流程,推行并联审批。例如,对电子口岸入网许可事项,由海口海关审批办牵头省商务厅等六个相关部门进行并联审批。海口海关通过网上审批系统将申请材料发送给各部门同时进行审批,节约了大量审批时间。无论哪类审批事项,均须由行政审批办公室受理和办理,且

---

[1] 参见海南省《关于34个单位776项行政许可和行政审批事项集中在省人民政府政务服务中心办理的决定》(琼府〔2007〕69号)。

受理、初审、告知、发证等行为均须在窗口完成。据统计，当前海南省政务中心内部循环即可办结的审批事项办件量占所有审批事项办件总量的88.7%。

（四）加强政务中心建设亟待解决的两个问题

一是着力改善政务中心的法律环境。在现行法律体系和行政运行管理模式不变的情况下，对于政务中心的法律地位、行政主体和执法主体资格，政务中心与各行政职能部门的法律关系，政务中心与政务大厅的关系，政务中心的法律责任等问题，需要从法理、法律与实践的结合上研究解决。二是加强中央对行政审批制度改革和政务中心建设的领导。国家把行政审批制度改革顶层设计和领导实施的职能交给监察部，而不是国务院，没有国务院行政审批制度改革领导小组，也没有设立国务院的政务中心，使这项改革在中央和地方层面缺乏应有的力度，地方政务中心履行职能面临"小马拉大车"的困局，对于这些体制性问题，国家应尽快研究解决。

三、加强电子政务建设，全面推行网上行政审批

网上审批是对政务中心大厅审批的延伸和拓展，是政务中心加强电子政务建设的重要内容。国务院要求大力推行和规范网上审批，推进行政审批公开，把审批事项、审批程序、申报条件、办事方法、办结时限、服务承诺等在网上公布，实行网上公开申报、受理、咨询和办复。

（一）推行网上审批的必要性

在政务中心实体大厅审批的基础上推行网上审批，具有重要意义：一是有利于扩展政务中心办事大厅的实体空间（场地），以使更多的行政职能部门

和行政审批事项"应进全进"到政务中心。二是有利于提高政务中心大厅行政审批的效能,减少审批环节,缩短审批时间,明显提高政务中心大厅行政审批的效率。三是有利于群众咨询、申报和办理审批事项,监督审批过程,更好实现便民审批和为民审批。四是有利于深化政务中心的机制改革,强化对行政审批的内部监督、过程监督和外部监督,有效防止审批腐败,实现廉洁审批。

在推行网上审批的过程中,有人认为只需要建实体大厅审批就能解决问题,不用搞网上审批;有人认为只需要实行网上审批就够了,不用建政务中心的实体大厅;还有人认为应当先建政务中心的实体大厅,再建网上审批的虚拟大厅,从而实现有形大厅与无形大厅相结合。事实表明,只建虚拟大厅而无实体大厅,不仅使网上审批缺乏基本的运行载体,而且无法有效解决办事群众"跑多门"的问题,无法达成审批事项集中办理的规模效应;只建实体大厅而无虚拟大厅,审批工作就缺乏丰富的科技手段延伸,无法实现政务服务的全天候覆盖。"两个大厅"缺少任何一个,都不利于"服务型政府"的建设。海南省政务中心的实践证明,把政务中心的实体大厅与网上审批的虚拟大厅结合起来,无缝对接、相互补充、彼此配合、相得益彰,可以满足人民群众不同层面的申办需求,能够更好地发挥"一班审批人马"、"两个政务中心"的作用,从而推动行政审批制度改革的不断深化。

(二) 建立网上审批的电子政务平台

以电子政务平台为依托的网上审批虚拟大厅,保证了群众在网上办事如同在实体大厅办事一样,享受同样便捷、高效和人性化的服务,同时又突破时间、空间和人情因素的制约,成为"全天候"的服务型政府。上海市推行网上审批,建立面向企业与市民的网上公开、网上申报、网上预审的网上办事大厅,实现数据共享,通过网上信息交换,建立诚信体系。根据海南省政务中心的经验，加强行政审批制度改革中的电子政务建设，应当着力建设"五位一体"的电子政务平台：一是建设项目管理平台，将审批事项的集中管理、清理下放、集中审批等规范化、常态化。二是建设网上审批平台，将行政审批流程各环节的具体要求整合到审批平台中，实现按照审批实际情况定制审批流程。三是建设网上电子监察平台，实现对审批过程网上全程监督。四是建设网上办事平台，方便群众办事，使群众足不出户即可申请行政审批，咨询审批业务，查询办理结果或进展情况、存在问题及解决办法。五是建设政务公开平台，将群众关心的通知公告、政策法规、审批条件、程序时限等全部予以公开。海南省政务中心推行的是"五位一体"的电子政务平台，自2011年1月实行网上审批试点以来，迄今已办理网上审批办件74600件，占全部审批办件量的48%，明显提升了行政服务的效率和水平。[1]

（三）完善网上审批需要解决的问题

1. 随着下放审批事项的增加，国家应当建立部、省、市、县的四级行政审批联网，通过审批网络系统实现远程申报和信息共享，开展网络审批，层层把关，全程监督，以减少各个层级部门的自由裁量权，减少审批备案环节，提高审批效率。

2. 不断提高网上审批的电子化、技术化、数字化水平，减少人情和权钱的干扰，制定统一的审批项目、审批标准和审批程序，开发统一的审批平台软件并配备相应硬件设施，促进行政审批系统标准化、规范化和便捷化，形成统一高效的多级网上联动审批系统。

3. 对行政审批工作人员和申请审批的群众进行培训，提高他们对网上审批的认识，适应网上审批的要求，掌握网上审批的操作技能，通过网络实现

---

1. 据海南省政务中心审批系统统计。

对行政审批的管理、服务、申报和监督。

4. 研究制定网上审批的法规及标准，将网上审批纳入行政许可法律框架，从法律上对网上审批效力予以确认，明确网上审批过程中申请人及审批人员的权力和责任，完善电子签名、电子档案法规等网上审批相关法律配套。

四、强化监督制约，确保廉洁高效审批

行政审批是最容易设租寻租的行为，在分散行使审批权的管理体制下，行政审批容易成为腐败高发易发的主要环节，个别部门、少数公职人员利用手中的审批权，以权谋私、滥用权力、权钱交换、吃拿卡要，违背了法治政府的原则和政府管理的宗旨，损害了国家和公众的利益，损害了行政管理机关的形象。在政务中心集中行使审批权的新平台上，减少审批项目，规范审批行为，建立一整套行之有效的监督制约机制，强化对审批行为的监督，有利于从源头上减少腐败发生的可能性，有利于保证行政审批权的廉洁行使。

（一）集中审批权需要加强监督制约

理论上讲，权力集中容易产生腐败，绝对集中的权力产生绝对的腐败。但是，我国以政务中心建设为平台的行政审批制度改革，是权力集中与分权制衡、监督制约相结合的改革，是行政审批的"所有权"与"经营权"相分离意义上权力集中的改革，是追求高效廉洁便民利民的改革。这是"集中"与"分权"统筹安排的改革机理：

一是在各审批职能部门内部，将审批权中的"所有权"保留于原权力主体（行政职能部门），行政审批所有权的性质和归属不变，只是将审批权中的"经营权"从行政职能部门及其负责人手中分离出来，相对集中于政务中心大厅运行，实现审批经营权的集中行使和科学配置。这一改革，形式上是相对

集中审批权，实质上是改变了过去审批权集中于个别领导的局面，通过审批权的科学配置，形成对审批权行使过程的有效监督机制。由于审批权被从原来各行政职能部门的处室剥离出来向审批办集中，进而向政务中心大厅集中，原处室的职能由过去侧重行政审批转变为主要制定规划、调查研究、拟定政策措施、加强监督检查，从而形成了决策、执行、监督适度分离而又相互制约的权力监督制约机制。

二是在政务中心大厅内部，强调对审批权进行适度分权制衡，强化对行政审批权的监督制约，消除因审批权集中运行而可能滋生腐败的体制机制因素。实行集中审批后，所有审批业务由审批办一个窗口对外，对办理条件、所需材料等实行一次性告知，审批办主任、各行政职能部门及其处室不接触申请人，对审批业务人员与申请人实行物理和制度双重隔绝，有效监督制约了行政审批权的行使。同时监察部门在政务中心设置行政效能监察室，对审批程序、办理时限、服务质量等实施全程"嵌入式"监控。

三是将集中于政务中心的审批权进行分解和分工，形成审批过程各个环节的权力监督制约机制，解决审批权在业务处室乃至审批办内部的权力制衡问题。部分项目由于受场地、设施、技术等条件的限制，需要在大厅之外采取委托办理、分办督办模式的，审批办将其授权给相关业务处室办理，审批办则牵头并利用网络对各业务处室进行督办。例如，海南省国土环境资源厅审批办推行"项目集中、过程委托、网上审批、统一监管"的审批模式。审批办负责对每个审批件和每个审批环节进行跟踪监督，向承办处室进行电话督办和发送《审批项目督办通知书》进行书面督办。

权力越集中，越需要加强对权力的监督制约。在对行政审批权进行监督制约方面，应当进一步健全行政审批的监督体系，不仅充分发挥专有机构的监督作用，而且积极发挥公众和社会舆论的监督作用，使各方面的监督形成合力；进一步完善对行政审批的制衡机制，通过事前和事中监督，建立重大责任审批、合法审核等会议制度，加强监督的针对性，防止决策失误、权力失控和行为失范，杜绝行政审批的不作为和乱作为；进一步完善行政审批的监察制度，建立具有适时监控、预警纠错、信息服务、投诉处理等多种功能的行政审批监察系统，增强监督的实效；进一步加强事后监督，严格执行行政审批责任制，追究违法审批者的法律责任。

（二）强化行政审批的政务公开

公开透明是防止公权力腐败的有效手段，是监督制约行政审批权的重要原则。改革行政审批制度，根据"应公开全公开"的原则，全面推进行政审批的政务公开，将审批事项、主体、依据、条件、时限、程序、收费依据、收费标准等全方位向社会公开，阳光操作，增强群众对审批事项办理的预期性，便于社会监督。根据行政审批的服务质量承诺书，加强服务审批标准化，明确服务标准及时限，优化审批流程，向社会公开。

海南省的改革实践，为我们提供了行政审批政务公开、阳光操作的有益经验。为了全面实现行政审批政务公开，海南省政务中心建立政务公开平台，组织34个审批办对每个审批项目编制办事指南，制定示范文本、申请表格，提供数十台自助查询电脑，通过中心和政府各部门网站、新闻媒体、办事卡片、电话、邮件等多种方式，对行政许可审批项目名称、法律依据、申请条件、申报材料、办理程序、审批进度、承诺时限、收费依据等进行"八公开"，项目办理结果都通过中心网站、手机短信、现场LED屏幕、触摸查询机等进行公布，极大方便了群众办事。

（三）强化网络电子监察

据统计，全国31个省（区、市）都不同程度地开展了电子监察工作，海南、浙江、上海、湖南、江西、广东、广西、贵州等地实现了省、市、县三级联网监察。海南省政务中心行政审批系统与 34 个进驻单位实现远程联网，进驻单位领导与相关处室可远程登录审批系统查询审批情况、监督审批工作。政务中心还对 27 个进驻单位进行视频联网，公开审批办工作人员工作作风、服务态度、在岗情况和办事效率，委厅局领导可对进驻中心大厅的审批办工作人员进行实时监督。同时，各界群众、新闻媒体、各级人大及政协代表可借助海南省政务中心网站，对审批工作进行在线监督投诉、建言建议等，使监督主体更加丰富，监督方式更加立体。

从地方的实践来看，目前一些地方的网络电子监察，主要还是局限于对限时办结情况和投诉受理的监督，还应当强化对行政审批合法性、规范性的监督。下一步集中人员、资金和技术等资源，努力攻克技术难题，打造先进完善的网上审批平台和电子监察平台，将审批项目的各项内容、各个环节、各种程序固化在网上，推行标准化审批和监督，减少审批人员的自由裁量权，实现用技术促服务、用技术促监督。

（原载《法学杂志》，2012 年第 1 期）

建设法治政府
——以江苏省执法告知服务制度为例[*]

郤继红
（中共中央编译局比较政治与经济研究中心）

十五大以来，中共把依法治国确定为国家的基本方略。十七大进一步对建设法治政府，推进依法行政作了全面部署。依法行政是依法治国中的一个重要内容。换句话说，依法行政是法治国家的一个重要标志。依法行政要求一切抽象与具体的行政行为都要遵循法律[1]。法治的基本意义是"任何政府官员和公民都必须依法行事"[2]。在执法过程中，公安机关手中握有一定的自由裁量权。因此，在市场经济条件下，如何抵制各种诱惑，增强自我约束能力和防范能力，有效防止执法不严、执法不公甚至徇私舞弊、贪赃枉法，显得尤为重要。然而，在现实中，公安执法人员在人们心目中的形象并不佳，甚至为人们所诟病。江苏省公安厅党委在先进性教育活动中就主动征求人民群

---

[*] 2007年11月21日至30日，"中国地方政府创新研究"课题组成员葛海彦、郤继红、姚颖到江苏省对"执法告知服务制度"项目运行及发展情况进行了实地调研。在调研过程中，课题组得到了江苏省公安厅的大力支持和协助，他们进行组织协调，并提供了相关文献资料和统计数据。在此表示感谢。
1. 李步云：《法治国家的十个标准》，载《中共中央党校学报》，2008年第1期。
2. 俞可平：《民主与陀螺》，北京：北京大学出版社2006年版，第85页。

众和社会各界对公安工作的意见、建议，深入查找公安机关在执法方面存在的突出问题。2005年6月，"杜宝良事件"的突然爆发又进一步引发了公安厅党委的深入思考，制定出台了《江苏省公安机关服务发展服务群众十项措施》和《江苏省公安机关执法告知服务制度》，以服务为导向，把管理寓于服务之中，达到建设执法为民、规范执法、公正执法的法治政府的目的，从而缓和了警民关系，提升了公民对公安机关的信任，为建立和谐社会奠定基础。

一、执法告知服务制度出台的背景与动因

（一）背景与动因

在中央开展的先进性教育活动中，江苏省公安厅党委就主动征求人民群众和社会各界对公安工作的意见、建议，深入查找公安机关在执法方面存在的突出问题。2005年6月在媒体和网上热炒的"杜宝良事件"触发了社会各界的广泛关注，人们不禁要提出这样的问题：我们执法的目的到底为了什么？在行使执法权力的同时应该如何发挥所承担的义务？

"杜宝良事件"回放[1]。杜宝良和妻子1994年来到北京，在西城区复兴商业城的小区入口，他们有一块不足10平方米的卖菜摊位，每月可以维持1000元左右的收入。2003年7月28日，杜宝良有了驾驶执照，并买了一辆小客货。在这个地方，杜宝良看到过一个交通标志：小汽车下面画着一道横线。他当时的理解是，小车可以通过。自2005年5月开始，北京市交管部门决定在全市范围内开展交通秩序整顿。对累计记有20起（含）以上未处理非现场违法记录的机动车进行专项追查。于是，5月23日，杜宝良就莫名其妙地收到了一张10500元的罚单。西城交通支队执法站的民警将长达5页的交通违

---

1. 《江苏省公安厅资料汇编》。

法行为记录交给了他，在同一地点总共 105 起交通违法行为均被"电子眼"拍摄并记录在案。这 1 万多元的罚款接近于他全年的收入。他一下子傻眼了。在交了罚款、领回驾驶执照后，6 月 13 日，他接受了律师的意见，将西城区交管部门告上了法院，因此，他成了焦点人物，掀起了一场非现场执法的风波。

非现场执法是指被称做"电子眼"的电子警察的执法。为了解决机动车猛增、警力不足问题，1995 年，北京市交管部门提出了"向科技要警力"的口号。1996 年，在北京西四路口，从国外引进的电子警察首度亮相。面对多年来习惯了现场执法的交警们，电子警察的出现引起了不小的恐慌，试用了一段时间后，他们最初的感觉是：使用不便，不利于推广。可是，深圳却率先大规模推广，并取得了良好的效果。于是，直到 2000 年，北京也开始迈向"科技强警"。当年就有 200 套监测器投入使用，可以检测闯红灯、超速等 7 种交通违法行为。之后，电子警察这种非现场执法手段逐渐大行其道。截至 2005 年 5 月，北京市"上岗执法"的电子眼已达 1482 个，而且这个数字还在以每年上百个的速度递增，覆盖着全市的主要道路和路口。

面对这种新的非现场执法形式，从理论上讲，如果你是一位司机，必须隔三岔五地上网，或选择其他方法查询非现场处罚记录。这些方式包括：执法站大厅触摸屏、声讯电话和编写发送手机短信。如果被动地等待交管局通知，将很有可能遭遇杜宝良式的麻烦。如，重庆籍司机田华，因在 9 个月的时间内非现场交通违法 87 次，被海淀交通支队中关村队处以 1.82 万元的违法罚款。在广东东莞，一辆车在半年内被电子眼拍摄记录下交通违章 18 次，车主知道时罚款已达 3600 元；另一车主到年检时才被告知已被电子眼拍摄交通违章上百次，罚款累计 2 万元……

针对这种实际状况，杜宝良的代理律师——王英的辩护理由有两点：第一点，行政处罚的依据是不是合法？当时杜宝良走禁行的街道——真武庙头条，当时树立的标志按照 1999 年发布的国家标准，那个禁行标志已经被废止了。第二点，如果当时交管部门履行了告知义务，就完完全全可以避免同一辆车、在同样的地点、以同样的方式像杜宝良这样遭受多次处罚。于是，罚单事件经过媒体的报道，引发了一场关于交通管理部门执法方式和执法目的广泛的讨论。

从法理上讲，只要违章存在，处罚就会存在。作为司机，不违法才是避免被处罚的根本办法。不管道路上有没有警察，都应该依法驾驶。罚款也有好处，毕竟有警示作用。但是同时，执法部门也应该提高自身的执法水平才会避免出现争议。

中国政法大学宪政研究所所长蔡定剑认为，在运用了新的执法手段后，一些相应的措施就要跟上，有一些制度就需要完善。比如说对电子眼的处罚结果，公安部门有网上告知。但是中国人现在真正用网络的人只是小部分。因此，这种告知方式的合法性会受到质疑，就需要用一种大家都能广泛得到的信息来源。如果执法部门不及时纠正违法行为，而是要等到最后来罚款，人们就会质疑这种执法到底是为了防止公民违法呢？还是为了罚款？

这一风波也引发了江苏省公安厅党委的深入思考。他们认为，类似的事件在江苏也不是没有，产生这样问题的原因主要是公安机关执法中的缺位和不到位，缺位就在于没有履行应当承担的告知义务，不到位就在于主动为群众着想、为群众服务意识还不强，必须坚持从源头和基础抓起、从执法的具体动作抓起，通过制度创新的办法来转变执法理念、规范执法行为、促进执法公正。为此，江苏省公安厅在深入调研论证、广泛征求意见的基础上，率先在全国推出了执法告知服务制度，具体明确公安机关应当履行的义务，把方便留给群众、把麻烦留给自己，有效防止那种为执法而执法甚至为处罚而执法现象的发生，从而做到了为民执法、规范执法、严格执法的有机统一，法律效果与社会效果的有机统一。这不仅对于明确执法目的、规范某个执法行为有意义，而且对于整个政法公安机关实现执法为民、建设法治国家都有着十分重要的意义。因此，在这一制度一经推出就被当年的中央主流媒体评为"2005年度中国十大法治新闻"。

（二）实施过程

2005年6月28日，在经过充分调研论证和广泛征求各地意见的基础上，江苏省公安厅发出了关于实施《江苏省公安机关服务发展服务群众十项措施》和《江苏省公安机关执法告知服务制度》（以下简称"十项措施"和"六项制度"）的通知[1]，决定从2005年8月1日起正式实施，并召开了新闻发布会向社会公布，自觉接受人民群众的监督。

为了保证措施和制度的实施，省公安厅在执法理念、措施和制度的落实以及解决问题的原则上提出了具体要求：

首先，在执法理念上，要求各级公安机关要有三个清醒认识。一要充分认清制定实施"十项措施"和"六项制度"体现了执法为民，其目的是要通过告知提醒减少违法、教育群众不要违法，努力创造良好的法制环境，维护安定的社会秩序，切实把以人为本、执法为民的根本要求落实到公安工作的各个方面，真正实现执法理念、执法目的的根本转变。二要认清实施"十项措施"和"六项制度"体现了规范执法，切实解决执法不规范、不公正、不到位，以及新技术运用给执法管理带来的新问题。尽管实施执法告知服务制度会暂时增加一些工作量、工作难度和执法成本，但从长远看有助于推进公安基础工作。三要认清实施"十项措施"和"六项制度"体现了严格执法，它要求公安机关执法水平要更高、执法管理要更严格，要区分不同情况做到宽严有度。对非故意违法、初偶次违法、轻微违法的，要进行教育警示、告知提醒，并记录在案、积累信息；对受到教育、告知后仍继续违法的，要依据记录情况主动执法、处罚到位；对严重、故意违法，危及公共安全的，必

---

[1]. 苏公发〔2005〕13号文件。

须坚持标准、严格执法。

其次,在制度落实上,要求各级公安机关做大量的前期准备工作。一要制定实施细则,细化完善操作程序,落实保障措施。二要广泛宣传发动,争取党委政府、有关部门和人民群众的支持配合。针对机动车所有人、驾驶人、管理人居住地址和通讯方式变动很大,居民人户分离、身份证信息与实际情况不一致等问题,省厅将根据交通安全、户籍管理的法律法规制定发布公告,提醒群众在姓名(单位)、居住地址、通讯方式发生变化时,依法及时向公安机关备案,支持配合公安机关的执法告知服务工作。三要落实工作责任,建立长效机制。各地公安机关要充分发挥公安工作自身优势,紧密结合公安行政管理、刑事执法办案、治安防控四项攻坚、居民身份证"二代证"换发等工作,全面落实基层单位和一线民警采集录入、更新维护源头信息的工作责任,进一步提高人口、机动车、驾驶人信息的准确率和新鲜度,为实施执法告知服务制度打牢基础。要全面落实领导责任制和部门负责制,将实施"十项措施"和"六项制度"情况纳入县级公安机关工作绩效考评、执法质量考评和派出所、车管所等级评定内容,建立健全督查通报、倒查追究制度,切实把这一工作落实到基层,落实到每一个执法环节,落实到具体责任民警个人。

最后,确定解决问题的原则。省公安厅认为,既然是一次新的探索和尝试,那么就难免会在实际中遇到新的问题和挑战。为此,省厅确定了解决问题的基本原则。一要积极主动地研究问题,大胆创新,解决实施中遇到的实际问题。二要充分发挥公安机关广泛接触社会、密切联系群众的工作优势,深入实施情报信息主导警务战略,加快推进公安信息化建设,大力加强公安基层基础工作,充分运用警务信息资源和现代科技手段,最大限度地降低执法成本,提高执法服务效能。三要创新工作方法,借助社会资源,拓宽扫法告知服务渠道,通过路面执勤、执法办案、窗口服务、社区警务等工作,采取当场发给、邮政寄送、手机短信订制、新闻媒体公告、互联网和声讯台查询等方式，着力提高执法告知服务的覆盖面。

2005年7月11日，经广泛征求意见，厅长办公会议又讨论通过了《江苏省公安机关执法告知服务制度实施细则》[1]，明确了执法告知制度的工作原则、主要内容和操作规范，规定了执行、监督、保障等责任主体，要求各级公安机关根据〔2005〕15号文件的通知要求和现在的实施细则，进一步完善工作程序，分解落实工作责任，抓紧改造有关信息系统，统一印制使用规范式样的执法告知单，确保按期完成实施执法告知服务制度的各项准备工作。

在发出"实施细则"通知的同一天，省公安厅就印发了与执法告知服务制度相配套的《江苏省公安厅关于实施执法告知服务制度登记变更公民（单位）信息的公告》的通知[2]。要求各公安机关自行翻印《公告》（不盖章，尺寸78×54cm），于7月15日前全部发放到基层单位广泛张贴。同时，要通过报纸连续刊登、电视滚动播出等方式，集中一段时间宣传《公告》内容，力求家喻户晓、人人皆知。《公告》内容包括：

第一，根据《中华人民共和国道路交通安全法》，机动车所有权发生转移、机动车登记内容变更的，请及时到公安机关交通管理部门车辆管理所办理相应登记。

第二，根据《中华人民共和国道路交通安全法实施条例》、公安部《机动车登记规定》，机动车所有人的姓名（单位名称）、住所地址、通信联系方式变更的，请填写《变更备案申请表》，可通过邮寄、传真、电子邮件等方式向车辆管理所备案。

第三，根据公安部《机动车驾驶证申领和使用规定》，机动车驾驶证记载的机动车驾驶人信息发生变化的，请在三十日内到机动车驾驶证核发地车辆管理所申请换证。

---

1. 苏公发〔2005〕14号文件，《江苏省公安厅资料汇编》。
2. 苏公厅〔2005〕374号文件，《江苏省公安厅资料汇编》。

第四，根据《中华人民共和国居民身份证法》、《江苏省县以下地区户籍管理规定》、《江苏省暂住人口管理条例》，机动车驾驶人经常居住地发生变化，或发现居民身份证登记项目有错误的，请携带有效证明，到户口所在地公安派出所办理变更、更正手续；暂住的驾驶人暂住地址在市区、县（市）范围内变动的，请及时到当前暂住地公安派出所办理变更手续。

第五，根据国务院《互联网上网服务营业场所管理条例》，互联网上网服务营业场所经营单位名称、住所、法定代表人或者主要负责人、网络地址变更的，请及时向公安机关备案。

对公民依法向公安机关登记或备案的信息，公安机关将依法予以保密。

基础信息的采集工作是决定这一制度能否有效实施的关键，而这一公告的发布则为基础信息采集工作奠定了良好的基础。省厅还会同省邮政局对邮政信函寄送执法告知单作出具体安排，公安厅交管局还就加强民警教育培训、改造信息系统、完善现场快速查验机制等问题专门召开会议抓好贯彻落实，省厅刑侦、治安、网监、出入境、边防、消防、法制等有关部门和各地公安机关也都做了大量前期准备工作。

在这项制度正式实施前夕（7月30日），省公安厅又专门就执法告知服务制度在全省公安机关中的实施召开电视电话会议，省委、省政府对这项工作高度重视，省委副书记、省纪委书记王寿亭，省委常委、政法委书记林祥国同志专门出席了会议。省纪委书记王寿亭在会议上作了《实施执法告知制度，促进执法公正》的讲话。他肯定了执法告知服务"六项制度"的重要意义；强调要认真抓好这一制度的落实，进一步提高为经济社会发展服务的能力；指出要以此为契机，推动"规范执法、执法公正"的深入开展。

省厅党委书记、厅长黄明在会上又作了进一步的动员。首先，针对模糊认识，进一步统一思想。经过近一个月的紧张的前期准备，省厅发现，大多数民警对实施执法告知制度是理解和支持的，但也有少数同志存在一些模糊认识，有的认为这是自找麻烦，有的担心工作量和执法成本会大幅度增加，有的误认为这样做是执法管理上放宽了。黄明强调这绝不是哪一个人的一时心血来潮，而是法治进步的必然产物和人民群众的迫切需要。公安执法的目的就是为民，而不是为了执法而执法，为了处罚而执法。这项制度的出台就是为了规范执法，严格执法，提高执法效能。

其次，在组织实施上，又提出了进一步的要求。前一段时间的落实工作主要集中在制定实施细则、宣传发动、争取相关部门的支持上，现在已经基本完成。省厅在制定下发的实施细则中已明确了执法告知制度的工作原则、主要内容和操作规范，规定了执行、监督、保障等责任主体。下一步就要求各级公安机关按照省厅的规定要求，进一步完善工作程序，明确职责分工，强化分解责任，确保各项制度规定落到实处。具体抓住三个环节：一要组织教育培训，提高执法素质。特别是交巡警、刑侦、治安、网监和派出所等警种部门，要集中时间、集中精力组织开展专题学习培训，使一线执勤执法民警熟知告知程序、告知方式、告知时间、告知手续等具体要求，掌握规定动作，明确操作要领，确保在具体执法活动中贯彻到位。二要明确职责分工，完善运行机制。要求在执法告知制度正式实施后，全省各级公安机关和各警种部门要迅速行动起来，确保各方面工作同时启动、同步到位。在工作中要及时总结执行中好的做法，积极探索执法告知服务的新途径、新办法，在实践中进一步发展完善这项制度，并长期坚持下去。三要加强基础工作，提供信息支撑。各级公安机关要紧密结合公安行政管理、刑事执法办案、治安户籍管理等工作，全面落实基层单位和一线民警采集录入、更新维护源头信息的工作责任，健全完善信息共享和快速查询机制，为实施执法告知制度提供有力的信息支撑。

最后，强调组织领导到位。一要加强领导，为执法告知提供组织保障。在具体执法办案过程中，各地、各部门领导要按照"谁主管谁负责、谁审批谁负责"的要求，在行使领导职权、审批审核法律手续时，一并监督检查执法告知制度的执行情况。二要严明警纪，提供纪律保障。省厅决定，将执法告知制度及其实施细则的执行情况，纳入县级公安机关及其主要领导工作绩效考评、执法质量考评和基层所队等级评定内容，严格奖惩。三要加大投入，提供警务保障。各地公安机关要落实必要的人员、装备和经费投入。要积极争取党委、政府的重视支持，加大对公安执法工作和信息化建设的投入力度，配备通信装备、改造信息系统等解决专项经费，将邮政信函告知费用纳入公安业务经费预算，为这项工作的长期开展提供保障。

一切准备就绪后，2005年8月1日，执法告知服务制度开始正式实施。

2006年8月11日，在执法告知服务制度实施一周年之际，江苏省公安厅又召开了全省公安机关深入实施执法告知服务制度电视电话会议，黄明厅长对全省公安机关在实施执法告知服务制度一年来的情况进行了总结，总结了各地好的经验做法，查找实施工作中存在的问题和不足，并对下一步工作进行了部署，针对基础性工作、执法活动、监督检查、科技装备、经费保障等诸多环节，健全完善一整套工作机制，全面提高执法告知质量。

第一，完善基础信息核对机制。交巡警部门要抓住机动车、驾驶人的登记环节，全面提高源头信息的采集质量；抓住交通违法信息的录入环节，保证违法信息全部录入信息系统；抓住执法告知信函的害羞环节，全面建立执法告知对象名址库，提高信息准确性和邮寄信函送达率。刑事办案部门要依托刑事案件管理系统和警务信息综合应用平台，全面采集录入刑事案件及其受害人的源头信息，夯实执法告知的工作基础。网监部门和派出所要加强网吧安全监管，全面提高网吧安全管理软件安装率、在线运行率、上网实名登记率。

第二，完善现场快速查验机制。各地要充分依托信息网络，加快推广应用移动警务通、手机短信查询系统，实现执法告知信息的自动比对、提示，进一步提高交巡警现场查询、告知效率。暂不具备条件的地方，要依托交通指挥室、值班室，设立信息查询服务岗位，提供全天候的查询服务。

第三，完善督查考核机制。交巡警、刑侦、网监部门和派出所要把执法告知制度执行情况，纳入民警执法档案管理和工作绩效考核，健全完善工作责任制和倒查追究制。

第四，完善执法告知后续处理机制。交巡警部门对告知后没有及时参加记分学习考试、接受处理或办理有关手续的，要加大路面查控力度，落实源头管理措施。网监部门和派出所对网吧三次以上违反上网实名登记等安全管理制度的，要依法责令停业整顿。

黄明厅长强调，各级公安机关一定要在成绩面前找差距、在赞扬声中找不足，着力解决认识问题和实际问题，确保执法告知服务制度的深入贯彻实施，以此提升公安执法和队伍建设水平。

二、执法告知服务制度的主要内容

执法告知服务制度是《江苏省公安机关服务发展服务群众十项措施》中的一项。在"十项措施"中，建立"六项执法告知服务制度"被列在第一位。"六项执法告知服务制度"主要涉及交通安全违法告知、刑事案件立、破案告知和信息网络安全管理违法告知。实施这项服务制度总的原则是不增加群众负担，不得另行向当事人收取费用。

（一）交通安全违法告知

1. 交通安全违法告知的四项内容

（1）交通安全违法记分临界告知和累计12分告知

对交通安全违法累计达到9分时，由交通管理部门向该驾驶人发送《交通安全违法记分临界告知单》(格式如表2所示)。对交通安全违法累计12分时,向该驾驶人发送《交通安全违法累计12分告知单》,通知当事人接受处理。未告知的,其后的交通安全违法行为不记分。

表2 交通安全违法记分临界告知单

(此处印制公安机关交通管理部门名称)
交通安全违法记分临界告知单
编号:第××××××号
_____:
你在本记分周期内因为交通违法行为被查处,目前累积分值已达_____分,请自觉遵守道路交通安全法律法规,文明驾驶,保证安全。
根据《中华人民共和国道路交通安全法实施条例》第二十三条、二十四条和《机动车驾驶证申领和使用规定》第四十七条的规定,在一个记分周期内记分达到十二分的,将要被扣留驾驶证,参加为期七日的道路交通安全法律、法规学习并接受考试。
特此告知。
(寄发单位盖章) 　　年　月　日

(2) 电子监控设备记录交通安全违法行为告知

对电子监控设备记录的交通安全违法行为,由交通管理部门及时公告。除故意闯信号和高速公路超速外,对同一车辆在同一地点的同一种交通安全违法行为达3次的,向该机动车所有人或驾驶人发送《电子监控设备记录交通安全违法行为告知单》(格式如表3所示)。未告知的,其后对同一车辆在同一地点的同一种交通安全违法行为不处罚。

表3 电子监控设备记录交通安全违法行为告知单

（此处印制公安机关交通管理部门名称）
电子监控设备记录交通安全违法行为告知单

编号：第××××××号

_____：

你（单位）所属的车牌号为_____的机动车，在（此处填写违法行为发生地点）已三次（此处填写违法行为种类）被电子监控设备记录。请于十五日内到（此处印制公安机关交通管理部门名称和地址）接受处理。

根据《机动车登记规定》第三十四条的规定，对交通安全违法行为未处理完毕的，将不予核发检验合格标志。

特此告知。

（寄发单位盖章）
年   月   日

（3）驾驶证审验、换发和机动车辆安全技术检验逾期告知

对逾期未办理驾驶证审验、换发手续，车辆安全技术检验手续的，由车辆管理所向该驾驶人分别发送《驾驶证审验、换发逾期告知单》、《机动车辆安全技术检验逾期告知单》。

（4）机动车辆临界报废告知

在机动车辆报废期满的两个月前，由车辆管理所向该机动车所有人发送《机动车辆临界报废告知单》，对逾期不办理报废手续的，公告该机动车登记证书、号牌、行驶证作废。

2. 交通安全违法的告知方式

为了更有效地把上述四方面涉及交通安全的信息及时传送给驾驶人，在

实施细则中就告知方式进行了详细的界定和说明。

(1) 当场告知

交通执勤民警在查处交通安全违法行为时，应当及时通过电台查询驾驶人有无记分和尚未处理的电子监控设备记录的交通安全违法行为。有条件的地方，可以使用手机短信、移动警务通等查询方式，及时了解有关信息。

各级公安机关交通管理部门应当设立内部信息查询平台，把电子监控设备记录的交通安全违法行为，及时录入道路交通违法管理信息系统，实现异地转递交换和信息共享，便于查询检索。建立信息查询机制，全天候为交通执勤民警提供信息查询保障。接到交通执勤民警查询请求后，应当及时反馈查询结果。

查询后，如果交通执勤民警发现驾驶人累积记分达到 9 分、驾驶证审验或换发逾期、机动车安全技术检验逾期或临界报废、有尚未处理的电子监控设备记录交通违法行为的，应当当场告知，使用交通管理信息系统打印，并在《公安交通管理简易程序处罚决定书》或《道路交通安全违法行为处理通知书》上签注，及时录入道路交通违法管理信息系统。

对交通安全违法记分累积达到 12 分的，应当开具《行政强制措施凭证》，扣留驾驶证正证和副证，通知其到公安机关交通管理部门接受处理；对驾驶证换发逾期、机动车安全技术检验逾期的，应当依法处罚，合并执行，并责令其到公安机关交通管理部门车辆管理所办理相关手续。

(2) 邮寄告知

除交通执勤民警已当场签注告知之外，有下列情形之一的，公安机关交通管理部门应当通过邮寄告知单等方式提供执法告知服务：

第一，对在一个记分周期内交通安全违法累积记分已达到 9 分的，由驾驶证核发地的公安机关交通管理部门在三个工作日内寄发《交通安全违法记分临界告知单》；对交通安全违法记分累积达到 12 分的，由驾驶证核发地的公安机关交通管理部门在三个工作日内寄发《交通安全违法累计十二分告知单》。

第二，除违反信号灯通告和高速公路限速规定的交通安全违法行为外，对一个记分周期内同一车辆在同一监控点的同一种交通安全违法行为被电子监控设备记录达3次尚未处理的，由违法行为发生地的公安机关交通管理部门在三个工作日内，向该机动车所有人、管理人或驾驶人寄发《电子监控设备记录交通安全违法行为告知单》。对非本辖区车辆不受以上3次限制，但违法行为在时间、地点上有一定规律的，应当及时派员到监控点现场查处。

第三，对驾驶人逾期未办理驾驶证定期审验、换发手续的，由公安机关交通管理部门在七个工作日内寄发《驾驶证审验、换发逾期告知单》；对机动车逾期未办理安全技术定期检验手续的，由公安机关交通管理部门在七个工作日内，向该机动车所有人或管理人寄发《机动车安全技术检验逾期告知单》；在机动车辆已达国家强制报废标准的前两个月，由公安机关交通管理部门向该机动车所有人或管理人寄发《机动车临界报废告知单》。

（3）手机短信告知

对当事人留有手机通讯资料的，可以通过发送手机短信告知，但应当在交通管理论处系统中如实记录告知情况。手机短信参照告知单内容编写。

（4）自动生效告知

因机动车所有人、驾驶人未依照交通安全法律、法规的有关规定向公安机关登记、备案，及时办理住址、通信联络方式变更手续，造成告知单无法送达的，公安机关交通管理部门寄发告知单后，视为已经告知。

还有电话告知、网上查询、触摸屏查询等多种告知服务方式，无论采取哪种告知方式，交通管理信息系统内记录的告知单信息都要至少保存2年。

（二）刑事案件立、破案告知

在不影响侦查工作的前提下，对受理的案件立为刑事案件后，由办案部门向报案人、控告人、举报人发送《立案告知单》（格式如表3所示）；在案件侦破后，由办案部门向被害人或其法定代理人、近亲属发送《破案告知单》；八类主要刑事案件未能及时破获或久侦未破的，定期向被害人或其法定代理人、近亲属发送《未破案件侦查进展告知单》。由于刑事案件的复杂性，在告知服务上公安机关又作了一些特别的限制。

第一，规定不予提供告知服务的条件。由于各级公安机关必须严格遵守保守国家秘密和警务工作秘密，不得暴露侦查方案、措施和手段，不得泄露其他当事人的证言、供词，不得泄露工作掌握的报案人、控告人、举报人的信息资料原则，有下列情形之一的，可不予提供刑事案件立案和破案告知服务：危害国家安全的案件；涉及国家秘密的案件；经济犯罪、毒品犯罪、黑社会性质组织犯罪、妨害国（边）境管理犯罪等案件，告知后可能有碍侦查的；报案人、控告人或举报人死亡、失踪或者因匿名等原因无法告知的；报案人、控告人、举报人不肯提供真实姓名、通信联络方式而无法告知的。

第二，规定特殊的工作日。对一般的刑事案件立案后，由办案部门制作《立案告知单》，写明案件编号、办案单位名称、地址、邮编、联系电话和联系人，采用存根、正页两联单形式，存根联由办案部门集中保管，正页在七个工作日内发送给报案人、控告人或举报人。决定不予立案或移送其他部门管辖的，依照有关法律、法规的规定履行告知义务。对已侦破的刑事案件，由办案部门制作《破案告知单》（表格形式略），写明破案结果、追缴赃物等情况，在七个工作日内发送给被害人或其法定代理人、近亲属。对有影响的大要恶性案件应当及时告知。对杀人、爆炸、绑架、放火、劫持、伤害、强奸、抢劫等八类主要刑事案件未能及时侦破的，由部门制作《刑事案件侦查进展告知单》，在立案后的一个月内发送给被害人或其法定代理人、近亲属。上述八类主要刑事案件久侦未破的，办案部门应当在3年内每半年告知一次。

表4 公安局立案告知单

| ＊＊＊公安局
立案告知单
（存根）

字〔　〕号

案件名称：_____
案件编号：_____
被告知人：_____
通信地址：_____
邮　　编：_____
联系电话：_____
批 准 人：_____
办 案 人：_____
填 发 人：_____
填发时间：_____
（通过发送手机短信告知的）
手机号码：_____
受 信 人：_____
发信时间：　年　月　日　时　分
（通过电话形式告知的）
受话号码：_____
受 话 人：_____
通话时间：　年　月　日　时　分 | 字

第

号 | ＊＊＊公安局
立案告知单
（正页）

字〔　〕号

_____：
　　你于____年__月__日向我局（报案、控告、举报）的_____一案，经我局审查，认为符合刑事立案条件，根据《中华人民共和国刑事诉讼法》第八十六条之规定，已决定立案。

案件编号：_____办案单位：_____
地　　址：_____邮　　编：_____
联系电话：_____联 系 人：_____
特此告知。

（公安局印）
　　　　　　　　　　年　月　日 |

第三，告知方式的灵活性。与交通安全执法告知相类似，刑事案件立、破案告知方式也有当场、邮寄、手机短信、电话告知等多种方式，根据不同情况，哪种方式有效、便捷就采用哪种，并且也规定有自动生效告知。所不同的是，因为刑事案件告知单有存根联，所以，在邮寄告知时，要将邮政部门的挂号信回执粘贴在告知单存根联以备查；在发短信时，应当将发送手机短信或通话情况如实记录在存根联上。

（三）信息网络安全管理违法告知

对互联网上网营业场所不执行上网人员实名登记制度、不安装安全管理软件或擅自停止运行安全管理软件的,由公安信息网络安全监察部门向经营者发送《信息网络安全管理违法行为告知单》(格式如表5所示),对初次违法且未造成后果的予以教育警告,对再次违法的严格依法处罚。

表5　公安局信息网络安全管理违法行为告知单

＊＊＊公安局 信息网络安全管理违法行为告知单 （存根） 字〔　〕号 被告知单位：_____ 法定代表人：_____ 告知主要内容：_____ 经检查，_____单位存下列违法行为：_____，违反了《互联网上网服务营业场所管理条例》第____条第____项之规定，即予纠正。 承办人：_____ 批准人：_____ 送达时间：_____ 签收单位：_____ 签收时间：　年　月　日 （被告知单位拒绝签收的） 备注情况：_____ （单位印章） 年　月　日	字 第 号	＊＊＊公安局 信息网络安全管理违法行为告知单 （正页） 编号：第××××××号 _____： 　　经检查，你单位存在下列违法行为：_____ _____， 违反了《互联网上网服务营业场所管理条例》有关规定，不执行上网人员实名登记制度、不安装使用安全管理软件或擅自停止运行安全管理软件的，将被处以15000元以下的罚款或责令停业整顿，直至由文化行政部门吊销《网络文化经营许可证》。违反国家信息网络安全管理有关规定，触犯刑律的，将依法追究刑事责任。 　　特此告知 （告知单位印章） 年　月　日

信息网络安全管理违法告知主要是针对网吧业主，相对于交通安全管理违法告知涉及的范围要小得多，但是在现在的信息化社会，信息网络安全管理也非常重要，所以告知服务也受到严格限制。

第一，告知服务范围。公安机关信息网络安全监察部门依法对网吧开展日常安全检查时，发现网吧违反《互联网上网服务营业场所管理条例》第二十三条之规定，未对上网人员进行实名或对上网人员实名登记内容保存时间不满 60 日，且未影响公安机关执法办案的；网吧违反《互联网上网服务营业场所管理条例》第八条第四项之规定，未依法安装经公安部检测许可的安全管理软件，但尚未导致上网人员利用该网吧下载、查阅、复制、传播有害信息以及实施其他危害信息网络安全的违法犯罪活动，且未影响公安机关执法办案的；网吧违反《互联网上网服务营业场所管理条例》第二十四条第五项规定，未经公安机关信息网络安全监察部门批准，对已经安装的安全管理软件擅自卸载，造成安全管理软件停止运行 24 小时以内，但尚未导致上网人员利用该网吧下载、查阅、复制、传播有害信息以及实施其他危害信息网络安全的违法犯罪活动，且未影响公安执法办案的。

第二，告知严惩范围。因为公安局信息网络安全管理违法行为告知单（格式如表5）采用的是存根与正页双联的形式，对初次违法行为都有告知记录可查。

所以，被告知的网吧经营者未按告知要求在规定期限内进行整改或整改后再次发生相同违法行为的，公安机关信息网络安全监察部门就要严格依法处罚。另外对利用网吧制作、复制、传播有害信息以及从事危害信息网络安全等法律法规明令禁止的其他违法犯罪活动，不适用信息网络安全管理违法行为执法告知服务程序，公安机关信息网络安全监察部门要依法及时严厉打击。

第三，告知方式。信息网络安全管理违法行为告知单采用存根、正页两联单形式，由网吧主管地信息网络安全监察部门负责人审核签发，存根联由信息网络安全监察部门集中保存，正页应加盖单位公章，注明违法事实，采取书面方式送达被告知的网吧经营者签收。被告知的网吧经营者拒绝签收的，告知人应当在告知单存根上注明情况，视为已经告知。

在执法告知服务制度的实施细则中，专门用一个章节规定实施这一制度的保障措施。虽然这不属于执法告知服务的内容，但它也是这一制度的重要组成部分，涉及执法告知服务的实施效果。因为出发点再好、内容再充实的制度关键要看落实的情况。

三、执法告知服务制度的实施效果

到 2007 年 8 月，执法告知服务制度的实施已经有两年时间了，到底怎样看待它的实际效果呢？笔者认为，主要表现在以下四个方面：规范了执法行为，增强了公民守法意识，提高了执法管理效率，和谐了警民关系。

（一）规范了执法行为

1. 精细职责。以前，执法者手中自由裁量权很大，执法行为随意性很大，现在，形成了精细化管理，使一线执法办案民警知道了告知程序、方式、时限和要求。全省交巡警部门建立了先查询、后告知、再处理的交通执法模式；刑事办案部门建立了立案告知、破案结果告知、未破重大案件进展告知的办案公开模式；网监部门建立了网吧巡查、现场告知、跟踪处理的全程监管模式，推动了执法活动的程序化、规范化。

扬州市公安局交巡警支队针对在实施执法告知服务中个别地方和少数民警还存在着一些模糊认识，譬如，随着实施执法告知工作时间的推移，有的县（市）交巡警大队认为执法告知所需经费较高，可以节省这笔费用进行其他建设；少数民警认为告知太麻烦，对支队"一查询、二告知、三执法"的规定执行不够认真等。针对此种现象，2006 年 8 月出台了《全市交巡警执法告知服务工作规范》，要求全市交巡警部门不仅不能削弱执法告知工作，而且要不断提高执法告知服务水平，规范执法行为。

在刑侦工作方面，针对刑事执法告知服务制度中规定不明确、容易出疑问的具体环节，南京、镇江等地刑侦部门结合本地实际，都制定了针对性、

操作性比较强的实施方案,就实施刑事案件立案、破案告知的范围、方式及有关事项做了更加明确的规定,并明确了刑警大队、责任区刑警中队和派出所关于执行刑事执法告知工作的具体分工,避免推诿、扯皮。

邗上责任区刑警中队结合省厅《执法告知服务制度实施细则》,及时出台了《执法告知办案制度》、《便民服务制度》等,规范民警的执法告知行为,接受社会各界的监督。一是落实专人负责。刑警大队一名大队领导具体负责执法告知工作,协调辖区案件和情报、综合、技术等部门之间的关系,中队长负责监督执法告知的执行情况,并明确中队内勤为执法告知责任人,具体负责告知工作,告知的案件每周定期由分管局长审批,这样自上而下形成了一个告知运行网络。二是建立专门台帐。执法告知工作涉及派出所如实立案、110指挥中心警情以及侦查工作的开展情况,刑警大队根据实际情况在大队内部对告知工作进行了分工,由综合中队内勤负责立案告知,建立立案告知台帐;中队负责破案告知、侦查进展告知,建立破案及侦查进展告知台帐,做到接受有登记,告知有留存,监督有准备,上下有互动,各项工作规范有序。

2. 严格考核。在监督考查执法者方面,措施也非常细致。2005年,省厅要求,在县级公安机关执法质量年度考评中,对执行六项执法告知服务制度情况,随机抽查每个县级公安机关50件交通管理、40件刑事立破案、10件信息网络安全管理执法告知事项,可以结合回访执法相对人和群众测评一并进行。凡是未按规定执行六项执法告知服务制度的,每件扣1分,凡是未执行执法告知的案件数超过抽查案件总数5%的,不得评为执法质量优秀单位;在基层所队等级评定中,凡是未执行执法告知制度的,一律暂缓评定等级或降低等级。凡是因未执行交通安全告知而发生高额罚款的要倒查追究责任。

省厅还严明考评纪律,严禁突击"包装",弄虚作假。被考评单位必须如实提供有关卷宗、台帐和其他工作材料。凡是有为应付检查、考评,而涂改法律文书、伪造、变造文书、笔录、签名等弄虚作假行为,除了按规定扣分外，一律不得评为优秀单位，省厅还将予以通报批评，并严肃追究有关人员的责任。

扬州市公安局交巡警支队依据《全市交巡警执法告知服务工作规范》，每月对直属大队和部门进行执法告知工作考核，每季度对各县（市、区）大队进行综合考核。每月对各大队的人均查询量进行排名，通报路面执勤民警不按规定实行"一查询、二告知、三执法"的情况，及时查处对超满分驾驶人不暂扣驾驶证、不参加学习以及不按省厅规定及时录入电子监控记录的违法行为和录入错误的电子监控记录等问题。邗江大队坚持每月底派人到执法告知办统计当月每位民警的执法告知电话查询量，并在违法信息系统上统计当月每位民警的查处违法量，将查处违法量与当场查询量进行对比，对未达到查询工作量要求的，在目标考核中予以扣分。江都大队制定了《路面告知"五做到"》和《窗口告知"五做到"》两类执法卡片，执勤民警和窗口人员人手一份，按照"一查询、二执法、三告知"的程序，切实履行告知义务。严格的考核使执法告知工作的运行更加规范，工作质量不断提高。

在2005年至2006年一年的时间内，全省公安机关通过现场签注告知、邮寄信函告知、书面送达告知、电话约定告知、发送短信告知等多种方式，累计作出各类执法告知254.4万次，其中交通安全告知209万次，邮寄告知送达率达到90%以上；刑事案件立、破案告知44.7万次，告知率达到90%以上；信息网络安全管理告知7000次，告知率达到100%。

（二）增强了公民守法意识

法律是党的主张和人民意志的共同体现，公安执法工作的根本目的是要维护好、发展好、实现好广大人民群众的根本利益。如果公安机关在实践中能够把人民群众的利益放在首位，做到为民执法，保护当事人的切身利益，反过来，人民也会真正拥护和支持公安机关的工作，以法律为准绳，规范自身的行为，共同创造良好的法治环境。

江苏省各地公安机关抓住车辆所有人、驾驶人和网吧经营者等管理对象，广泛开展执法告知宣传工作，交巡警部门张贴公告12万份，在新闻媒体刊发宣传稿件700余篇，向群众发放宣传材料30万份、发送手机短信100余万条；网监部门和派出所向网吧经营者发送宣传单9400余份、手机短信7200多条，提高了群众对执法告知制度和相关法律法规的知晓率。特别是在实施执法告知过程中，通过对违法当事人开展点对点、一对一、面对面的告知提醒，开辟了宣传群众、教育群众、服务群众的新途径，增强了公安法制宣传的实效性，提高了群众学法、知法、守法的自觉性。以江苏省每年的交通事故数量为例，在执法告知服务制度实施了几年后，交通事故明显下降（从表6中可以看出）[1]。2005年，执法告知服务制度实施的当年，交通事故就下降了3741起。执法告知服务制度实施1年后，交通事故又下降了3838起。到2007年，再次下降，又减少了8537起。这一结果的影响因素固然很多，但与公民守法意识的普遍增强不无关联。

表6 江苏省交通事故处理情况

年份	交通事故数（起）	死亡人数（人）
2004	31431	8100
2005	27690	7603
2006	23852	6891
2007	15315	4891

在我们对执法告知服务制度受益人的调研中，一位驾驶员不无感慨地说，"在没有实施执法告知服务制度前，我们司机整天提心吊胆。江苏省公安厅及

---

[1]. 表14中的数据由江苏省公安厅办公室副主任高华峰提供。

时推出执法告知服务制度，主动对驾驶员提供告知服务，当最初驾驶员接到临界告知单时，感到非常温馨。交通民警工作细致，违法告知内容也细。现在，在有条件的情况下，我们就争取主动地上'交管在线'网查询自己的违章情况，每个星期都查，守法意识普遍增强了。"[1]

（三）提高了执法管理效率

通过实施执法告知服务制度，在维护公共安全、提高社会管理效能方面取得了明显成效。执法的根本目的是为了人民的利益，我们是要解决执法的强制性过强、服务性不够的问题。但要以服务带动管理，而不是对违法行为就放任不管了，因为法律的生命力在于有效地执行。否则会造成社会公众轻视法律的存在，使法律成为一纸空文，从而失去规范人们行为和社会秩序的作用。因此，衡量执法告知服务制度的实施效果一定要看执法管理的效率是否提高了。

从江苏全省的情况来看，与实施执法告知前相比，2006年，全省汽车安全技术检验率提高8%，按时办理汽车报废手续的比例提高10%，按时换证、审验的比例提高15%，电子监控设备记录违法行为提前处理的比例提高43%，参加记12分学习考试的驾驶人从5万多人增加到10万多人；通过现场查询比对，查获被盗抢嫌疑车辆6100余辆。网监部门和派出所加强对网吧经营的在线巡查和现场检查，及时告知和违法行为，全省网监部门通过实名刷卡和信息网络安全管理系统，共破获各类违法犯罪案件11610起，抓获各类违法犯罪嫌疑人6376名，其中命案逃犯达237名，为刑侦工作奠定了良好基础。在江苏省机动车保有量、驾驶人数逐年上升（如图1所示）的情况下，江苏省交通事故率却在逐年下降，从2004年的9.28%下降到2005年的

---

[1]. 资料来源：笔者的调研笔记。

7.39%，到 2006 年又下降为 6.22%。从这一对比中可以明显看出执法的成效，尽管影响因素不只是执法告知服务制度实施这一个变量，但却是其中的一个关键影响因素。

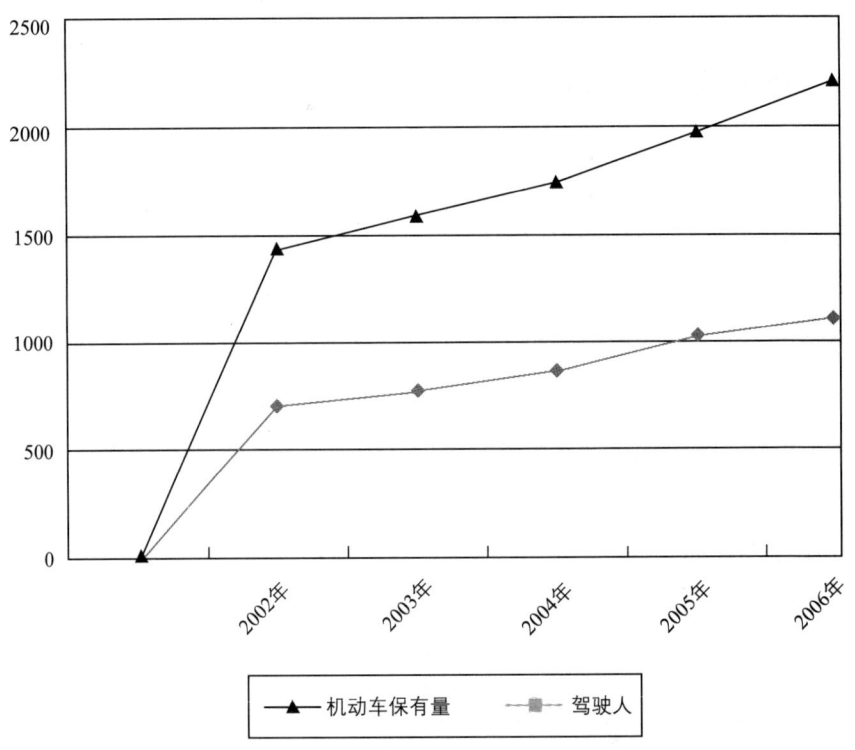

图 1 江苏省机动车保有量、驾驶人数变化

从扬州市公安局交巡警支队来看，他们不断完善执法告知服务手段，多种措施并举。拓展查询渠道，方便群众及时了解有关交通违法等相关信息，支队在原有固定电话、168 声讯台、互联网查询等渠道基础上，又投资近 10 万元购置了 8 台触摸屏，设置在各个对外窗口以方便群众查询；针对交通广播电台拥有机动车驾驶人听众较多的情况，开辟了专门联系的内部手机信号；进一步完善道路交通标志，设置警示牌；支队在互联网和报纸上定期发布告

知后未及时处理的机动车和驾驶人信息,在电视台《红绿灯》栏目中公布电子监控拍摄的严重交通违法车辆图片,及时提醒;在车管所办证大厅、驾驶员协会、车管所检测线等处增设四个电子监控交通违法处理窗口;与扬州市邮政局合作,用挂号信方式邮寄告知单,有效地保证了邮寄告知的送达率,另外,还与邮政局协作,在2006年春节前夕,设计制作了个性化邮政贺卡7万份,以驾驶员协会的名义邮寄给协会会员,送去新年祝福,同时友情提醒他们自觉遵纪守法,做到安全驾驶、文明驾驶,邮政局专门建立了机动车和机动车驾驶人名址库,并在各个邮政网点常年备有《机动车变更申请表》和《机动车驾驶证变更备案申请表》可以随时办理变更手续,同时群众还可以拨打邮政11185电话将变更地址告知接线员,接线员进行变更登记记录,等等。

这一系列措施的实施,取得了显著的成效。2005年8月至2007年10月,扬州市交巡警共开展执法告知服务1613175件(次),其中:民警当场查询933364次,通过邮寄告知单654927件,另有交通安全违法临界告知21204,交通安全违法累计12分告知9944件,电子监控设备记录交通安全违法行为告知484480件,驾驶证审验、换发逾期告知98869件,机动车年检逾期告知56054件,机动车临界报废告知9260件。

(四) 使警民关系更加和谐

尽管执法告知服务增加了基层民警的工作量,但执法为民、服务群众是公安机关应尽的责任,由于执法规范、服务在先、管在其中,减少了工作扯皮,消除了社会误解,增进了人民群众对公安执法工作的理解和支持,有效地预防和化解了大量的行政争议,减少了社会冲突,和谐了警民关系。省厅接报交通安全执法群众投诉明显减少了(如图2所示),从2005年的209件下降到2006年的128件。2007年1—11月的数据为95件,投诉数量又进一步减少。

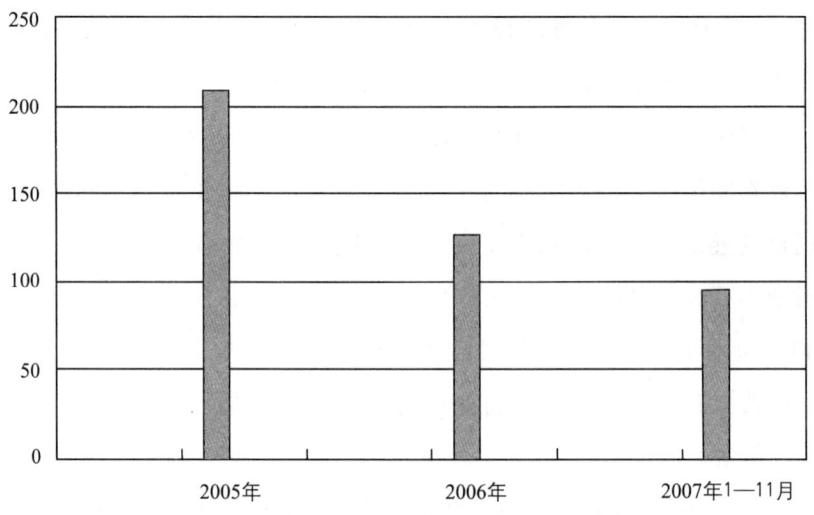

图2 江苏省接报交通安全执法群众投诉数量（单位：件）

江苏省扬州市公安局交巡警支队还对危险路段、事故多发地段和所有安装电子监控的路段，全部按上级要求设立了警示牌，标明了各类车辆的限速标准，并通过新闻媒体对社会进行了公示。江都大队还将境内国省道公路限速标准绘制成图，散发给机动车驾驶人，提示他们遵纪守法，安全行车，受到群众的普遍好评。杜绝了群众反映强烈的"执法陷阱"问题。

邗上责任区刑警中队，在执法告知过程中，经常会遇到群众一时无法理解，甚至对告知民警无礼谩骂和纠缠等现象。针对此种情况，中队先后对本队民警开展了警察礼仪、警察心理等业务培训，使他们充分认识到实行执法告知的重要意义，减轻他们的心理压力和负担，提高他们的亲和力和群众满意度。这个中队还收到群众赠送的锦旗3幅。通过执法告知，进一步拉近了警民之间的鱼水关系，树立了民警以人为本的侦查理念，拓展了群众的监督渠道，社会各界的满意度显著提升。

四、对实施执法告知服务制度的几点认识

(一) 以服务为导向提升公民对执法机关的信任

公安机关是权力部门,容易滋生腐败,从而影响公民对政府的信任。已有的研究表明,信任影响着组织目标的实现、工作满意度和工作动力(Dwivedi,1983)。信任与国家发展或经济繁荣有着密切的关系,信任还是一种能够使社会成员间产生信任和形成新的组织的社会资本(福山,1995)。同时,越来越多的学者还证明了信任能提高公共政策接受水平,降低行政成本,鼓励遵纪守法(Ayres,Braithwaite,1992;Levi,1998,1997;Tyler,1998,1990)。因此,提升公众对政府的信任正日益成为一个重要目标,以便中央和地方政府更有效地执行政策,最终实现善治。[1]

不过,最近的研究显示出,在整个世界范围内,公众对政府信任的下降似乎成为一种普遍趋势,这被看成是一种政府失败,因此,每个国家都正在进行行政改革,以便找到一条可以扭转这种趋势的道路。以韩国为例,韩国正在竭尽全力把自己提升为21世纪的领导国家,所以就特别强调公众对政府的信任,然而,韩国有着很长儒家文化的历史,这种文化遗产强调像父与子、统治者与被统治者、老年人与年轻人等之间的垂直关系。当这种文化与把权力集中控制在少数决策者手中的高度专制的政治制度结合在一起时就自然导致腐败。特别是在像税收和检察这样有权力的国家组织中,就出现过各种各样的腐败丑闻。因此,当前的卢武铉政府针对有权力的机构发动了一场密集的改革,尝试着把这些国家机构改成服务导向的机构,通过许多措施把政府变成一个更多人参与、更为透明、更为廉洁的政府。

---

[1]. 郤继红编译:《通过参与和透明提升政府信任》,载《经济社会体制比较》,2008年第4期。

因此，建设以服务为导向的政府也是目前世界的一个普遍趋势。所谓公共服务型政府，就是以民为本，为人民服务，让政府成为真正意义上的人民公仆。公共服务型政府的主要职能包括制度供给服务、良好的公共政策服务、提供公共产品和公共服务。建设公共服务型政府的主要任务是把为社会提供公共产品和服务作为各级政府的核心职能，改革完善投融资型财政体制，加快建立公共服务型的财政体制，公开政务、公开政情，实现法治政府，合理确定中央与地方的关系，加快政府治理结构创新，大力发展民间组织，并通过转变政府职能，解决好"越位"、"错位"、"缺位"问题。

从我国国情出发，要建立符合本国、本区域特点的公共服务模式，探索与社会主义市场经济体制相适应的公共服务体系。新一届政府成立以来，我国政府改革的思路逐渐明晰。党的十六大第一次把政府职能归结为四项内容：经济调节、市场监管、社会管理和公共服务。中央和各级领导深刻地认识到，推动经济发展，绝不能以忽略社会发展、牺牲人民群众的利益为代价。

江苏省公安机关推出的执法告知服务制度正是适应了这一趋势。虽然是从具体的小事做起，但方向是明确的，就是执法为民，要维护好、发展好、实现好最广大人民群众的根本利益。就是要服务发展服务群众，不能为了罚款而执法（例如，有些地方存在着限速过低、限速突然、隐蔽执法等现象）。实践证明，公安机关只有始终把人民群众的利益放在首位，坚持为人民执法、靠人民执法，才能赢得人民群众的支持和拥护。

（二）以制度化规范执法

所谓制度化就是群体和组织的社会生活从特殊的、不固定的方式向被普遍认可的固定化模式的转化过程。制度化是群体与组织发展和成熟的过程，也是整个社会生活规范化、有序化的变迁过程。有的社会学家在组织领域研究制度化，把它作为组织变迁的一种方式；有的则侧重制度体系的完备。

从过程来看，表现为社会组织由非正式系统发展到正式系统、社会制度从不健全到健全的过程。制度化的具体过程可概括为：（1）确立共同的价值观念。通过宣传教育，促使群体与组织的成员认清其利益，树立一致的价值取向，建立规范体系，加强个人对组织的认同，并将其人格融合于组织之中，以增强群体的凝聚力。（2）制定规范。共同的价值观需要有规范来支持。根据共同的价值需要而制定的规范，把人们的行为纳入相同的固定模式之中，它注重的是标准的普遍性而不是特殊性。（3）建立机构。规范的实施要由组织机构保证，制度化过程也是组织机构建立和健全的过程。

从功能来看，制度化具有正功能与负功能。正功能为：（1）秩序功能。制度化使群体和组织的制度完备与规范统一，促进整个社会和谐与安定。（2）控制功能。制度化有助于规范的内化和人们行为的协调，对社会起控制作用。（3）强化组织功能。制度化能将组织成员的命运与组织的兴衰联系在一起，加强集体的内聚力。负功能为：（1）僵化。制度化易使社会成员追求安定，妨碍组织对社会经济变化的适应，影响其应变能力。（2）保守。组织的制度化程度越高，其成员特别是领导者越趋向于维护已有的组织机构，保存既得的权力与地位，忽视组织效能的发挥，并影响目标的实现。

执法告知服务制度是江苏省公安机关的一项基本执法制度。它的制度化过程与理论上的规范基本一致。在价值观念上，公安机关一再强调为民执法这个执法理念，强调要以维护好、实现好人民群众的利益为执法的根本目的。在这一制度准备实施阶段，黄明厅长要求各地公安机关必须清醒看到为什么要制定和实施这一制度。后来，在实施一年后的总结电视电话会议上又一再强调进一步提高思想认识，充分认清执法告知的重要意义。

共同的价值观需要规范来支持。根据共同的价值需要而制定的规范，把人们的行为纳入到相同的固定模式之中。江苏省公安厅在制定下发的实施细则中明确了执法告知服务的工作原则、主要内容和操作规范，规定了执行、监督、保障等责任主体。但在下面的落实当中，肯定还会遇到具体新问题。

省厅已要求各级公安机关按照省厅的规定要求,进一步完善工作程序,明确职责分工,细化分解责任,确保各项制度落到实处。

例如,各地围绕信息变更、当场签注告知、邮政信函告知、信息数据监控、现场快速查验等重点环节,建立起一整套各部门分工协作的运行机制,制定了执法告知工作实施意见、执行告知服务工作规范,明确告知职责、工作流程和考核要求。扬州支队成立了执法告知办公室,抽调2名民警、聘用专门人员统一负责全市执法告知工作。南京等支队在车管所配备1台服务器和1名工作人员,专门负责现场告知查询工作。为加大现场告知力度,南京、苏州、无锡、泰州、镇江、扬州等支队专门为执勤民警配备了移动警务通。无锡等支队还对警务通软件进行优化升级,将原来多项信息多次查询操作模式变为一次查询模式,把原来手动查询口头告知变为目前自动打印告知,与当场处罚决定书一并现场打印出具给当事人,使一线民警对违法机动车及驾驶人现场告知率达到100%。

实施执法告知服务制度前,道路交通管理各个系统相对独立,信息的利用率较低。实施执法告知服务制度后,交巡警部门全面完成了道路交通违法、机动车及驾驶人信息系统优化升级,建立了交通违法信息24小时综合查询平台,完善了信息查询机制,提供全天候信息查询服务,信息利用率明显提高。通过规定纠违必查询、实行当场告知、查处的违法行为在24小时内录入系统等,使用交通管理信息系统已成为民警的日常工作,真正做到了以制度化规范执法行为,内化到日常工作中,使工作井然有序,提高了执法效能。

(三) 以主动创新促进法治政府建设

政府创新,就是公共权力机关提高行政效率和增进公共利益而进行的创造性改革。政府创新的过程,是一个持续不断地对政府公共部门进行改革和完善的过程。[1]

政府创新是通过政府官员的改革行为得以实现的。当前,我们正处于社会转型、矛盾凸显时期,公安执法工作遇到了许多新情况、新问题,原有的法律制度、方法手段和工作机制跟不上社会发展形势,新的法律制度也不可能穷尽和解决执法中的所有具体问题。譬如,交通安全管理大量使用非现场执法手段,而相应的管理规定没有及时跟上,加之主动宣传告知不到他们,群众投诉比较多;交通安全违法记分管理制度实施多年,但由于缺少有效的记分载体和手段,实际执行不到位,作用没有充分发挥出来;江苏省最早建立重点车辆、驾驶人"黑名单"制度,也没有随着新法的出台进行调整完善,坚持下去。如何解决立法工作与执法实践之间的矛盾,保证行政管理能够积极主动地干预和解决社会问题,是行政执法面临的一道难题。公安机关就是要应对新情况、解决新问题,必须积极主动、及时高效地开展执法工作,在实践中探索新路、找出办法,为立法提供经验、创造条件。

这里笔者想介绍一点韩国国家税收服务改革的成功经验以供对比参考[2]。2004年7月14日,韩国总统卢武铉在国际公共行政学会会议上宣告:"我们的未来依靠的是怎样创新我们的政府以适应新的变迁。"以韩国国家税收服务改革为例,这项改革成功的背后因素到底是什么呢?也就是说究竟是什么样的成功吸引了中国、美国和世界货币基金组织的注意力呢?其中最关键一点就是针对问题和挑战,政府主动不断地推出创新思想和行动。

在日本殖民时期,逃税行为被认为是一种道德高尚的行为,人民通过逃避税收机关的检查来逃税,这种行为被认为是爱国的。那时的国家税收行政涉及税务机关直接与纳税人签订合约以确定税收,并不断调查隐藏着的逃税

---

1. 俞可平:《民主与陀螺》,北京:北京大学出版社2006年版,第108页。
2. Byong Seob Kim, Jin Hyung Kim, "Increasing Trust in Government Through More Participatory and Transparent Government".

法治政府
Government Ruled by Law

行为。1945年韩国独立后，对税收的这种公共认知仍然流行。在缺乏自愿纳税的文化中，税务官员不断地与纳税者签订合同，并紧紧盯住逃税者，仔细检查他们。

与纳税人直接签合同的方法暴露出许多问题。由于税款多少的决定权是在税收督察员的手中，所以在某种程度上腐败曝光就不可避免了。在公众头脑印象中，税收官员就是"腐败官员"。在这种情况下，税收行为就是不公正的，所以纳税人对国家税收行政产生了深深的不信任。

自从1966年韩国国家税收服务局（NTS）建立以来，实行了许多改革措施。其中最显著的成绩是在2005年首次引进了世界现金收据系统。虽然国家鼓励信用卡消费，但在韩国仍然有很多人偏爱用现金支付，而不要收据。这种偏爱现金交易，不留交易痕迹的方式暗中毁坏了社会的透明和稳定。金融资源的积聚是通过桌下的现金交易进行的，而不是以公开的方式整合到正常的经济体系中。通过非法的交易、贿赂、铺张浪费、寻欢作乐、赌博和真正的地产投机，金融资源又回流到破坏社会稳定和阻碍经济稳定增长的活动中。现金交易也使得政府难以确定通过自谋职业者所挣的收入，给工薪阶层造成了不平等的税收负担，由此工薪阶层被人们戏称为"玻璃钱包"。在1997年经济危机之后，税收负担的不平等与社会两极化现象更加恶化。这种情况造成了不同阶层之间的紧张关系。在这种情况下，现金交易不能公开，也就不能作为税收收入被捕获，公众也就不信任国家税收行政，这意味着仍然为税收官员滥用处置权或与纳税人进行腐败交易留有空间。这种情况发展到极致，就出现了家庭债务增加和信用危机。1997年金融崩溃后，这种情况使得仅仅依赖信用卡的政策执行不下去了。

为此，政府改革就决定实行"现金收据制度"，为每天因几乎200万的生意和2000万的消费者而发生的数百万现金交易贴上标签。2005年1月1日，在经过近一年的准备之后，国家税收服务局在世界上首次启动了现金收据系统（the Cash Receipt System），迫切期望这个系统不仅能解决税收负担不平等问题，而且能有助于实现社会透明，建立一个先进的、和谐的未来韩国。

现金收据系统的主要内容有：一是当用现金在一个"已经登记了（已经安装了现金收据输出装置）"的商店购买物品时，一个消费者就要出示他或她的认证方式（例如，由国家税收服务局签发的现金收据卡、信用卡、移动电话号码或者身份证号码）。二是已经做了登记的商店就把消费者的身份证号输入进那个"现金收据输出装置（这个装置已经安装了信用卡识读器）"，一张现金收据就生成了。交易就被记录下来，并发给现金收据管理者，然后，这位管理者再把它交给国家税收服务局。三是已经收到的信息再根据消费者或根据已经登记的商店进行分类，并被用在现金收据彩票系统中来抽奖，以鼓励消费者索要现金收据。

这种现金收据系统曾一度被各地的公司业主所抱怨。他们开始拒绝使用这个系统，害怕这会增加他们的税收负担。举国上下，有些商店就利用法律上还没有强制实施登记制度的事实，拒绝登记为一个现金收据输出商店。另外一些商店虽然已经自愿做了登记，但他们破坏那些装置，作为不输出现金收据的借口。消费者对这种现金收据也不感兴趣，因为韩国一些上了年纪的消费者"没有要收据的习惯"，这一传统代代相传，已经成为一种自己的文化在韩国社会中确立下来。这引起了国家税收服务局的紧张，因为他们有了危机意识，认识到如果这样下去，这一系统就会失败，因为没有商家和消费者的参与，这种现金收据系统就运转不起来。在某种程度上讲，这个系统需要吸引商家的参与，需要引起消费者索要现金收据的兴趣。

首先，实行了各种各样的税收支持项目。商家可以根据其 VAT 税（VAT tax）总额收到税收信用返还（根据现金收据输出的总额返还 1%—1.5%），以便在某种程度上解除因额外收入显露而增加的税收负担。如果能保证现金收据增加（比上一年增长 130%），就允许商家消减收入税、公司税、VAT 税，并且还免除税收查账。此外，还为商家免费安装现金收据装置（或植入信用卡读取器的"条"），以便他们可以登记成一个现金收据输出者，而不必增加额外的财政负担。这些税收支持项目和各种促进措施有助于让更多的商家参与进来；但是规模小的商家参与率仍然很低，它们现金交易量不够大，看不到使用花费300—400美元购进的信用卡读取器的优点。国家税收服务局就想到了一个主意："如果使用因特网也能输出现金收据的话，那么人们就不必非得去买信用卡读取器了！"国家税收服务局就立即开始开发一个系统。现在，这个系统也可以使规模小的商家在因特网上输出现金收据。对于那些已经做了登记的商家来讲，如果没有明显的理由仍然拒绝输出现金收据的话，一个公民监察系统就被开发出来以稳定现金收据制度，并对所有商家一视同仁。包括现金收据网站、现金收据呼叫中心和国家税收服务局网站在内的许多渠道都方便消费者报告商店拒绝提供现金收据的行为。如果有商家被消费者投诉的话，它立即就会受到行政监察。这样做很成功，很少有需要监察的、重复性的、可忽略不计的抵抗行为。这些渠道保证了现金收据系统快速地在商家建立起来。

　　还有另外一个任务需要完成，以便使现金收据系统成功地运转起来。这就是怎样帮助消费者养成"索要收据的习惯"。这不是一项容易完成的任务，因为这意味着要改变韩国消费者的购买行为，原来他们是不习惯索要收据的。所以，韩国政府清醒地意识到，"提高消费者兴趣是至关重要的"，国家税收服务局竭尽全力开发针对公民的系统。目标是把公民分成几大类：工薪阶层、家庭主妇、年轻人和自谋职业者（the self-employed），分析他们每年的现金收据使用率，以便针对每一类人的特点确定适合顾客特点的促进战略。为此，利用广播、电视、网络、报纸和地铁展开了全面的广告攻势。国家税收服务局也鼓励工薪阶层养成索要现金发票的习惯，在有发票的情况下，可以减免其所得税。据此，考虑到工薪阶层家内没有收入的家庭成员要去消费，就把工薪阶层一定量的现金收据与一定量的信用卡使用结合起来考虑，在年底收税时，可以减免他全年所得的15%。但是，与工薪阶层不一样，无收入者没有特别的动力索要现金发票。政府或多或少地有忽视这类消费者的倾向。但这些消费者人数也不少，如果没有他们的参与，现金收据系统的成功也还是存在风险的。为了规避这一风险，政府引入了一种彩票系统，有选择地奖励那些索要现金收据的消费者。实践证明，与信用卡彩票系统一道，彩票是引发公民参与兴趣的有效途径。中彩额度逐渐提高，从每年270万美元上升到586万美元，通过每个月抽奖，总共为8608位中奖者发放了489000美元的奖金。

  以前，国家税收服务局要监控收税官员与纳税人以面对面的接触和税收查账方式进行的现金密集型的日常业务。这种方法会造成与纳税人之间的冲突，并为腐败留存空间。然而，现在通过把过去以直接签订合同为基础的税收管理方式变成以因特网系统为基础的管理方式，现金收据系统能够更有效地、不必与纳税人发生冲突地探测到现金交易行为。同时，通过根除潜在的腐败行为，这种税收管理方式变得更加透明。公众对税收行政的满意度以及税收官员诚实指数一直在持续不断地上升；这除了归功于许多其他因素外，现金收据系统对于税收管理变得更透明肯定起到了至关重要的作用。随着参与型政府的发动，2006年纳税人的满意度更进一步上升，政府采取了一系列为纳税人改进服务的措施，例如，为纳税人提供更多可以直接在网上进行的税收项目，为纳税人提供更高质量的税收咨询，其结果是现金收据系统更进一步提高了政府的透明度。在2005年实施的第一年，现金总价值就达到了1860万美元。在实施的第二年即2006年进一步攀升到3060万美元。特别是当与每年的信用卡支付1800万美元相比，这一成果非常显著。到2006年底，已经登记的商店达到140万个，已经登记现金收据网页使用者达到935万，而且还在继续增长。在公众的积极参与下，现金收据系统快速建立起来。

  与韩国国家税收服务改革相比，从江苏省公安厅执法告知服务制度的实施过程和效果来看，成功的关键之一就在于公安机关主动创新服务方式，有效地解决了执法中的一些具体性、操作性问题，使得服务更加到位、管理更加严格、执法更加有力。实践证明，公安执法工作只要把握法治精神，坚持主动执法，勇于改革创新，就能不断破解执法实践中的难题，更好地执行法律、履行职责、完成使命。

新型城市化进程中的地方法治路径选择
——以成都法治城市建设的实践为例

成都法治城市建设课题组
(四川省社会科学院)

新型城市化是本世纪中国经济社会发展的重大事件，本文以成都实践为例，从法治城市建设视角深入分析中国新型城市化进程中地方法治建设的路径选择。

一、法治与新型城市化

(一) 法治城市创建的提出和历史背景

"地方法治"是国家一级地方行政区域在遵循法治全国统一的前提下，在不违背国家宪法、法律（基本法律、单行法律和行政法律）的基础上，在宪法、法律授权范围内，根据法治的原则和精神，结合本行政区域的政治、经济、文化和社会的特点，依法开展地方性立法，促进司法公正，依法行政，进行法治文化建设，推动法治建设进程，保障社会和谐发展的系列目标、活动、状态和过程。[1] 继省级法治建设提出后，法治城市建设也成为地方法治建设的进一步实践。根据"五五"普法规划，全国普法办 2010 年 4 月印发《关于开展法治城市法治县（市区）创建活动的意见》，决定在全国开展法治城市、法治县（市区）创建活动。全国兴起了城市法治建设的一轮浪潮。其中比较突出的案例是浙江杭州余杭区，在全国率先推出"法治量化考核评估体系"，并着手出台内地第一个"法治指数"。余杭被司法部确定为全国"创建法治城市、法治县（市、区）"活动的联系点，余杭经验也在全国开始推广。与此同时，昆明、重庆、成都等地的法治城市建设也取得了迅速的进展。

（二）新型城市化中的法治需求

尽管法治城市建设取得了较大进展，但从总体上讲，我国的法治城市建设不论从理论还是实践上都尚处于摸索阶段，其中一些理论基础还存在很大疑惑。最关键的问题是法治城市建设和法治国家建设的统一性和灵活性问题。法治城市建设作为法治国家建设的子系统，必须维护系统的运行规则。在我国单一制国家体制下，法治城市建设必须遵从国家法治统一性。在这个前提下，城市法治建设还需要遵从省级法治的统一性，那么法治城市建设究竟有无创造性还是只具备实践性？在新型城市化背景下法治城市建设的能动性究竟是什么？

我们认为回答这一问题首先要回归到法治和新型城市化的基本关系上来，也就是必须回答城市化进程中究竟对地方法治建设提出了何种需求。为了更准确回答这个问题，我们将新型城市化的法治需求分为两方面：一是新型城市化中城乡统筹发展的法治需求；二是新型城市化中新型工业化中的法治需求。

---

[1] 丁寰翔、陈兵：《论地方法治》，载《求索》，2010 年第 5 期。

1. 新型城市化中城乡统筹发展的法治需求

城乡统筹发展的重要目标之一是转变中国城市化进程中城乡分治的二元结构。城乡二元格局并不是中国的特有现象，但是中国的城乡二元结构有着不同于刘易斯描述的二元结构的浓厚本土特性，这个特性的核心就在构成中国二元结构的成因上。[1]

从城乡二元结构的形成原因来看，中国城乡关系的核心是制度问题，城乡分治的公共管理体制是导致当前城乡二元结构和两极分化的制度原因。因此，统筹城乡改革及其推进城乡一体化应该着眼于制度体制的层面，即以正式制度的供给诱导传统城乡制度的变迁，以制度的公平矫正事实上的城乡分化和不平等，力求通过城乡生产生活和公共管理制度的创新，推进城乡经济社会发展的一体化新格局。从这个意义上讲，统筹城乡发展，制度创新是核心，法治建设要先行。我们认为，城乡统筹发展在制度层面提出了以下几大类的法治需求：

（1）城乡统筹发展系统运行需要法治规则和秩序。法治背景下，城乡统筹涵盖城乡法制建设的内容和任务，城乡统筹首先应当致力于秩序的构建，即以现行宪法规定的基本政治、经济和文化制度作为城乡统筹的前提，以构建新型城乡关系为目标取向，修改、完善现行相关法律，构建完整的城乡统筹的法律制度体系。

（2）重构城乡新型关系需要法治理念。城乡统筹是改变城乡二元结构格局的根本方法，但是这并不是问题的全部。因为统筹的过程必然有价值判断[2]，这就是好的统筹和坏的统筹。如何达到好的统筹，这就需要用法治的基本理念，即公平、公正作为基本价值判断。只有将公平、公正始终作为核心理念进行的城乡统筹才能建立科学的城乡关系。

---

1. 王国乙：《1949—2006 年城乡关系演变的历史分析》，载《中国经济史研究》，2007 年第 1 期。
2. 王爽爽、周大勇：《城乡统筹问题观点综述》，载《党政干部学刊》，2005 年第 1 期。

(3) 转变城乡治理机制需要法治模式。我们所要建设的城乡统筹应该是一个以正式制度（法律等）为主，以非正式制度（道德）为辅的调整模式，且法律、政策与各种民约、自治章程协调构建的城乡治理模式。应当努力改变依靠行政手段进行调节和治理城乡的现状，在城乡统筹发展的过程中建立起一种适合本地发展实际的规则和秩序。

2. 新型城市化中新型工业化的法治需求

新型工业化是新型城市化进程中的核心环节。新型工业化是一个城市向现代化演进的进程，可以根据不同的发展目标选择若干渠道，但是这些渠道应当始终沿循着法治的基本轨道运行。这包含了以下几个内涵：

（1）新型工业化进程中的体制转轨需要建立法治秩序。中国传统城市化的本质特征是在国家计划体制背景下，通过人为分割城乡发展格局来推进城市工业化。建国以来的制度设定，造成了中国城市化的路径依赖。而走新型城市化道路就是要破解中国传统的城市化模式的路径依赖。其中最重要的环节就是要以市场经济体制替代计划经济体制。这是中国新型工业化的基本前提。我们知道，市场经济体制的本质特征是法治，要完成体制转换，就必须建立法治秩序，只有沿着法治道路前行，才能够保证体制转轨的顺利实施。

（2）新型工业化的制度变迁模式需要法治理念的引导。制度变迁模式根据变迁力量来源分为外生性制度变迁和内生性制度变迁，根据力量强弱分为强制性制度变迁和诱致性制度变迁。[1]中国从1949年建国以来完成了第一次强制性制度变迁，建立了社会主义，确立了计划经济体制下的工业化模式。[2]1978年开始了第二次强制性制度变迁，实施改革开放，开始向社会主义市场

---

1. 邹薇、庄子银：《制度变迁理论评述》，载《国外社会科学》，1995年第7期。
2. 高德步：《五十年来经济体制变迁的历史思考》，载《教学与研究》，1999年第9期。

经济转轨，工业化也开始转向新型工业化。这两次制度变迁都是政府主导的外生性变迁。如前所述，新型城市化的体制背景是市场经济，随着市场体制的逐步建立，制度变迁模式就要逐步从外生性的、强制性的制度变迁模式转变为内生性的、诱致性的制度变迁模式上来。而这契合了法治的基本理念，因为法治在制度变迁上的本质性体现就是要求变迁是在诱致环境中，符合内生规律的变迁。这其中包含了以人为本、科学发展的要义。[1]

三、法治城市建设的成都案例

成都市作为中国统筹城乡综合配套改革实验区，面临着统筹城乡和新型城市化的双重任务，这是成都法治建设的最大社会背景。研究成都法治建设，我们发现，它紧扣了统筹发展和新型城市化的主题，在法治的各大环节上，正在向现代法治内涵逐步靠拢。

（一）立法环节：外生性制度变迁主导向内生性制度变迁主导渐进

我们观察到成都市正在将制度变迁的主导权逐步转向民间，制度产生的博弈过程通过广泛的利益参与达到了符合最广泛人民群众的利益的目的。我们认为这正是成都市城乡统筹改革以来最为宝贵的一次转变，当外生性的强制变迁达到基本目标后，制度变迁就必须弱化外生性力量，并应该重拾内生变迁的主旋律，这样制度才有持续的生机。

1. 立法机制转变构成法治城市建设的逻辑起点

这里的立法不仅是法律层面的法，也包括政策、决策、各项正式制度和

---

[1]. 王鑫、黎明、赵永军：《"科学发展观"视阈下的人本法治》，载《法制与社会》，2010年第20期。

非正式制度。立法机制是指立法从指导思想、原则、立法过程的动态运行过程。立法机制的法治化演进可以从利益表达方式的差异上体现出来。传统立法模式，是从上而下的利益表达方式，即从管理者思维层面上要求体现人民意志，但是实践中，由于缺乏法治理念和具体制度的约束，往往可能出现民意表达不足的情况。而法治意义上的立法机制则强调自下而上，是在充分体现社会内生性变革需求基础上，通过科学、民主的利益表达机制，促进立法充分体现人民群众的意志。从这个意义上讲，再健全的法制体系也只是构成法制的一部分，而引导法制向法治转变，则需要立法机制上的根本转变。研究成都市统筹城乡发展改革过程，我们捕捉到了这一可贵的转变，它构成了法治城市建设的逻辑起点。

（1）决策机制的透明化、公开化。决策机制的建立健全是保障党委政府政策、决策科学性的重要保证，其关键在于建立确定的民主决策程序，以制度的规范性、明确性来防止决策的随意性，保证决策的公开性、透明性，进而实现决策的科学性、民主性。成都对决策机制的改革和完善，主要体现的是公众参与、专家论证和政府依法决策"三结合"的科学民主决策制度的建立健全。首先出台了《成都市重大行政决策事项公示和听证办法》和《成都市重大行政决策事项专家咨询论证办法》，将决策的民主、公开程序纳入了法定化的轨道，通过将公众参与、专家咨询论证和政府依法决策结合起来，在决策中广泛地吸纳了不同利益诉求，促进了市委、市政府的依法、科学和民主决策。

（2）立法机制科学化、民主化。成都市在统筹城乡发展进程中，将全方位利益表达机制的建立纳入了地方立法制度，力求在立法机制中充分吸纳民情、民意，通过不同群体利益的充分表达和博弈，找到一个兼顾多方利益的平衡点，最终形成为社会公众所普遍遵守的法律准则。一是建立了地方立法协商制度，由成都市人大法制委、内司委、市人大常委会法工委和市政府法制办、市政协社法委等多部门共同参与地方立法协商；并且组建了由市政协委员和特邀法学界、社科界知名专家共 20 人组成的"立法协商专家组",对各项立法草案进行立法协商、专家论证;二是扩大了立法的公众参与度,在立法草案提交审议之前,在网上向市民公开征求立法意见和建议已经成为地方立法的必经程序,从而提高了立法质量,提升了立法的公信力。

(3) 法制渊源扩大化。成都市尊重群众立法主体性还体现在对乡规民约及其产生方式的态度和行动上。乡规民约是各地农村民间法的重要体现,是村民乡民结合当地实际和国家法律法规制定的调整本社区范围内人们的利益关系和维护社会秩序的具有一定自治性特点的社会规范。在农村产权制度改革过程中,成都市一方面尊重农民对产权划分方式的约定俗成,另一方面又非常重视引导农民依照民主、合法、合情、合理的原则制定乡规民约。充分尊重乡规民约的地位,有效发挥乡规民约的作用,这既是发挥农村民间法在农村法治建设中的作用,也是保障和尊重农民的法治主体地位和立法权利、提升农民法治素养和能力的有效途径。

2. 新型基层治理机制保证了立法环节利益充分表达

基层民主政治建设既是统筹城乡发展的重要保障,也是法治建设的重要微观基础。在统筹城乡发展和法治成都的创建中,成都将基层民主政治建设作为一个重要的制度支撑,不断创新基层治理机制、强化基层自治功能,重点畅通了居民利益形成和表达机制,引导居民积极自主参与村(社区)治理,依法构建了合法、合理的村民民主决策和自治程序,为立法的民主化发展奠定了基础。

(1) 遵循权力制衡的法治精神,创建了新型基层治理组织架构。按照民权民定、还权赋能的原则,成都在村(社区)推进"决策权与执行权分离、社会职能与经济职能分离、政府职能与自治职能分离,完善公共服务体系和集体经济组织运行机制,改进基层党组织领导方式"的"三分离、一完善、一改进"改革,架构了"决策权、执行权和监督权"权力制衡的基层治理框架结构。具体地说,城市社区以"两委+公共服务站(所)"为基础,在社区或院落一级增设了议事会,按照职能归位的要求和"决策、执行、监督"三分离的原则,建立了社区层面的社区党支部、居民代表会/议事会、居委会治理模式,形成了以居民(代表)会为最高决策机构、居民议事会为常设议事机构、居委会为执行机构、民主监事会为监督机构的城市社区治理格局;在农村,则以组建"村民议事会"作为推进农村新型基层治理机制建设的着力点,创造性地构建起了党组织领导下的,以村民自治为核心(村民议事会或村民代表会议决策、村委会执行)、其他经济社会组织广泛参与的新型村级治理组织体系(如图3所示),从而形成基层民主机制运行的有力载体。

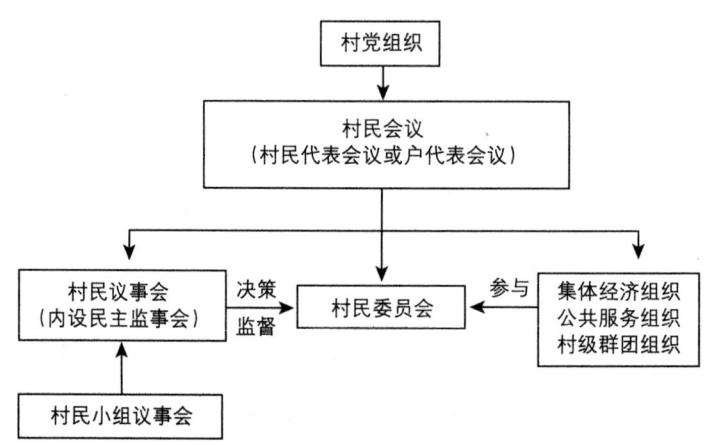

图3 新型村级治理组织体系

(2)强化基层民主议事会的程序化、规范化建设,深入贯彻落实村(居)民自治。村(居)民自治的核心在于基层民主程序的确立和运行,这一程序的确立和运行也正是基层民众利益表达机制得以建立健全的重点之所在。在新型基层治理组织体系建构的基础上,成都更加重视民主议事和民主监督程序的设立和规范。比如,结合农村产权制度改革和村级公共服务等群众关注的重大问题，成都创造性地提出了"民主程序六步法"，即对于村民自主决定村级规划、村级公共服务和社会管理建设项目、资金监管等涉及村民切身利益的重大事项，通过"征求意见"、"议事会讨论"、"村民代表大会或村民大会决议"、"公示确认"、"制定方案"、"建设过程和结果的评议验收"等六个步骤程序予以决策、施行和监督，促使村民在民主治理的各环节中可以充分地表达意见和建议。民主程序的健全与完善，正面地引导基层群众的参与，充分体现和彰显了基层民主，同时也为基层法治充分反映民意提供了途径和条件，为包括地方立法中民意的汇集和整合提供了制度性的保证。

（二）执法环节：以组织再造和流程再造促进现代法治政府建设

如果说立法是法治城市建设的逻辑起点，那么法治政府建设就是法治城市建设的核心环节。法治政府的核心理念就是依法限制和规范政府的权力及其运作。成都在全面深入推进统筹城乡发展的进程中，围绕构建现代法治政府目标，坚持将规范化服务型政府建设与依法行政紧密结合，不断规范政府行为、改进政府服务，实现政府工作标准化和规范化。

1. 通过组织再造，促进政府部门合理性重组传统体制下形成的城乡分治的二元政府管理体制，机构重叠、职能交叉、对接不清、效率低下，成为成都市统筹城乡建设的根本性阻碍。为此，从2004年起，成都市开始了以多层面、全方位调整、精简和整合政府机构、部门为目标的机构改革。一是整合部门职能，建立统筹城乡的大部门管理体制。新格局理顺了行政职能，提升了行政效率，降低了行政成本。二是实施乡镇综合配套改革。通过撤乡（镇）并村、精简乡镇机构各类人员、建立片区服务站、改革乡镇财政与税收分成制度，着重解决事权与财权的问题，提高了为农民办事程序化的服务能力。三是打破行政边界，设立经济功能区管委会。功能区管委会的诞生，打破了原有城乡行政区划的边界，对于有效承接街道剥离的经济管理职能，完善区域经济管理体制，促进城乡区域经济运行方式转变，提高基层政府公共服务能力与效率发挥了积极作用。

2. 通过流程再造，提升政府依法行政效率。为适应社会主义市场经济体制的要求，成都市从2003年起就在全市全面推行了以转变政府职能为核心的规范化服务型政府（机关）建设，其中"服务型政府"体现的是成都市政府职能的转变，而"规范化"则是成都市政府探寻实现"为人民服务"的路径选择，其目标就是通过深化行政管理体制改革，理顺政府、市场与企业三者的关系，创新和完善政府运行机制，实现政府职能和治理模式转变。为了实现这一目标，成都市以提高行政效能和满足公众需求为导向，以服务流程再造为主要内容，不断创新行政管理体制和服务方式。通过实施建设项目分段式并联审批，使审批时限由原来的160多个工作日压缩为80多个工作日，所需时间全国最短；通过推行"两集中、两到位"，2009年各部门向政务中心窗口授权率达99.1%，现场办结率达94.2%。[1]

3. 以保障群众的知情权、参与权、选择权为重点，不断创新政务公开机制。近年来，成都坚持行政决策公开，凡与群众基本权益密切相关的重大行政决策，严格按制度进行，并将结果及时公开。实行政务服务公开，在全市电力、自来水、燃气、公交等公用企事业单位以及学校、医院等推行办事公开，建立首问责任制、一次性告知制、办事承诺制、示证上岗制、外出告知代理制等"五项制度"，公布服务和管理标准、监督电话、服务指南等，强化行政监督公开。同时，落实政府信息公开，颁布了《成都市人民政府信息公开目录》、《成都市人民政府信息公开指南》，建立新闻发言人制度。2009年，全市各级行政机关主动公开政府信息103万余条，受理政府信息公开申请1023件，全部予以答复。[2]

---

1. 数据来源于成都市2010年政府工作报告。
2. 数据来源于成都市法制办提供的调查数据。

(三) 司法环节：保障法治内涵得以真正践行，减少制度变迁带来的社会震荡

1. 围绕司法公正进行的改革是法治内涵得以践行的终极保证

公平正义是统筹城乡发展的核心价值理念，也是法治建设的首要价值追求。而司法公正作为社会公平正义的重要防线，对于统筹城乡发展具有重大现实意义，为统筹城乡综合配套改革提供强有力的司法保障。成都法院系统针对审判管理工作中"审判权和审判管理权混同、审判权行政权化和审判管理权边缘化"等突出问题和不利于司法公信度建立的现实状况，于2007年开始试点，并于2009年全面推进了以信息化为支撑、以"审判权与审判管理权"为核心的审判管理改革。

（1）明确"两权"权责，规范"两权"运行。一是对审判权与审判管理权的各自权责进行了区分，出台《关于构建审判权与审判管理权有效运行制约监督工作机制的意见》及实施细则，明确了审判组织对案件行使审判权，审判机构对审判活动行使管理权，分别规定了审判组织、审判人员、审判辅助人员的职责，梳理了78项审执责权点；分别规定了院长、庭长、审委会专职委员的管理职责，设置了66项审执管理责权点。二是规范了审判权与审判管理权的行使方式，明确审判权的行使方式主要是案件审理、合议、判决等；审判管理权的行使方式主要是审查审核、复议建议、签署文书、旁听庭审、列席合议、查阅卷宗、听取报告等。通过权责的划分，理清了审判组织与审判机构行使权力的关系，即审判管理权对裁判权的行使具有监督权，对案件的实体处理结果有指导权，但不能代替裁判权，形成了权力规范化、职责标准化、监督过程化的管理模式。

（2）构建了保障"两权"有效运转的配套体系。为了保障审判权和审判管理权的有效运转，成都中院依托信息化技术，构建了案件流程监控、案件

质量与效果综合评估、案件质量评查的立体、动态、规范的管理框架。一是建立案件流程监控体系。以法定完成时限为依据,以时限管理为核心,以时限警示、时限通报和节点冻结为内容,以计算机管理为手段,对案件在审判、执行各程序性环节的运行情况进行动态跟踪、监控和管理;二是建立案件质量与效率综合评估体系。通过建立审判质效的量化模型,即通过确定构成审判公正、审判效率和审判效果的31个指标、所占权数以及合成方法,运用多指标综合评价的技术方法,由计算机自动生成反映审判质效的评估值,对法院整体和各类审判工作质效、各审判业务部门和各审执人员审判工作质效进行评估和引导;三是建立案件质量检查评价体系。采用常规评价、重点评查、专项评查等手段,对法官审结归档的案件进行规范化、制度化的考核检查,评定案件质量等次。三大体系以信息化为支撑,整体形成了量化评价两权行使效果的模式和系统,促进了审判管理的完善。"两权改革"使法院的内部资源得到了整合和配置,法官的审判权和院庭长的管理权得到有效行使和监督,司法质量和效率不断提高,司法公信度较大程度提升。"两权改革"以来,成都两级法院的服判息诉率稳步上升,达到近90%,案件被上级法院改判和发回重审率降至五年来最低,审判质量明显提高;涉诉信访案件大幅减少,2008年比2007年下降46.7%,2009年同比又下降了1.42%,社会评价普遍趋好。[1]

2. "大调解机制"的构建和完善形成制度变迁的减震器

运用法律手段来调解利益冲突和社会矛盾是法治建设的一个重要目标和任务。成都城乡统筹发展步入"深水区"之后,随着农村产权制度改革、公共服务和社会管理供给等涉及重大利益调整改革的推进,利益分化整合进一步加剧,多元化的利益诉求进一步凸显,迫切需要建立多元化的纠纷调解机制,及时化解社会矛盾纠纷、减轻城乡统筹发展中的社会震荡和维护社会和

---

1. 数据来源于成都市中级人民法院提供的相关资料。

谐稳定发展。应对这种新形势的需要，成都结合地方实际积极探索构建了"预防为主、调解优先"的多元化社会矛盾纠纷解决机制（大调解机制）。

（1）建立了"行政调解、司法调解和人民调解"有机联系的大调解工作机制。在全省率先开通了网上申请行政复议系统，拓宽了行政复议受理渠道；改进了行政复议审理方式，积极探索了实行行政复议集中审理的工作方法；法院推行"一案三建议"制度（即案前建议行政机关负责人出庭，案中建议双方协调和解，案后建议行政机关进一步规范行政执法行为），积极化解行政争议。此外，建立了以县、乡（镇）、村（社区）调解委员会三级组织为支撑，以联系点和联络员为纽带，以提供法律咨询服务、实施司法救助、调处民间纠纷、指导民事调解等工作为主要内容的"司法为民三级服务网络"。全市所有街道、乡镇组建了规范化的街道（乡镇）人民调解委员会，全部达到"六有"（有人民调解委员会标识牌、有相对固定的工作场所、有印章、有调解及回访等记录簿、有档案、有学习资料）、"四落实"（即组织、制度、工作、经费四落实）；100%的村（社区）建立了人民调解委员会。截至2009年，全市共计建立人民调解委员会4489个，有人民调解员39139人，基本形成遍布广大城乡的人民调解组织网络体系。[1]

（2）集中开展了"大接访、大调解、大援助"化解矛盾纠纷专项活动。信访、司法行政等部门共同开展了信访问题治理和"春风化雨"人民调解等专项活动，全年非正常上访事件依法处置率达100%，调解纠纷成功率为98%；各级调解组织根据社会矛盾纠纷发生的规律和特点摸索建立了纠纷调解调处机制。多元化调解机制的建立健全与各项矛盾纠纷专项活动的开展，及时有效地化解了民间矛盾纠纷和消除了基层不稳定因素。据统计，2005年以来，全市共调解各类纠纷173860件，制止和调处群体性事件5678件。[2]

---

1. 相关数据来源于成都市司法局提供的资料。
2. 同上。

（四）法律宣传：由"重普法轻治理"向"普法与治理均衡并重"转变

法治成都建设坚持普法和治理并重。在不断革新法制宣传教育方式方法、全面落实"五五"普法规划并取得显著成绩的同时，重点推进、着意加强多层次、多领域的依法治理：深化规范化服务型政府建设，促进法治政府建设；大力开展农村、社区、学校、企业等基层依法治理，增强群众依法参与基层社会事务和公共管理的能力；深入开展行业依法治理，切实提高行业执法水平，规范行业管理；加强大调解机制和工作体系建设，集中开展"大接访、大调解、大援助"化解矛盾纠纷专项活动等等。依法治理工作基础扎实，推进有力，取得了明显成效，为将成都建成全国一流的法治城市夯实了坚实的工作基础。因此，普法与治理均衡并举，整体推进，一手抓普法，一手抓依法治理，对法治城市建设至关重要，应普治并重，整体推进普法依法治理工作。

四、成都案例启示和中国法治城市建设的路径选择

法治成都建设是在统筹城乡发展的背景下推进的，具有鲜明的时代特征和地方特色，但同时也蕴涵着转型时期法治国家和法治城市建设中一定的普适性规律。通过成都案例的研究，给了我们巨大启示：

（一）制度变迁模式

由政府主导的强制性制度变迁模式向诱致性制度变迁模式渐进转轨是城市法治建设的基本道路。法治成都建设，昭示着中国城市法治建设应当在最初单一的政府主导型强制性制度变迁后，逐步转轨为内生性的、自下而上的

需求诱致性制度变迁。

1. 立法机制的转变是制度变迁方式转换的起点

立法的透明化、民主化、公开化，对乡规民约的尊重等立法机制的转变，使各博弈主体自立法活动伊始便有机会广泛加入到利益诉求的表达过程之中。通过相关利益主体的充分博弈，使立法活动充分满足绝对多数人的利益需求，而立法者，如政府，在这一博弈过程中则主要作为博弈规则的制定者，通过正当法律程序，对立法过程的合法性进行监督，而不是过多介入市场主体、社会主体的博弈之中，制度的产生主要来自于内部主体的充分博弈。这一内生的、符合最广大群众利益、耗费最低执行成本的制度生成方式，体现了从传统的强制性制度变迁向诱致性制度变迁的转型。

2. 规范化服务型政府建设是制度变迁方式转型的核心环节

"规范化服务型政府"建设的实质是建立法治政府，换言之，是建立阳光政府、有限政府、诚信政府和责任政府，实现由全能政府向有限政府、管制行政向服务行政、行政行为由随意向科学规范的根本性转变。在有限政府建设中，将政府的基本职能限制在提供市场经济无法自动实现的公共物品的有效配置上，保障政府行为只发生在公共领域而不是扩张到私人领域，限制政府过多介入微观主体运行过程之中，让市场力量充分介入利益博弈，逐渐衍生出更加符合经济发展内生规律的制度。此外，在市民社会的某些公共领域，政府也应日益尊重社会自治的基本规律，逐渐有意识地退出，使基层自治组织及行业组织的自我治理功能得以较大发挥和体现，促进社会自我治理机制的构建。

3. 以诱导方式逐步改变微观主体的行为模式

社会成员对待法律的态度应该由外在压力转化为内在动力，法治观念内化于心、外践于行，由心理层面转化为行为层面，自觉学法守法用法的社会氛围和良好风尚逐渐形成。同时，依法行政也应由外在要求向内在追求转变，行政机关工作人员成为依法行政行为准则的自觉实践者，由自上而下的政府推动向政府与群众之间上下齐动转变。此外，市场主体自发推行的"依法治店"、"依法治企"等依法治理改革，也在某种程度上体现了民间主体的内生性法治需求，使法治创造性地融入基层单元的日常管理，化做每一个人都可理解的日常行动。

4. 科学的社会评价体系是实现诱致性制度变迁的有效工具

法治城市建设要求构建相对科学、完备、具体的评价指标体系，将工作标准和考核办法的法治要求合理、细化、量化，为正确评价、合理引导法治政府建设提供行之有效的判断标准。而人民群众成为依法行政的重要参与者之后，必然会引发对现有法治运行监督评价模式的挑战和变革。因此，评价体系的建构应坚持民本思想，更多植入民意，建立更能为人民认可接受的衡量标准。人民的评价是衡量法治建设成效的最高标准。成都经验表明，我国的法治城市建设应改变重强制性制度变迁轻诱致性制度变迁的老旧心态，在推进政府主导的法治制度变迁的同时，鼓励引导扶持内生性诱致性制度变迁，实现逐步转轨。

（二）法治城市建设要兼顾国家法治系统和地方城市发展

法治是从本国历史、现实和国情出发所作出的自主选择，要求法治普遍规律与具体国情创造性地结合，同样，法治城市建设必须贯彻国家意志，但是也需要因时因地制宜，与城市的具体实际相结合，针对当地社会生活现实的特点，探索最有利于推进城市法治化进程的制度与方法。

1. 法治城市建设必须根植于城市的经济文化土壤之上

我国法治城市建设是在国家特定历史时期和特定背景下展开的，所以应充分考虑中国特色和地方实际，从当地实情出发，既坚持法治，又彰显城市自身的鲜明特色。成都经验表明，将法治城市建设与城市自身的发展定位紧密结合是极其必要和关键的，各地情况千差万别，城市法治建设实践切忌照抄照搬，否则就会流于形式。而应服务于城市具体的发展定位和目标，为其提供切实有力的法治保障，适应其特有的法治需求，二者相辅相成、相互促进，方能形成良性互动的发展格局。

2. 法治城市建设应统筹兼顾

法治是一项规模宏大的系统工程，必须对立法、执法、司法、守法、普法、法律监督等法治的各环节全面规划，整体推进。在特定时期可以集中力量重点加强某些薄弱环节或关键环节，但法治单项建设应当以整体推动为基础、做到统筹兼顾。法治城市建设是国家法治统一前提下的地方依法治理，因此，应具备正确的大局观，在积极发展自身的同时，兼顾国家整体及其他省市的利益，杜绝地方保护主义等短视行为，从整体利益和长远利益出发，引领服从服务于国家发展大局的宏观思考。与此同时，法治建设要在法制宣传、法律服务等法治建设的各个环节方面始终保持城乡法治的均衡发展。尤其要重视基层法律服务资源能否及时适应农村市场化和城镇化的需要、能否充分满足群众需求的问题，把法律服务纳入到城乡一体公共服务及各级政府公共财政预算之内，在人才、资金、政策等方面向基层、向乡村倾斜，切实保障城乡群众共享均衡法律服务，唯有如此，方能真正实现城乡法治文明的共同繁荣。

（三）法治城市建设视角下的中国地方法治建设路径选择

1. 地方法治系统和国家法治系统良性互动

法治城市建设是隶属于国家法治大系统中的子系统。根据系统论的要求，

子系统的运行必须遵从上级系统的目标,而上级系统则要给予子系统以充分而必要的支持。因此,法治城市建设必须在国家法治建设规划中,构建自身的建设目标,这就要求法治城市建设必须遵从国家大的宪政框架,尊重国家基本政治、经济制度,任何小的制度创新,都必须在国家法治的框架范围内进行。同时,国家法治系统理应给予法治城市建设以充分和必要的授权。以成都为例,成都作为统筹城乡发展综合配套改革实验区,需要在争取法律授权和加强地方立法方面有所作为,诸如农村产权制度、社会保障制度、户籍制度、金融制度、规划制度、产业布局制度、环境保护制度、行政区划制度等各方面完善法制。争取法律授权或加强地方性立法的意义在于:一是用法制的形式及时巩固试验区改革的成果,以避免用层级低的规范性文件或未经公布的内部文件作为改革依据的做法;二是制度创新正是统筹城乡发展综合配套改革试验区的光荣使命所在,可以为国家修改相关法律提供成熟的具有普遍意义的制度性经验。

2. 执法理性和立法理性共同推进

这里的理性就是指法治精神在各个法治建设环节中的集中体现。作为一个从传统的计划经济体制向社会主义市场经济体制转轨的国家,为了体现国家权威,我们过去在法治建设过程中,更多的是追求法制建设。法制建设,就其环节是"有法可依、有法必依、执法必严、违法必究",其核心价值是要体现法律的权威性,要求公民绝对尊崇法制。应该说培育了公民的遵纪守法意识,是法治建设的重要一步。但是,这种法制建设的含义,和现在的法治精神还有较大的差距。其关键问题就是立法中的法治精神没有得到体现。中国立法环节中部门利益问题的根本在于立法缺少法治精神。立法理性要求成都在建设法治城市过程中,政府主导制度变迁的同时,更广地推进诱致性制度变迁。在立法环节上更加充分地体现立法民主化,尊崇人民的主体性,更加广泛地扩大公众参与性。由此,公平、正义的法治理念才会真正浸润在法治城市的建设过程中。

3. 法治文化培育和法治理念教育俱进

从20世纪80年代我国学界对"法治"与"法制"、"法治"与"德治"的讨论到2006年社会主义法治理念的提出，全国法治宣传教育突出的是理念灌输，在具体的法治建设中，也以理念教育为先导。应该承认，经过这几年的努力，市民的法律意识有了很大的提高。但是法治理念仅仅靠对民众进行教育是远远不够的，我们需要在继承传统文化精华的基础上，形成有本土特色的法治文化，在有着浓重的法律文化的氛围中，树立法治理念，形成法律信仰。其实质是超越单纯的法治理念教育，而努力营造一种法律文化，让民众在这种法律文化的氛围中形成一种珍视和爱护法律的态度、让官员在权力的边界内正确行使自己手中的权力。只有通过这样的法律文化的熏陶，法治化才有可能最终获得人们内心道德信念的支撑，唤起人们对法律献身的激情与热忱。

（原载《社会科学研究》，2011年第5期）

论城市化与法治化的融合与互嵌
——兼及律师参与城市征迁的晋江经验

陈忠禹
（中共福州市委党校法学部）

　　近年来，随着城市现代化建设步伐的加快，各地均出现了大规模的房屋拆迁和土地征收。大规模征迁活动在助力城市现代化的同时，也出现了大量的暴力拆迁，甚至发生被拆迁人以自杀或暴力抵抗强拆事件。由此，"野蛮拆迁"与"暴力抵抗"之间的拉锯就成为近年来城市现代化建设留给人们的凄楚记忆。于是乎，城市现代化建设（尤其是城市征迁）与城市法治化之间的关系一次又一次地浮现在公众的视野中，并成为当前构建法治社会所无法回避的热点和难点问题。城市现代化、城乡一体化不仅是一个促进城乡协调发展、营造和谐人居环境的过程，同时还是一个推进法治建设、孕育城市法治精神的过程。如何将征迁活动纳入法治轨道，是我国现今推进城乡一体化过程中必须要解决的重大问题。面对这个问题，福建晋江试图将法治元素注入城市征迁过程中，开启了城市化与法治化进程互动相掣的良性肇端，为探索我国现代化进程中深化法治建设提供了很好的参考样本。

一、应然与实然：城市现代化与法治建设关系之透析

（一）应然：城市现代化与城市法治化之间的良性互动

1. 城市现代化为推动法治建设提供社会环境和历史契机。城市化的推进对当地经济社会发展产生了深层次影响，从而为开启和深化法治建设提供了契机。首先，城市化对法治建设有着迫切需求。城市化是人类不可逆转的发展趋势。城市化的进程在给人们带来商业繁荣的同时，也给人类带来了诸多新的社会问题和挑战。协调和解决城市化带来的各种社会问题和矛盾，法治始终是一种基本方式，城市化的过程也应该是法治建设不断推进的过程。其次，城市化推进了"熟人社会"向"陌生人社会"的转变，为法治精神的塑造和法治理念的传播提供了良机。随着城乡一体化进程的推进，民众的生活范围不会仅仅局限在狭小的以血缘、亲缘为纽带的社区里，而是面对更为广阔的市民社会。市民社会是一种"陌生人社会"，在这种社会中，社会异构性增强，生活方式多元化，社会交往关系的调节由此开启了从伦理、人情到规则、竞争的过程。因此，"熟人社会"向"陌生人社会"的转化，客观上为法治建设提供了广阔的社会空间。

2. 法治化是城市现代化的重要目标和基本保障。城市化是一项复杂的系统工程，牵涉到诸多群体的利益调整和纠纷解决。因此，法治化是实现城市化的基本路径和根本保障。首先，法治化是城市现代化建设的核心要素。"长期以来，人们往往将城市化等同于城市人口的增加，城市建成区面积的不断扩大，或城市经济总量的不断增长；将基础设施完善程度、新兴产业的比重大小、社会公共事业的发达程度等作为城市现代化的指标。"诚然，这些都是城市化的基本要素，是城市发展的硬件，但从更深层次角度看，离开法治化"软件"支撑，这些硬件都只是外延的增长，至多是农业文明时代村镇的扩大

版，始终无法"化"为现代商业文明所需内涵的升级版。实际上，法是应城市的发展而生长的。其次，从城市化进程来看，法治是实现城市现代化的根本保障。城市化过程实际上是社会利益和民众心态的调整过程，是个巨大的社会系统工程。各种利益冲突的关联性、集聚性、突发性明显增强，造成城市化过程中的社会危机。传统的道德权威和政府强力，都无法有效而合理地化解各种矛盾，解决社会危机；而法治的无形之手，则为化解危机至少提供了更大的转圜余地：一方面通过法定纠纷解决机制可以具体地化解城市化过程中的各种矛盾和纠纷；另一方面，通过法律手段，为从源头上有效预防和减少各种社会矛盾提供了更为合理和有效的制度空间。最后，城市法治化是当代人类法治文明的重要载体，也是世界城市的常规治理方式。[1]

（二）实然：城市征迁与法治化的对峙与掣肘

从理论上讲，城市化与法治化是相辅相成的。但是，从我国当前城市征迁引发大量群体性事件来看，城市化与法治化存在着明显的冲突与对峙。

1. 政府主导的征迁诱发公权力与私权利的冲突。城市化进程是一个由政府主导的破旧立新、重新规划建设的过程，无疑会涉及原有利益格局的调整和重构。在此过程中，政府的公权力与商业利益之间有着千丝万缕的关系。政府主导下的城市征迁活动虽然对推动城市化进程、改善民众的居住环境有着不可低估的作用，但是其间夹杂着"暗箱操作"、"权力寻租"、"权贵与资本结盟"等问题，很大程度上给人造成政府与民争利、公权力侵犯私权利的印象。因此，现实中，人们常常生发出这样的疑问：城市化的目的是什么？难道真是为了广大民众的利益吗？多大程度上是为了满足个别官员的"政绩

---

[1] 目前，世界上关于城市竞争力的衡量指标体系有很多种，其中最有名的如瑞士洛桑国际管理发展学院的体系。在这些指标体系中，法治都是一个核心要素。

冲动"？这些疑问和征迁诱发的越来越多的群体性事件，不仅使政府形象受损，而且使城市化的合理性和依法治国的方略遭到一些人的怀疑。

2. 强力征迁直接背离城市现代化目标。城市现代化的最终目标是保障每一位公民的权益，让每一位市民都能够有尊严地生活。与此相应地，城市化进程也应该是构建与城市文明衍进相适应的核心价值体系，并且能够成为每个人的自觉行为，这是城市化建设系统工程的重要部分。在缔造一个城市核心价值观的同时，构建一个相对统一的城市愿景。但是，近年来屡屡出现的违规拆迁、暴力拆迁使得城市化的诸多目标落空了。一方面，一些地方政府为实现所谓"城市化"，以行政强制力推动城市征迁；另一方面，被征迁人为捍卫私有财产不惜以命相搏，暴力与反暴力之间的对抗与博弈成为城市化过程抹不去的阴影。[1]这种以违背法治的方式来推进城市化无疑与世界城市化客观规律相抵触。从世界城市化发展进程来看，以法治化助推城市化是基本趋势，无论哪个国家推进城市化进程，其目标都是增进城市民生和社会福祉；而暴力征迁是对法治化和城市化目标的双重背离，归根结底是对现代文明的践踏。

二、尝试与创新：晋江破解征迁法治困境之实践探索

晋江之所以能实现"和谐拆迁"的共赢局面，除了高效的行政管理机制与相对公平合理的安置补偿之外，与下述律师参与征迁法律服务的做法有着很大关系。

（一）律师参与征迁项目法律风险的防范

如此大规模的城建项目所涉及城市拆迁必然蕴含着大量的法律风险乃至

---

[1]. 在我国以强力乃至暴力推进拆迁已经成为一个严重的社会问题甚至政治问题。"国家信访局数据表明，2003—2006 年接待的上访人数中，有近 40% 涉及拆迁；这一期间建设部统计的这个比例则高过 70%—80%。"

社会风险。对此，晋江市政府高度重视征迁项目的社会稳定风险评估（尤其是法律风险评估）[1]，由此引入律师参与征迁项目法律风险的评估和防范机制。在晋江拆迁过程中，律师参照相关政策法规的同时，主要采取入户问卷调查和拆迁利益相关者识别等方法，对拆迁项目法律风险乃至社会稳定风险进行评估，建立规范的法律风险评估流程。对于拆迁项目来说，法律风险无处不在，不仅可能存在于征迁方案制定中，也可能存在于征迁方案实施中。因此，律师需要树立全程性风险防范意识。为了有效防范拆迁法律风险，律师在晋江拆迁实践中建立了比较规范的法律风险评估预防工作流程，有以下五个步骤：（1）确立评估对象，制定相应评估方案；（2）入户调查民意，进行归纳分析；（3）汇总分析论证，编制风险评估报告；（4）根据评估报告，建立防范机制；（5）落实风险防范机制，进行后续跟踪评估。通过律师参与晋江城市征迁项目法律风险的管理，对于顺利推进依法征迁、维护被征迁人的合法权益、降低群体性事件发生概率有着重要的作用。

（二）律师参与建立公平、合理的征迁补偿安置机制

征迁补偿安置争议是引发拆迁流血事件最重要的诱因，也是征迁中面临的关键环节。经过广泛征求民意和律师的介入，晋江市在征迁过程中建立起一整套与法治精神相契合、并得到被拆迁人广泛认同的补偿安置方案和机制。

1. 确立依法公平补偿作为整个征迁补偿安置工作的总原则。晋江市城市征迁属于典型"为民建城"的公益拆迁，为了落实"让利于民"的城市化理念，当地政府确立了"依法依规、公开透明、以人为本、权益保障、和谐征

---

[1] 国务院办公厅 2010 年印发《关于进一步严格征地拆迁管理工作切实维护群合法权益的紧急通知》（国发明电〔2010〕15 号）就要求房屋拆迁进行社会稳定风险评估。随后，2011 年 2 月公布实施的《国有土地房屋征收与补偿条例》把社会稳定风险评估作为作出房屋征收决定的必经程序。而晋江在这些规定出台之前就已经在推行风险评估工作。

收"的征迁原则。

2. 形成一套法治化补偿安置程序。为了保障公平补偿安置目标的实现，晋江市在征迁活动中严格推行"六公开、二监督"制度，即"（1）征收拆迁补偿安置的有关政策法规公开；（2）征收拆迁补偿安置工作程序公开；（3）被征收（收回）土地、房屋及各种附属物情况公开；（4）房屋搬迁腾空验收时间、选房顺序公开；（5）安置房的坐落、户型、面积等房源情况公开；（6）征收拆迁临时过渡、补偿安置的情况公开；（7）接受有关部门和社会各界人士的监督；（8）接受被征收人的监督"。这一规定为征迁补偿安置实现公开透明运作提供了制度保障。

3. 形成一整套多层次、广覆盖的公平补偿安置方案。为了使拆迁补偿安置方案能够得到民众的广泛认同，晋江市政府以每个安征迁组为单位，多次组织方案征求意见会，征求对象主要包括所在村（社区）两委成员、老人会、党员代表、被征收人代表以及社会知名热心人士等，并且要求征求意见过程中律师全程参与并回答相关法律问题。通过这类征求意见会形式，政府广泛收集了被征迁人对补偿安置方案的意见和看法，并及时对安置实施计划和方案进行必要的修正。在反复酝酿之后，正式出台了征迁补偿安置实施方案。

（三）律师提供拆迁日常性法律服务

政府为了减少拆迁矛盾纠纷和实现征迁项目法治化管理，还邀请律师参与提供拆迁日常性法律服务。服务分三个阶段：准备阶段、补偿安置阶段和后续阶段，在每个拆迁阶段所需要的专业法律服务也是不相同的。

1. 征迁准备阶段。此阶段律师提供的法律服务包括：协助政府征收部门做好拟被征收土地的面积、地类、补偿标准和权属状况等情况的调查核实工作；协助拟定征地方案、征地申请的相关文件；协助做好征地报批手续、农用地转用申请的相关工作；协助拆迁部门拟定征迁补偿安置方案等等。

2. 动迁补偿安置阶段。此阶段律师提供的法律服务包括：提示安征迁组及时公示并向被征迁人送达相关拆迁材料，这些材料主要包括《土地房屋拆迁补偿安置通告》、《土地房屋拆迁补偿安置工作流程示意图》等；针对产权人不明，暂时无法确认产权和其他产权不清的房屋，协助或代为申请证据保全；就涉及军事设施、教堂、寺庙、文物古迹房屋征收补偿提供法律意见；就被征迁主体因婚姻、继承、共有、企业改制等引起的特殊情况的补偿安置，提供法律意见和建议，并提出切实可行的解决方案；协助征迁部门建立征地拆迁矛盾纠纷排查调处机制，认真做好征地拆迁中矛盾纠纷化解工作等等。

3. 征迁后续阶段。此阶段律师提供的法律服务包括：征迁过程中如发生拆迁矛盾纠纷，律师尽量协助调解解决；被征收人在法定起诉期限内拒不交付土地，又不起诉的，代为申请司法强制拆除等等。

三、城市化和法治化的同构：晋江和谐征迁之经验

在当前各地陷入拆迁困境背景下，晋江市在征迁过程中融入包括律师参与机制在内的法治化理念和措施，其创新性做法和经验值得认真总结推广，可为其他地方实现和谐拆迁提供重要启示和借鉴。

（一）城乡一体化建设与被征迁人权利保护相一致原则

晋江这次进行大规模征迁是晋江推进城市化建设和提升城市形象的基础工作，也是晋江市统筹城乡发展的重要步骤和让人民真正共享当地改革开放发展成果的重要内容。

1. 让被征迁人共享城市化发展成果，是晋江实现和谐拆迁的出发点。目前，其他地方的拆迁中，拆迁安置很难实现原拆原迁，多数情况下被拆

迁人被安置到比较偏远的地段，或者拿到补偿款无法在当地买到相同面积的房子，这种安置使被征迁人无法保持原有的生活水平，甚至导致生活水平下降。相比较而言，晋江城市征迁立足于让被征迁人共享城市化发展成果理念，切实保障被征迁人的合法权益。实现城市化发展成果的公平分享，从根本上说必须依赖于合理的权利配置。晋江旧城改造工程不仅旨在提升城市形象和优化城市服务平台，还力争切实保障每一位被征迁人的权利。在拆迁安置过程中，晋江市政府推行安置房就地建设原则，以镇、街道为单位兼顾社区集中统筹安排，可相对保留被征迁人的原有社区系统和人脉关系，尽可能地将多数被拆迁人安置在优质地段，以确保其原有生活水平不至于下降。

2. 统筹协调好城乡一体化的长远利益和被征迁人的短期利益之间的关系，是晋江实现和谐拆迁的重要环节。城乡一体化过程往往伴随着利益的差别和权利的冲突，各种社会资源经常会处于不断整合状态。为了实现城乡一体化的平稳有序推进，晋江市政府积极主动协调各种利益关系。而各种利益关系，最主要无非是城乡一体化长远利益与被征迁人短期利益之间的冲突与博弈。为了促使民众认识到这两种利益目标的一致性，晋江市政府在征迁之前通过报纸、电视、城市展馆等载体积极营造良好的社会氛围，让老百姓认识到征迁的目的——建造一个让市民生活更美好的宜商宜居现代化城市。在赢得大多数民众认同和支持下，切实保障被征迁人的合法权益。

3. 在城市征迁中对弱势群体进行政策倾斜性保护，是晋江实现和谐拆迁的重要保障。在征迁中，晋江市政府严格遵循补偿标准统一、前后一致的原则，对一些弱势群体进行政策倾斜性保护。这些受政策倾斜性保护的群体主要包括：征迁中失去土地又没有养老保障的农民，居住困难户、低保户、无房户，特定生活困难的老党员等等。通过这些倾斜性保护，既有效地保障了城乡一体化进程中弱势群体的利益和社会的实质公平，又有利于避免拆迁过程中出现的低效率、高风险问题。

（二）推进征迁项目管理的制度化和法律化

为了正确处理拆迁过程中的各种社会矛盾、冲突，预防社会稳定风险，晋江市政府坚持实行征迁项目的法治化管理。

1. 以公平、合理的征迁制度为核心。公平的征迁制度是城市征迁活动以人为本理念最重要的体现，只有让被征迁人感受到制度的合理性和公平性，制度执行时才更具有公信力。在晋江城市征迁中，主要形成以下几个方面的制度：科学合理的《征迁实施方案》，该方案经过反复征求民众意见最后敲定、具有很强的针对性并得到群体的普遍认可；建立被拆迁人全面参与制度，在拆迁过程中，被征迁人全程参与拆迁活动；建立征迁信息化管理系统，这个系统提升了征迁管理工作的科学性和准确性，助推征迁工作的顺利开展；建立对拆迁工作人员法律、政策知识以及工作能力培训制度，通过加强培训可以增强拆迁人员的工作能力和责任意识；建立竞争和激励相结合的安征迁组绩效考核制度，通过指标化考核和评比来激发每个安征迁组和工作人员的工作热情。

2. 以优化征迁组织机构为保障。组建一支结构合理、素质优良、相互制衡的征迁组织机构，不仅是加快推进城市化建设的迫切需要，也是实现晋江和谐拆迁的组织保证。在旧城改造中，利益冲突和社会矛盾比较集中，尤其是涉及群体利益的一些敏感问题，如果处理不好容易引发群体性事件。于是乎，晋江市政府高度重视征迁队伍建设，在每个征迁项目中设立改建工程组织机构，即由市委、市政府抽调各个系统、各乡镇的干部组成改建工程指挥部（以成建制[1]方式来抽调干部），一般根据工作需要设置指挥部办公室、安

---

[1] 成建制，重在责任包干，各个单位都集中抽调精干力量，脱产专职从事动迁工作。所有成建制主要领导（镇长、书记、局长）就是安征迁工作的第一责任人，在动迁工作后期，都亲临一线，亲自指挥，与动迁小组一起分析情况、研究问题、谋划对策，全力推进征迁工作。

置协调组、监督组和安征迁工作组，各组下设若干工作小组，并在每个指挥部都配备一定数量的专业律师，这样形成结构合理、相互制衡的高效征迁组织结构网络。

3. 以合法、高效的征迁程序为依托。合理的程序是保障征迁项目管理法治化的重要条件。晋江征迁基本遵循以下程序：发布通告、宣传动员、实地丈量、书证送达、面积核对、签订协议、腾空验收、抽选房号、组织选房、财务结算、建筑拆除、工程建设、回迁安置。这些法治化的征迁管理程序，可以充分保障被征迁人的知情权、参与权和监督权。

4. 以人性化的征迁服务为基础。晋江市政府要求在征迁活动中推行人性化的征迁服务，注重人文关怀、积极认真工作突出、以情动迁。一是以情感人。动迁人员反复入户，深入做好解疑释惑、测量核对等工作，得到被征迁人的广泛认同。二是以理服人。动迁人员向被征迁人详细说明项目建设的总体规划，积极宣传此次征迁的重大意义，同时情真意切地帮助群众算清"利益账"，设身处地地帮助群众权衡利弊得失，用政策法规说服群众。三是切实服务。积极协调供水、供电、电信、煤气等部门现场办公，方便群众办理。派专人往香港、澳门、菲律宾等地与侨亲沟通，解释政策，动员回乡签约。四是及时回访。鉴于从拆迁到回迁有一定周期，为防止"房拆、人走、茶凉"伤害干群关系，各成建制单位都不定期地开展回访活动，为被征迁群众送去粮食等生活用品，及时了解群众过渡生活状况，尽可能帮助其解决困难。这些人性化的征迁服务赢得被征迁人的谅解和支持。

（三）购买法律专业服务

为保障依法征迁，律师全方位提供征迁法律服务是助推晋江实现和谐拆迁的重要措施，也是晋江实现依法征迁的必要保障。律师作为社会法律工作者，具有较高法律素养和中立第三方的特征，由其介入到城市化征迁过程中，能引导、规制和督促政府依法开展征迁工作。

1. 通过律师提供征迁法律服务，可以强化政府依法征迁理念。晋江征迁中，政府公开采购了律师法律服务，严格依照国家法律法规和相应政策来推进征迁工作。为了将法律服务覆盖拆迁全过程，政府专门建立法律顾问咨询系统，使征迁项目管理法治化。此外，晋江市政府依据国家法律法规和部门规章并结合当地实际，在律师参与下，出台了15份城市建设规范性文件，这些文件主要涉及城市建设规划、城市建设管理、土地征收、房屋拆迁等方面。这些规范性文件的出台，为推进依法征迁提供了制度基础。

2. 通过律师提供法律服务，可以提升政府征迁决策的合法性和可行性。在晋江旧城改造中，重要的政府决策或决定作出之前需要由专业律师团队进行法律上论证，以确保拟作出的行政行为具有法律上的正当性和合理性，既为政府防范了法律风险，也保证了被征迁人合理的利益诉求。

3. 通过律师提供法律服务，实现征迁过程中公权与私权之间的衡平。为推动城市化进程实施的大面积房屋拆迁和土地征收，直接涉及到公权与私权、公共利益与个人利益之间的关系问题。从这个角度讲，征迁本质既是利益整合的过程，也是公权与私权之间博弈的过程。以往拆迁恶性事件的发生很大程度上源于公权与私权之间失衡所致。通过采购律师法律服务，晋江市政府运用法治规范拆迁行为、调整拆迁过程中的各种复杂关系，避免各种社会纠纷和矛盾，最大程度地促使公权与私权之间的良性互动，实现公共利益与私人利益之间的相互融合。

应该指出，晋江"和谐拆迁"局面形成的原因是多方面的，但防范法律风险意识和法治精神融入其中至少是其中的一个重要环节，它循着城市化与法治化良性互动的应然逻辑，初步破解了城市征迁过程存在的诸多法治困境，开启了城市化与法治化之间良性互动的肇端。特别是引入律师法律服务机制，为当前大规模城市征迁过程所带来的政府法律风险防范、为保护被征迁人的合法权益,乃至为城市化进程中法治精神的塑造和提升,都提供了一种良好的渠道。

(原载《山西高等学校社会科学学报》,2012年第9期)

"扩权强镇"后的乡镇权力规范运行探索
——绍兴市"中心镇权力规制"案例研究

翁列恩（中国计量学院公共事务系）
胡税根（浙江大学公共管理学院）

引言

  一个想要在变革世界中生存的组织，必须十分清醒地意识到自己最亟待提高的能力就是感知环境潜在变量的能力，这种能力是组织管理能力的构成部分，要提升组织管理能力则需要把组织锻造成学习的、灵活的、以团队合作为基础的组织形式，最大限度地释放组织成员的创新能量。（Gareth Morgan，1988）[1]20 世纪 70 年代末，西方发达国家兴起了以专业管理、服务标准与绩效衡量、产出控制、分权化和竞争为基本特征的新公共管理运动。新公共管理的核心理念是竞争、绩效和透明。所谓透明，就是指政府提供公共产品和公共服务的过程应受到监督，政府运用提供公共服务的权力也应加以规

---

1. [加]加里斯·摩根：《驾御变革的浪潮：开发动荡时代的管理潜能》，刘霞、孙晓莉译，北京：中国人民大学出版社 2002 年版，第 3 页。

范。随着政府公共服务职能的不断强化，规范权力运行也逐渐成为行政管理中的一个核心内容。权力的规范运行是新公共管理"透明政府"理念的体现，也是现代民主政治发展的必然要求。从我国政府管理改革的实践看，确保权力的透明、规范运行是社会主义市场经济进入深度改革阶段的基本保证。

基于转变乡镇政府职能、让权力在阳光下运行和规范乡镇政府权力的理念，绍兴市率先实行了"中心镇权力规制"创新的探索实践，以统筹解决中心镇扩权前权责不匹配、扩权后用权欠规范的问题，有效解决权力运行透明度不高和廉政风险问题，强化了基层政府社会管理和公共服务职能，是实现科学管理与切实改善民生的必然要求。作为行政改革领域推动透明政府、责任政府、低成本政府、廉洁政府和理顺政府间关系的一项重要制度创新，2012年绍兴市获得第六届"中国地方政府创新奖"优胜奖称号。从权力规制的视角探索乡镇治理与社会管理创新的新路径，该创新案例首创中心镇权力规范运行的制度体系，在保证权力规范运行、提高为民服务能力、推进基层反腐倡廉和提升乡镇治理能力方面卓有成效。[1]

一、"中心镇权力规制"的基本实践与制度创新

绍兴市下辖绍兴县、诸暨市、上虞市、嵊州市、新昌县和越城区，面积8256平方公里，人口491.22万，"五县一区"共辖乡镇118个，其中省级中心镇20个，市级中心镇8个。作为吴越文化的发祥地，溯（长）江、环（太）湖、濒海的"山水形胜"，造就了吴越独特的文化习性与人文精神，培育了吴越人一种不断探索、一往无前、求新求变、变革创新的文化意识与创造精神。吴越文化的典型特征是经世致用，绍兴二十七年进士王十朋作《会稽风俗赋》，将越事概括为"慷慨以复仇，隐忍以成事"，体现了不尚虚功、

---

[1]. 本报告的案例资料来源于胡税根和余潇枫教授主持的课题成果《绍兴市"中心镇权力规制创新"绩效评估报告》。

求实利的风格。[1] 求事功和求创新的文化内核促成了绍兴区域经济社会发展充满生机活力的内在驱动力和独具特色，突出表现为乡镇区块经济发达程度高。据 2007 年绍兴市统计年鉴显示，2006 年绍兴市工业总产值为 5118.99 亿元，其中 28 个中心镇工业生产总和为 2121.89 亿元，所占比重为 41.45%。截至 2009 年底，全市工业总产值为 5456.58 亿元，其中 28 个中心镇工业总产值为 3269.61 亿元，比重达到 59.88%，三年内上升了近 20 个百分点。中心镇强大的经济实力对乡镇治理和基层社会管理创新提出了新的要求。因此，在开展村务公开和基层民主管理方面，绍兴较早地培育了一些乡村民主管理的范本与典型，如"八郑规程"、"乡村典章"、"夏履程序"、"联浦要诀"、"村务简报"等，是乡镇一级权力规制探索的萌芽。

2006 年，绍兴市政府率先在全国开展了"强镇扩权"改革试点；2008 年 4 月，又开展了中心镇权力规范运行的探索。在中心镇权力规制试点与探索基础上，目前已基本形成了绍兴县钱清镇"三定三防"、绍兴县兰亭镇"阳光运行"、诸暨市枫桥镇"五有一化"、上虞市小越镇与下管镇"10 + X"等具有突出特色的中心镇权力规制实践。

（一）乡镇权力规制方法路径的探索："五有一化"

2008 年初，绍兴市以诸暨市枫桥镇为试点乡镇，积极创新规范乡镇权力运行的方法和路径，探索实施了"五有一化"权力运行模式，并在全市推广。具体是：

1. 梳理完善权力运行相关制度。对乡镇权力运行的风险点进行排查，针对这些风险点，按照科学分权、合理确权、有效制权的要求，对相关制度进行梳理，该废止的予以废止，该完善的予以完善，该增补的予以增补。针对

---

[1]. 梁涌：《异端、博洽、经世——越地学术传统的特征解读》，载《浙江社会科学》，2011 年第 2 期，第 89—97 页。

决策方面风险点集中的情况，重点出台了《重大事项议决事规则》，进一步明确了党委议事决策的范围、程序、原则、方法。强调党委是重大事项的决策机构；决策必须提出预案、科学论证；必须事先确定议题，纪委书记必须事先参与人事酝酿；党委书记必须末位表态；必须逐项表决，按少数服从多数原则作出决定，等等。

2. 建立权力运行流程图。以程序固化制度，针对重大事项决策、人事讨论、财政资金使用、工程联系单验收等重要制度，确定了相应的运作流程，使镇级事务在严格规范的程序中操作。

3. 对权力运行进行全过程监控。创新监督方式，实施巡视式监督，即上级党委对乡镇开展巡视检查；参与式监控，乡镇纪委参与党委议事决策、用人酝酿的全过程，在参与中体现监督作用；轨迹化监控，重大事项决策、人事讨论、财政资金使用安排等全过程，必须如实记录，形成纪要；实时化监控，开发了《乡镇重大事项决策结果即时上报系统》软件，上级党委、纪委和乡镇纪委能及时通过该系统了解乡镇重大事项决策情况，进行实时监督，提出意见建议，从而实现对权力运行全过程的有效监控。

4. 对权力运行情况进行测评。探索建立了《乡镇权力运行规范指数评估办法》，采取定量与定性相结合的办法进行评估，根据分值确定权力运行规范指数，体现到党风廉政建设责任制考核中，形成激励机制。

5. 出台《乡镇权力运行责任追究办法》。该办法明确班子成员不履行或不正确履行职责；选人用人失察；没有按照程序决策等情况，采取告诫、批评、停职等形式进行责任追究。

6. 提高权力运作的透明度。通过多种途径确保权力运行公开透明，如：制度成册，形成《制度汇编》，在全镇范围内印发，使干部群众人人知晓；程序上墙，对重大事项决策、人事讨论、财政资金使用、工程联系单验收等的运行流程上墙公布，便于干部群众对照监督；运作透明，对重大事项，决策前采取听证会、征询会等方式广泛征求意见，执行中广泛接受监督，确保权力在阳光下运行；结果公开，党委会审议通过的事项宜于公布的必须适时公布，干部选拔、先进评比对推荐人予以公示，镇人代会通过的财政预决算方案的执行情况，与人民群众关系密切的扶贫款、救灾款、优扶费等经费往来账目，镇机关公务费支出情况，定期在政务公开栏予以公开，接受群众监督。

"五有一化"探索建立了一个从风险查找→制度规范→运行评估循环运作的权力监督制约程序，操作程序简便，增强了乡镇权力监督的可行性。在"五有一化"的推广过程中，2008年9月全市开始全面试行乡镇权力规范运行，要求各地在遵循这一模式总体要求的前提下，结合当地实际进行创新深化。如形成了以镇党委议决事规则为核心、包含15项制度的规范镇权力运行的"10＋X"制度体系，其针对下年度政府性投资重大项目的"项目圈选制"和通过党支部民主推荐等方式选举产生轮值委员的"轮值委员制"别具特色。新昌县大市聚镇建立了民间协理机制，针对权力增大而风险增加、任务增加而力量不足的问题，为发挥"两代表一委员"及基层先进党员群众的力量，探索建立了政府工作"民间协理"机制，组建成立大市聚镇重大事务协理团，在决策民主化、运行科学化和监督公开化方面作了有益的创新探索。

（二）中心镇权力规制核心内容和推动机制的探索："钱清规则"

2009年初，随着"扩权强镇"改革的进一步推进，为确保规范乡镇权力运行工作科学化、精细化，绍兴市以钱清镇为试点深化中心镇权力规制探索，按照科学确权、规范用权、有效制权的要求，结合中心镇权力运行的特点和风险，形成了以"钱清规则"[1]为核心的权力规制。2009年底，绍兴市召开了"中心镇权力规制"现场会并推广"钱清规则"的基本经验。2010年11月，

---

1. 以下关于"钱清规则"中的"六大规制"和"三定三防"内容来自于《浙江大学钱清镇乡镇权力规范运行课题总报告》。

全国"省级中心镇用权规制创新"专家研讨会在绍兴召开,对乡镇权力规制开展了全面论证。2011年3月,《关于推进乡镇党委权力规范透明运行的若干意见》出台,全市28个中心镇全面施行用权规制。"钱清规则"的核心内容是确立权力规制的"六大规制"和推动权力规制的"三定三防"机制。

1. 确立了权力规制的核心内容,即"六大规制"

一是决策规制。健全完善党委政府议决事规则,制定《钱清镇党委议决事目录》。决策"三必须",即会前必须公开议事内容、会中必须人人发表意见、会后必须形成会议纪要。

二是行权规制。建立党政"一把手"用权"三不直接+三个直接"制度,即不直接审批财务、不直接分管权力事项、不直接承诺同意事项,对财务直接审查、对同意事项直接审查、对信访举报直接督办;建立个体用权"零同意+零否决"制度,即任何人不得在无明确规定情况下直接批准管理事项,不得对未明确规定不能办理的事项使用否决权。

三是信息规制。制定《钱清镇重要信息披露制度》,做到事前加密处理、事中明确纪律、事后公正发布,避免信息的不当透露,防止权力寻租、权钱交易。

四是特例规制。针对例外事项,实行特例决策公开化,对谁认定特例、谁启动特例议程、谁承担责任作出规定,明确特例事项必须由"一把手"启动,并设置了"风险评估、反复酝酿、人人表态、形成纪要、上报备案、全面公开"等程序。

五是道德规制。建立"以德立制"的廉政建设机制,包括镇党风廉政建设和反腐败工作的组织领导和责任分工,领导干部诺廉评廉,干部个人重大事项报告等制度。推进"以德立行"的廉政文化建设,实施廉政文化"五个一"工程。坚持"以德立人"的干部选用标准,特别是对关键岗位的干部选拔任用坚持德才兼备、以德为先。

六是绩效规制。绩效规制以预防行政不作为和滥用权力为出发点，强调规范与效率、规则与活力的统一。首先是细化工作职责，做到职责清晰，权责一致。其次是实行重点工作考核，量化目标任务，建立《年度"百项挂牌工作"责任书》制度。再次是强化责任追究，建立《年度"百项追究事件"责任书》制度。

2. 形成了权力规制的推动机制，即"三定三防"

一是定权力内容。首先，界定用权主体。明确了镇党委、政府、人大、政协各层面的用权主体，也明确了个体用权主体和集体用权主体。党委书记兼镇长、党委委员、副镇长及中层干部和一般行政人员均为个体用权主体；集体用权主体包括党委会或党政联席会议，以及扩权后为平衡权力分配、提高行政效能而组建的"2+7"领导小组会议。其次，明确用权边界。针对用权主体明晰权限、针对职权明晰具体事项和职责、针对"权力使用边界"明晰"极限"。最后，厘清权力清单。按部门确定权力项目数，对权力内容进行归纳分类，列出每项权力的法律依据或正式文件来源，对权力清单体系进行编码，按流程对权力进行逐项标注，对新下放的74项权力进行重点解释。

二是定权力规程。建立规范中心镇权力运行的制度体系，使权力运行有规则可循、有程序可依。做到制度刚性化，如健全完善党委政府议决事规则及目录，明确10大类40个必须提交党委议决的项目；建立"一把手"用权、个体用权和集体用权制度等。做到程序规范化，如针对重大事项决策、财政资金使用、乡村建设规划许可、工程建设招投标等制度规定，设定47项权力运行流程。做到信息公开化，如编制党务、政务公开目录，全程公开镇级机关"权力清单"、"权力任务"、"权力流程"，所有权力事项运行过程、结果按程序逐一对应公开。

三是定权力责任。确立"权责统一"理念，按照"责权统一、分类考核、民主公开、群众满意、切合实际、简便易行"的原则创设绩效评估体系，主要包括：明确绩效考核对象，建立评价方法；明确考核目标，建立年度考核指标计划；明确考核信息来源，建立绩效信息采集平台；明确绩效监控机制，建立计划执行保障体系；明确绩效考核结果应用，建立过程控制、结果导向和持续改进相统一的推动机制。实行量化测评，制定《钱清镇机关工作人员绩效评估考核办法》，通过岗位分析和目标分解建立考核指标和对应分值，实施分类测评和综合考评。强化责任追究，重点是明确了问责的事项、对象和程序。

四是"岗位"防控。建设中心镇岗位廉政风险防控体系，保障行政权力在预定轨道内规范运行。第一步是锁定廉政风险点。对关键部门、重点岗位和薄弱环节开展排查，重点排查岗位职责风险点、思想道德风险点和管理制度风险点（共计确定制度类风险点77个）。第二步是编制风险排序表。分岗位、环节、事项进行风险排序，同时对各项风险进行现象描述、成因归纳和风险度分析，在全盘排序后，明确防控措施、完善制度体系。第三步是构建风险监控网。实行网格化管理、信息化监控、联动式监管等制度。

五是"轨迹"防控。重点强化了"三大轨迹"的监控，包括决策轨迹（建立决策议题事先征集及筛选情况原始记录和附件、会议讨论过程记录文本、会议纪要原始文本及引入第三方评价机制的评估报告等综合台帐，全程记录决策程序、过程和结果）、执行轨迹（建立行政审批实时登记、运行跟踪、结果反馈制度，行政处罚事实公开、依据公开、结果公开制度，镇级工程项目实施过程按程序同步公开制度等）、监督轨迹（建立同级纪委书记参与重大事项决策事前酝酿情况记录制度和决策同步监督记录制度，镇级纪委书记对重点岗位人员定期谈话记录制度，促使镇级纪委严格履行同级监督职责）。

六是"内源"防控。通过强化文化素质、道德修养、自律意识等内源性因素，解决用权规制内动力缺少的问题。加强地方特色廉政文化建设，建设廉政教育基地——"一钱太守"刘宠纪念馆，编排廉政越剧《一钱太守》，弘扬传统清廉文化，激励后人勤廉为民。加强对机关干部的人文关怀和心理疏导，组织心理健康讲座，开展定期谈心交流，消除思想困惑，释放工作压力，激励基层干部更加注重个体价值，努力创造社会价值。实施干部素质提升工程，加强干部培训，优化知识结构，创新服务理念，提高实践能力。

"钱清规则"构建了乡镇权力规范运行的价值机制、整合机制、协调与激励机制、控制与适应机制，实现了程序与效果、权力与责任相统一，是继规范乡镇权力运行"五有一化"模式后，在中心镇权力规制实践层面的一次继承和创新，切实解决了扩权强镇后如何防控权力风险，优化中心镇治理的问题，对浙江省乃至全国规范中心镇权力运行、加强和创新社会管理都具有借鉴意义。

二、"中心镇权力规制"的主要动因与发展历程

在我国现行政府管理体制架构中，乡镇是纵向管理层级的"末端"，承担着本行政区域经济社会发展的全部工作，是公众所需要的各种公共服务的直接提供者。但与乡镇政府职能定位相矛盾的是，实践中传统的乡镇政府在职能发挥和权力运行方面存在很多问题，突出表现为"职能缺失"和"权小责大"双重矛盾。乡镇政府权力运行的主要方式是"上传下达"，一般没有政策制定权、行政审批权和行政执法权，而另一方面作为最基层的政府组织开始承担更多公共服务职责。2005年，素以块状经济著称的浙江省在全国率先推行了"强县扩权"的改革，使省级层次的行政改革向职能转变、提高效率、发展经济和服务社会的方向推进，同时也推动了县域经济发展地区"强镇扩权"的改革尝试。

（一）主要动因

第一，"强镇扩权"改革对中心镇权力规制与规范运行提出了新挑战。在

全省"强县扩权"的背景下,作为综合实力名列"全国百强县"前十位的经济强县,绍兴市从2006年初率先实行"强镇扩权"试点,将原属于县级的大量行政审批权、经济管理权和决策权授予下辖的中心镇,县级行政部门累计下放74项行政管理权限。同时,区域范围内的土地出让净收益全部返还给这些镇。也就是说,相应的许可权、管理权、财权、土地出让收益等权限都进行了明显下放,因此从扩权的内容和范围来看,这一轮扩权"幅度大、步骤明显、内容具有实质性"。

"强镇扩权"的试点,直接带来了"扩权后"的中心镇如何规范权力运行、如何保障用权效率等权力规制问题,并对规范中心镇权力的运行提出了新要求和新挑战:权力执行的终端性明显凸现,权力利益的直接性明显增强,权力规制的缺失性明显暴露,权力运行的风险性明显增大。同时,扩权使乡镇干部拥有更大的自由裁量权和处置权,控制不当会导致权力的滥用等。因此,建立中心镇权力规范运行与用权规制创新机制不仅是绍兴地方政府管理体制改革的重要内容,也是"强镇扩权"改革背景下加强中心镇用权监管、确保用权规范和提高用权效率的重要手段。

第二,绍兴的特色块状经济和快速城镇化过程对强镇政府管理职能与权限的调整提出必然要求。"一镇一品"、"一镇一业"的块状经济是绍兴经济的特色。其中又有一批特别突出的强镇,已具备城市的基本特征、功能和规模,对周边经济社会发展具有强劲的辐射和带动能力。与之形成鲜明对比的是,传统的乡镇管理体制与民营经济集聚、块状经济迅速崛起和快速城镇化不相适应的矛盾日益凸显。特别是很多中心镇已具备城市规模甚至地区生产总值和财政总收入实际上已超过很多县(市),但其经济社会管理仍停留在农村小集镇层面,基础设施建设、基本公共产品供给严重滞后于人民群众日益增长的物质文化需求,市场化程度与经济性公共服务供给不足的矛盾以及不断增加的外来人口、社会矛盾与社会性公共服务供给不足的矛盾日益凸显。但乡镇本身却承担着大量纷繁复杂的公共管理和服务职能,因而乡镇公共财政经费紧缺既限制了基本公共服务均等化的实现，也制约了工业化、城镇化进程。建立权责一致的乡镇政府管理体制是市场化改革和经济社会发展的必然要求，绍兴的特色块状经济和快速城镇化过程也对强镇政府管理职能与权限的调整提出了需求。

第三，依法行政是中心镇权力规制创新的逻辑起点。改革开放以来，我国逐渐完善了各种法律，法治环境总体上得到了改善。2004年3月，国务院出台《全面推进依法行政实施纲要》，明确提出了依法行政六个基本要求，即合法行政、合理行政、程序正当、高效便民、诚实守信、权责统一。绍兴在民主法治建设方面的成效比较突出，60年代初绍兴就创造了"发动和依靠群众，坚持矛盾不上交，就地解决，实现捕人少，治安好"的诸暨"枫桥经验"，并在改革开放的历史进程中始终与时俱进，不断创新，焕发出强大的生命力。在"枫桥经验"的基础上，绍兴市从2007年开始对规范乡镇和中心镇权力运行的探索，分别以诸暨市枫桥镇、上虞县小越镇和下管镇，以及绍兴县钱清镇为试点，形成了以诸暨"五有一化"为基础、上虞"10 + X"为典型、钱清镇乡镇权力规范运行为探索的规范乡镇权力运行的经验。因此，民主法治的良好氛围和传统为绍兴探索中心镇用权规制创新奠定了基础，使基层权力的民主监督和制约更加有效。

第四，地方政府领导者的积极推动。地方政府领导者对创新的态度和支持直接影响地方政府创新的产生、扩散性和持续力。在"强镇扩权"改革的基础上，并基于"扩权"后可能出现权力风险的考量，绍兴市政府大力推动了用权规范创新的探索和实践。这一方面是绍兴市政府各部门的大力倡导和推动，因为"扩权"的风险首先与权力相关，用权规范和权力制约是"扩权"后面临的首要问题。如绍兴市纪委为推动中心镇权力规范运行出台了很多相关文件，对于扩大中心镇经济社会管理权限提出指导性意见，包括《关于深化改革开放推动科学发展的决策》、《关于进一步加快中心镇发展和改革的若干意见》等。另一方面则是以各中心镇为主体的用权规范创新的探索。

"强镇扩权"改革也加大了对各中心镇主要领导的管理压力,不少乡镇开始主动探索规范乡镇权力的做法。如从 2008 年 4 月开始,诸暨市在枫桥镇试点探索建立"五有一化"乡镇权力运行新机制,制定了《乡镇权力运行规范指数评估办法》和《乡镇权力运行责任追究办法》。上虞市从 2009 年初围绕建立健全以党委议决事规则为核心的权力运行"10 + X"制度体系,试点镇还探索,试行了镇党委"轮值委员"制,出台了《镇党委"轮值委员制"试行办法》,钱清镇则通过"钱清七规"的探索,建立了"用权、管权、督权"三大方面的七项规则。各中心镇领导者对用权规制创新的支持和积极探索,推动了全市中心镇用权规制创新的实践,并通过各地不同的做法和经验丰富了用权规制创新的内容。

第五,区域地方政府创新扩散的推力。中国地方政府创新的实践尝试中,浙江省是地方政府创新层出不穷和中国地方政府创新奖获得单位最多的省份。以浙江省为代表的东部沿海地方政府创新显具特色,为区域内推动地方政府创新奠定了良好的基础。从区域地方政府创新实践角度看,由于良好的经济社会基础及地域内地方政府创新的扩散效应或模仿效应,浙江省内地方政府创新活动频繁。以中国地方政府创新奖评选为例,浙江省不仅是中国地方政府创新奖获得单位最多的省份,也是地方政府创新指向领域最丰富的区域。区域地方政府创新的扩散性为绍兴市进一步探索地方政府创新实践提供了推力,与此同时,绍兴本区域内创新活动也较为丰富,是绍兴市探索用权规制创新机制的重要驱动力。

第六,悠久的吴越文化传统和价值观念对规范权力运行的支撑。从文化传统和价值观念看,绍兴具有历史悠久的廉政文化。以"大禹治水"、"卧薪尝胆"等闻名的吴越文化代表了绍兴悠久而独具特色的历史文化,在这些丰富的文化资源中,廉政文化以传统继承和价值引导的独特作用彰显出其意义。以绍兴廉政文化的发源地钱清镇为例,在规范中心镇权力运行的过程中,开展廉政文化"五个一"工程建设,通过文化传统和价值观念的引导加强了权力规范运行中的"德治"功能,取得了良好的效果。因此,绍兴独特的历史文化传统和社会价值观念立足于乡镇,为其探索中心镇用权规制创新奠定了一定的思想基础,并创造了"制度督权与文化督权并行"的用权规制机制。

(二) 发展历程

对中心镇尤其是扩权后乡镇权力规范运行的规制,绍兴市也经历了一个渐进演变的过程。[1]

1. 中心镇权力规制酝酿阶段(2006年初—2008年初)

中心镇扩权和权力规制创新的准备阶段进程比较久,最早可以上溯到浙江省的小城镇综合改革试点。历经十余年的小城镇综合改革试点本身即丰富了地方行政管理体制改革的探索,为乡镇改革积累了很多经验,而择优发展小城镇的原则契合了浙江民营经济、块状经济发展的特色,无疑更具战略的合理性和可操作性。2006年初,绍兴率先在全国启动"强镇扩权"试点,赋予中心镇部分县级经济社会管理权限与相对独立的财权。在这个阶段,尽管地方政府对中心镇的支持和培育力度较大,但主要限于公共财政投入和政策支持方面。不过,此时的中心镇建设基本没有涉及乡镇管理体制和县乡之间的权力重新配置和调整,基本上属于"联体授权"阶段,而且中心镇新扩权力的边界、权力运行机制、规范机制和运行绩效等问题都尚处于悬而未决阶段。

2. 中心镇"权力规制"初步实施阶段(2008年4月—2009年12月)

2008年4月,绍兴在前期试点的基础上,逐步开展了中心镇权力规制创

---

[1] 见胡税根、余潇枫、许法根等:《扩权强镇与权力规制创新研究——以绍兴市为例》,杭州:浙江大学出版社2011年版,第177—180页。

新的实践探索和制度建设。通过在钱清、诸暨枫桥等地的探索实践，逐步明确了中心镇新扩权力的运行要求、核心内容和基本做法：一是提出了"五有一化"的权力规制运行要求，即权力运行必须有规则、有程序、有监控、有测评、有追究和公开化；二是确立了权力规制的六大核心内容，即决策规制、行权规制、信息规制、特例规制、道德规制、绩效规制；三是形成了"三定三防"的权力规制基本做法，即定权力内容、定权力规程、定权力责任、"岗位"防控、"轨迹"防控、"内源"防控。

3. 中心镇"权力规制"规范发展阶段（2009年底至今）

在累积和提炼试点经验的基础上，2009年底，绍兴市召开现场会，把中心镇权力规范运行的操作模式推广到全市28个省、市级中心镇，并逐步扩展到其他乡镇，中心镇扩权和权力规制进入快速发展阶段。这个阶段的做法主要有：

（1）加强制度建设，强化中心镇权力约束。在全市推广"五有一化"制度、落实"六大规制"、推动"三定三防"，并通过深入实施部门预决算、经营性用地评估价处置、后备干部推荐等内容定期通报的"七公开制度"，强化了中心镇权力的规范运行。而且，通过在重大事项决策、干部考核任用、工程建设、项目招投标、政府采购、公共财权等方面设定明确程序，中心镇建立了规范的权力运行体系，既突出了权力运行的实体规范，也强调了程序规范。中心镇权力规制开创全国之先河，而且具有独特性，其实践探索具有重大的理论和实践意义。

（2）加强用权监察，突出权力运行的监督效度。绍兴在扩权中心镇设立了专职纪委书记和纪委副书记，每半年由县纪委牵头检查党风廉政建设，既突出了权力监督运行的制度化监督，也促进了党风廉政建设。

（3）规范行政审批权，突出乡镇公共服务职能。绍兴在强镇扩权的正式实施阶段，通过建立服务指南、完善新闻发言人制度、推进电子政务等，进

一步拓宽了政务公开的渠道和事项。而且,主动规范行政审批权,强化对公共权力的监督制约,促使中心镇基本公共服务职能的提升。绍兴还明确规定要减少审批事项、审批环节、审批机构、审批时间,规范审批行为,把政府职能转变落到实处,积极塑造服务型乡镇。

(4)加强制度考核,强化责任追究制度。绍兴市中心镇权力规制创新加大了考核力度:一是明确责任机制,强化中心镇培育发展的制度考核。把培育发展中心镇列入市委政府口重点工作、新农村建设等中心工作之中,而且建立了中心镇培育动态评价机制,确定了中心镇经济社会发展综合评价办法,每年对中心镇综合发展情况进行考评排序,对实绩特别突出的中心镇给予表彰和奖励;二是建立健全了中心镇行政过错责任追究制,明确了责任追究的范围、种类、实施机构和具体程序,建立健全绩效考评与奖惩、责任追究情况挂钩、行政首长问责制等制度。

三、"中心镇权力规制"的基本特点与实施效果

(一)基本特点

绍兴市探索"中心镇权力规制"是在全市28个中心镇广泛开展的权力规范运行创新实践基础上各具特色的规范权力模式的汇总,目前已形成具有示范效应和效果显著的基本模式,通过科学分权、合理确权、公开用权、有效制权,突出了精细规范和自我监督的特点。其基本特点如下[1]:

第一,科学确权,厘清权力清单。科学确权是规范用权的前提。科学确权就是要界定用权主体、明确用权边界、厘清权力清单,做到用权主体

---

1. 见胡税根、余潇枫、许法根等:《扩权强镇与权力规制创新研究——以绍兴市为例》,杭州:浙江大学出版社2011年版,第191页。

明确、行权边界清晰、权力事项明了。绍兴市在明确中心镇用权主体的基础上，严格界定用权主体的权限、严格划定各项权力的使用边界，明晰什么事该干、什么事能干、什么事不能干；明晰什么是越权、什么是违纪、什么是失职。同时，对中心镇权力进行分类汇总和全面梳理，按部门确定权力项数和权力内容分类，列出每项权力的法律依据或正式文件来源，对权力清单体系进行编码，并按流程对权力进行逐项标注，对新下放权力进行重点解释。

第二，风险预控，排查权力风险点。加强权力风险监控是保障权利规范运行的重要环节。绍兴市以锁定廉政风险点、编制风险排序表、建构风险监控网为着力点，切实推进廉政风险监控体系建设。廉政风险点排查是摸清监管盲点、加强风险防控的首要环节。中心镇按照个人排查要找"准"、部门排查要查"全"、重点岗位要查"深"的要求，对关键部门、重点岗位和薄弱环节开展排查。风险排序表是在权力清单和风险点排查的基础上对可能的廉政风险进行重点说明，编制风险排序表和应用风险排序有助于更好地建立责任控制机制。中心镇在找准问题、锁定风险的基础上，分岗位、环节、事项进行风险排序，同时对各项风险进行现象描述、成因归纳和风险度分析，在全盘排序后对"敏感环节划'红线'"、"重要环节定'责任'"，以进一步锁定风险点、明确防控措施。建构风险监控网旨在主动预防和及时控制权力运行过程中的廉政风险。中心镇通过排查锁定廉政风险点、编制风险排序表、设置防控流程图，建构全面、动态、高效的风险监控网络。

第三，规范决策，决策轨迹显性化。决策要留轨迹就是实现决策的"有形化"，做到决策过程有轨可循，责任追究有迹可查。绍兴市在规范决策方面的主要做法是：（1）议事决策民主化，制定了"集体领导、民主集中、个别酝酿、会议决定"的议事制度原则、"一把手"必须末位表态，避免"引导性"决策的规则，注重重大决策引入专家咨询等第三方评价机制，以确保科学性和公正性。（2）决策程序规范化。中心镇制定《重大事项集体决策议事规则》,遵循"严格按议题、准备材料、充分讨论、逐项表决、作出决策、形成纪要、结果公示、资料存档、会议纪要交纪委备案"的规范程序,做到"三必须"(会前三天必须公开并告知议事内容,会中必须人人发表意见,会后必须形成会议纪要),确保参与各方职责权限明确、责任到人,避免"形式主义"式的集体领导。(3)决策轨迹显性化。决策轨迹显性化就是以真实具体的文本资料、声像资料印证决策过程,接受组织评判和纪委监督,促使班子成员必须对决策结果负责,从而为建立决策反馈机制、构建决策纠偏机制、实行决策追踪和决策偏差责任追究提供依据。中心镇通过记录决策流程、保留决策台帐、纪委同步记录三大文本资料以保证决策轨迹显性化。同时,对特定时期较具风险的例外事项决策,制定"特例"事项处理机制,实行特例决策公开化,对"谁来认定特例、谁来启动特例议程、谁来承担责任"有明确规定。

第四,有效制权,建立多维度的权力制约体系。绍兴市在大力推进依法行政的过程中,更加注重以"德"制权、以"规"制权、以"民"制权相统一的叠加影响和综合控制,使得权力执行从单向度的制约走向多维度的制约。(1)以"德"制权。以"德"制权本质上是要激活良心的自我控制作用,防止具体权力自我膨胀的可能;目的在于通过"德性"、"公性"和"党性"的内化,把法律的"外约束"变成道德的"内约束"。中心镇在实践中强化以"德"制权,重点抓好两方面的工作:一是文化育人,培养干部高尚的道德情操;二是以德选人,明确"以德优先"的用人标准。按照"有职有权、无职无权、有职无权、职大权小、职小权大、无职有权"分类排查后,对"高危岗位"和关键岗位进行排序,进一步明确和坚持"以德优先"的干部选用标准。(2)以"规"制权,即对关键环节和各用权主体制定明确的行权规则。针对"一把手",实行"不直接审批财务、不直接分管权力事项、不直接承诺同意事项"的"三不直接"和"对财务直接审查、对同意事项直接审查、对举报案件直接督办"的"三必管"。针对个体用权主体和集体用权主体,做到个体用权"零同意/否决"（任何人不得在无明确规定情况下直接批准管理事项；任何人不得对未规定不能办理的事项使用否决权）和集体用权"三必须"（会前必须公开议事内容，会中必须人人发表意见，会后必须形成会议纪要）。针对财务运行，实行"所有工程未经招投标，不得支出建设资金；所有物质未经公开采购，不得支出；没有党委会或党政联席会议纪要的例外开支，不得支出"等"零支出"财务模式。（3）以"民"制权。"阳光"是最好的防腐剂，信息公开是其中重要节点。中心镇以"公开"、"公正"地发布为要求，编制党务公开和镇务公开目录，做到一周一小报、一月一大报；对所有项目实行网上公布和网上审批，做到"三晒三公开"：晒"权力清单"、晒"权力任务书"、晒"权力流程"。公开权力运行的内容、程序、结果；公开重大决策和行动；保证重大信息和主要信息在时间、内容和对象上公正地、对称地公开。

第五，绩效测评，强化评估结果运用。中心镇作为实现经济社会发展和城乡统筹的试行区，其提供公共服务的能力也具有更高的要求。绩效评估以建设廉洁高效的政府为目标，明确服务标准、提高服务质量，通过评估制度的安排构建公共服务型政府。（1）创设评估体系。以"职权责"三统一、"查评究"三到位、"勤廉优"三并重为要求，按照"责权统一、分类考核、民主公开、群众满意、切合实际、简便易行"的原则创设评估体系，包括：一是明确绩效考核对象，建立评价方法；二是明确考核小组职责，建立年度考核指标计划；三是建立绩效信息采集平台，明确考核的信息来源；四是建立绩效监督系统，发挥纪检组织和计划执行监督小组的作用；五是建立保障机构，建立干部勤政廉政档案，健全作风建设长效机制；六是建立考核结果的应用机制。（2）实行量化测评。中心镇实施了《镇机关工作人员绩效评估考核办法》，按照"分类合理、定岗定责、量化科学、综合评估"的原则，通过岗位分析和目标分解建立考核指标和对应分值，把年度工作目标和日常管理任务细化分解，按照班子成员、中层干部、办事人员三个层次确定测评要素，实施分类测评和综合考评，做到"责任到岗、测评到人、奖惩到位"，致力形成"实干是德、会干是能、多干是勤、干好是绩"的价值取向。（3）强化结果应用。绩效评估的目的重在前瞻性地发现问题，提出导向性意见和建议，推动绩效的持续改进。因此，中心镇要注重绩效评估结果的应用：一是强化"过程控制"，避免绩效考评重结果、轻过程，重形式、轻内容，不断优化工作目标、调整工作进度；二是强化"结果导向"，把考核结果与选人用人相结合、与责任追究相结合；三是强化"持续改进"，注重完善评估体系，提高工作效率，并有选择地组织专业学习和培训，以优化机关干部知识结构和业务素质；四是强化"公众满意"，推行公众满意度测评，落实具体改善措施，确保公众满意。

第六，违规问责，强化用权责任机制。绍兴市对于规范问责重点把握三个明确，即明确问责事项、明确问责程序、明确问责对象。（1）问责事项"一目了然"。中心镇首先明确了"人—事"对应（即明确事项及其责任主体）的问责原则。其次明确了问责事项的三大基本情形：一是《行政问责暂行办法》中规定的问责情形；二是《年度百项问责追究事项》规定的问责情形；三是违反岗位职责规定的情形；四是明确了问责事项的三大重点方面：对中央关于保增长、保民生、保稳定各项政策执行不力的、对公共资金使用不当的、对发生损害群众生命财产的重特大安全事故的。（2）问责程序"一清二楚"。以《党内监督条例》、《行政问责暂行办法》等为依据，明确问责主体，健全问责认定程序、启动程序、调查程序、执行程序，落实汇报制度。问责认定既包括党委、政府内部的"同体认定"，也包括人大、政协、新闻媒体等"异体认定"，问责程序由党委会或党政联席会议于事发后一个月内启动。（3）责任追究"一问到底"。坚持"有责必究、重在改进"的责任追究原则，明确个体问责对象和集体问责对象，实行"一问到底，有问必果"。其中个体问责对象包括领导班子成员和其他具体事项的权力行使个体，集体问责对象包括党委统一领导下的各专项工作领导小组。对违规事项按责任追究办法分别对"直接责任者、直接领导责任者、间接领导责任者"作出认定、严肃处理。如责任追究权限属上级纪检监察部门的，及时报请处理。

以"公权公用、用权规范"为基本理念，以"科学确权、规范行权、有效制权"为目标，以"权力清单、用权规则、责任机制"为三大着力点，绍兴市的中心镇权力规制创新通过明确权力流程、排查权力风险、强化用权责任和提高政府绩效形成了较为完整的制度体系，是加强基层廉政建设的一个探索，对乡镇政府管理体制改革也具有积极意义。

（二）实施效果与评价

中心镇权力规制首创了我国乡镇政府权力规范运行模式，取得了较为满意的实践效果。浙江大学"实施绍兴市扩权强镇后开展权力规范工作的总体满意度评价"课题组的调查显示，在1305名调研对象中，认为非常满意的有130人，占10.0%；认为比较满意的有677人，占51.9%；认为一般满意的有469人，占35.9%，即中心镇权力规制实践的总体满意度达到了89%。2006年12月1日至2011年6月30日期间，共有47家媒体对绍兴市中心镇强镇扩权与权力规制进行过报道，报道次数共105篇次（不含转载）。中央人民政府网站、新华网、人民网、凤凰网、中央电视台、《中国新闻周刊》等十余家国内有影响力的主流媒体、门户网站及刊物，进行了相关报道或转载，反映了社会对中心镇改革的积极关注和支持。绍兴市中心镇权力规制对现阶段政府管理体制改革、基层政府权力规范运行和乡镇治理模式创新的作用在于：

第一，进一步顺畅了县镇关系，创设了两级政府间分权与合作的制度化、规范化方式。绍兴市中心镇权力规制创新较好地理顺了县镇关系，顺应了经济社会发展的需求。中心镇权力规制明确规范了县镇两级政府的事权、财权与人事权，理顺了县直部门与乡镇职能部门的关系。在这轮权力规制创新改革中，通过规范权力的途径进一步明确了县直部门与乡镇职能部门的权力边界。通过确权,科学界定了乡镇与县级政府关系,重新设定了两级政府的各自定位,给予了县、乡镇两级合理、合法的职能权限,激发了两级政府的积极性。

第二,创新了基层政府的民主实践,丰富了民主发展的路径与方法。中心镇通过"五有一化"、"六大规制"、"三定三防",建构起了全民参与、全程参与和公开透明的中心镇权力运行体系,通过吸纳民众来监督权力运行的方式,理性地吸收民意以提高公共服务水平,并督促中心镇决策的科学化。而且,中心镇决策民主化是权力规制的重要内容之一,推动了基层民主建设。"拍脑袋"、个别领导"一言断定"式的决策方式逐步因权力规制的实践而逐渐减少,取而代之的是,党委决策实行完全公开、透明,做到决策前通知所有党员、决策中向"轮值委员"与群众代表公开、决策后有记录轨迹。

第三,提升了中心镇治理水平,改善了政府形象。通过中心镇权力规制创新,中心镇权力运行有清单、有规则、有程序、有监管、有测评,而且公开化运行,科学化、精细化的管理方式提升了中心镇的管理能力。同时,中心镇通过强化公权力的公开、透明运行,对权力运行的有效规范,防范了基层政府的廉政风险和社会风险,进一步完善了内设机构,强化了社会管理职能,提高了行政效能,改善了政府形象。

第四,推进了基层党风廉政建设,改善了基层党群关系。政府廉洁、经济发展与社会公平共同构成了支撑社会稳定的三个顶梁柱,而这三者中,政府廉洁尤为重要。中心镇权力规制改善党群关系主要是通过遏制腐败、改善干部工作方式这两条途径来实现的。中心镇权力规制创新以来,2009年全市乡镇干部违纪违法案件比2007年下降33.2%;2009年全市对乡镇干部的信访举报和效能投诉比2007年分别下降14.7%和20.6%。权力规制赢得了民心,和谐了干群关系。

结语:"中心镇权力规制"的未来展望

从全国各地的情况看,在乡镇层面系统地对权力运行进行规范的并不多。乡镇作为我国最基层一级政权,在扩权之前,一般很少有政策制定权和行政审批权。绍兴市扩权强镇改革下放了相应的许可权、管理权,包括财权、土地出让收益等权限,带有"幅度大、步骤明显、内容具有实质性"的典型特征。乡镇权力扩大及其伴随的用权风险和乡镇职能定位都凸显了创新权力规制的必要性。乡镇权力规范运行体现了当前公共管理部门完善制约和监督机制,确保权力正确行使,让权力在阳光下运行的宏观要求,也是进一步提高政府工作透明度和公信力的发展需要。建立中心镇权力规范运行与用权规制创新机制不仅是当前政府管理体制改革的重要内容,也是在"强镇扩权"的改革背景下避免中心镇扩权带来的"隐性违规",是加强运权监管、确保用权规范和提高用权效率的重要手段。

结合目前的创新实践和制度建设情况,中心镇权力规制未来还需要在以下几方面发展和持续创新:一是要进一步探索权力监督、权力责任的新路径,加大对权力监督的力度;二是对制度执行的绩效评估要作进一步完善,如何通过绩效评估改善制度执行效率、改进结果,有待深入思考;三是要注重对行政裁量权的规范。行政裁量权的行使恰恰是权力乱用的一个来源。运行不规范会导致极大的权力腐败问题。在权力规制的探索改革中,如何科学、合理地界定行政裁量权的范围、方式、责任等需要作进一步思考;四是要处理好权力规范与权威的紧张关系,既要落实好规范用权、合理用权,又要建构权力的必要威严,尤其要注重人大、纪委、立法、司法机关在处理权力规制与权力权威方面的关系。

绍兴市率先开展的中心镇权力规制创新实践,虽然只是在现有政治体制下的一种机制、制度的创新,但无论从乡镇层面上创新实践权力监督制约的理论，还是从伴随"扩权强镇"改革同步推进的角度看，无疑具有前瞻性和时代性。从制度设计上看，权力的确定、运作、监督以及绩效的测评、考核、问责追究等形成了较为完整的制度体系，符合廉政建设的规律，推动了地方管理的科学化、精细化、规范化，使之固化为长效机制。乡镇用权规制程序的同时也推动了乡镇职能定位明晰化，有助于完善基层政府管理方式，提升乡镇治理水平，并使之逐步制度化、法制化，也是加强和创新社会管理的一个范例。

规范行政行为　构建法治政府
——关于济南章丘市环保局依法行政的调查与思考

陈　可　刘　云
（中共济南市委党校）

依法治国，建设社会主义法制国家，是我们党确立的新时期治理国家的基本方略，是党在领导全国各族人民建设中国特色社会主义的长期实践中探索和选择的治国之路。党的十六大把发展社会主义民主政治，建设社会主义政治文明，作为全面建设小康社会的重要目标之一，并明确提出加强对执法活动的监督，推进依法行政。为适应全面建设小康社会的新形势和依法治国的进程，必须全面推进依法行政，建设法治政府。济南章丘市环保局近期在这方面进行了积极而有益的探索，笔者对有关情况进行了了解与调查，并在总结经验和分析问题的基础上，对基层政府应如何进一步推进依法行政，构建真正意义上的法治政府进行了一定的思考。

一、章丘市环保局开展依法行政试点工作的基本情况

中共章丘市委、市政府 2003 年出台了关于深化全方位依法治市的决定，

对全市政府机关依法行政工作提出了更高的要求,并将环保局确定为章丘市依法行政的试点机关。为完善权力制约机制,规范行政行为,建设便民、高效、公开和监督渠道畅通的政府部门,环保局专门制定了《关于规范行政行为建设法治机关的意见》,对依法行政工作作出综合部署。此外,为保证环保依法行政的顺利实施,进一步规范环保行政执法行为,章丘市环保局本着合法、适用的原则,编印了《章丘市环保局依法行政规范》(共三册,第一册是执法责任部分、第二册是执法法律适用部分、第三册是办事指南),重在提高环保执法人员的法律素质和执法水平,服务环境创新,突出强调了环境管理相对人的知情权和参与权,拓宽了法人、公民和其他组织的监督渠道,旨在促进环保执法和管理水平的全面提高。通过依法行政试点活动,章丘市环保局行政执法人员法律素质得到提升,执法水平明显提高,行政管理工作大大提速。

(一) 取得的成绩

章丘市环保局此次依法行政试点工作主要围绕行政执法责任制分解、环境保护工作程序和环境保护工作制度三方面展开,经过近一年的努力,主要取得了两个方面的成果:

1. 基本落实了规范行政行为的五项措施

第一,明晰执法责任。对环保局负责贯彻执行的法律、法规进行认真细致的梳理,分解细化到执法科执法岗位,以列举的方式列明了各科室的主要执法责任,比如环境管理科主要负责审批建设项目环境影响报告书、排污总量控制、排污许可证发放等八项职责,以此建立起执法责任体系,使环保局内部各部门权责明晰,各司其责,执法活动既不遗漏也不越位,保障法律、法规和规章全面、正确贯彻实施。

第二,规范行政执法程序。将各类执法和管理活动细化为十三项具体程序和十项工作制度,如建设项目验收程序、污染源限期治理工作程序、行政应诉工作程序和政务公开实施办法、收费票据管理制度、规范性文件备案制度、行政处罚决定备案制度等,健全和完善行政执法程序,明确环境保护工作各环节的具体操作规范,行使职权的步骤、形式和顺序以及行政公开、听证、回避等制度得到全面规范。

第三,行政执法全过程公开。制定了章丘市环保局政务公开实施办法,完善了政务公开制度,及时向社会公布办事内容、条件、程序、许可和案件处理结果以及投诉渠道,告知当事人实施行政行为的依据、权限和程序以及当事人的法定权利和义务,丰富公开载体,使政务公开制度化。

第四,逐步建立了激励与考核体系。建立行之有效的评议考核制度,对行政执法作出客观、科学评价,及时总结经验,不断提高执法质量,发挥好评议考核制度在规范行政执法中的重要作用。

第五,追究行政过错行为。专门出台了章丘市环保局行政过错责任追究实施办法,进一步明确了对除违法行政行为外其他不当行政行为的责任追究,健全行政执法过错责任追究制度,明确执法人员不履行法定职责、违法行使职权和履行职责不当的法律责任,督促全体执法人员依法行使职权,及时纠正错案,保护当事人合法权益,维护执法机关形象。

2. 加强对法治机关建设的组织和领导

第一,实行首长负责制。把依法行政列入重要议事日程,环保局主要负责人加强督促和指导,对执法工作中出现的问题亲自抓、负总责,切实解决环保热点、难点问题,把依法行政落实到环保工作的各个方面和环节。

第二,完善领导体系。成立以主要负责人任组长、分管负责人任副组长,有关科室负责人为成员的依法行政领导小组,由小组负责全局依法行政工作的日常督导,把推进依法行政与各项具体工作有机结合起来,保障各项措施落到实处。

第三，加强检查指导。法制科充分发挥职能作用，采取有效措施检查指导各执法科室、执法岗位的依法行政工作，把好法制关，保障环保法治机关建设的顺利进行。

（二）有待进一步完善的方面

1. 试点仅在局部一个职能部门进行，局限性较大，对于全面推进依法行政，建设法治政府作用有限，这是此次试点工作存在的主要问题所在

作为环保局这样一个政府下设的职能部门，管理执法职能相对单一，对其执法行为加以规范也相应较为容易。但如果涉及一级政府，几十个职能部门，问题就复杂得多。其中会涉及政府职能转变，各职能部门职权的合理明确划分、相互协调配合，财政保障、行政管理方式的改革，理顺行政执法体制、完善行政监督制度和机制等诸多方面，这些问题靠个别部门的单打独斗是不可能彻底解决的。我们不否认环保局建设法治机关试点活动对于推进政府依法行政是有积极促进作用的，但建设法治政府本应是一项自上而下、逐步推进的工作，任何一个职能部门要真正实现依法行政，都不可能脱离政府管理法治化这一大背景。要想从根本上解决问题，就要求每一级政府必须按照国务院发布的全面推进依法行政实施纲要确定的目标和要求，结合学习贯彻《行政许可法》，进一步转变政府职能，全方位推进依法行政。这是章丘市依法行政试点工作能否继续推向深入的关键和难点，也是各级政府规范行政行为，建设法治政府工作的重心所在。

2. 执法行为利益化问题尚未得到根本解决

虽然执法机关内部财政基本实现收支两条线，极大地遏制了"以法谋钱"的行为。然而在现行体制下，执法行为的利益化问题很难得到根治，它不仅表现在有经济利益领域的过度执法、乱执法、乱罚款等方面，还同样表现在

一些公共服务性、没有经济利益领域的不作为方面。章丘市环保局在这方面，也显得有些无能为力，还有待于政府财政体制、考核机制等多方面的改革配合。

3. 执法监督机制有待进一步完善

执法监督对下不对上，对一把手的监督弱化甚至缺失。从对试点了解情况来看，作为章丘市环保局内部各职能部门职责权限划分已经比较明确，执法责任也基本能做到有章可循，层层落实到人。但是，这里的责任追究主要还限于单位上层对基层具体办案人员的监督，而对于单位主要领导特别是一把手的监督却没有相关明确规定。而当前，单位领导甚至上级领导过问及插手具体办案的情况时有发生，对这类问题，环保局的有关规定就显得有些力不从心。这种监督只是行政机关内部的监督，其他相关监督部门的作用十分有限。一级政府或一个单位要想真正做到依法行政，一把手的作用至关重要。依法行政绝不仅是对具体执法人员提出的要求，它更多的是对政府及各级行政机关的主要领导的一种制约。而对于他们的监督更有效的应是来自于上级和外部的各类监督。

4. 试点更多的仍停留在制定相应的规章制度，而对于落实措施方面则明显力度不够，尚缺乏经常性的、有效的、切实可行的监督检查机制

环保局法制科负责日常执法监督工作，但由于其职责范围较广，地位相对较低，缺乏权威性，监督作用受到一定局限，没有切实发挥其对本部门行政行为事前的法律指导和监督作用，往往是在行政行为被提起行政复议或行政诉讼后，才让其进行应诉。而由主要负责人和分管领导及部门负责人组成的依法行政领导小组，其督导虽具权威，但由于是临时成立的非常设机构，也很难保证经常性的开展执法监督工作。行政责任追究制很难落到实处。由于现有法律规范中对追究违法执法责任的规定不完善，因此，即使是环保局内部有了相关规定，这种规定也很少能得到执行。对于违法行政行为，目前只重视纠正违法行为，忽视对实施违法行为负有责任特别是负有失职等主观过错责任的机关及其责任人员的行政和法律责任的追究。

二、基层政府推进依法行政，建设法治政府的几点思考

基层人民政府全面推进依法行政工作将是一项长期而又艰巨复杂的任务，关键是找准切入点。对照国务院《全面推进依法行政实施纲要》的要求，结合对章丘市依法行政试点情况的分析，我们认为，作为基层政府要建成真正意义上的法治政府主要应从以下几个方面力争有所突破。

（一）切实转变政府职能，建立健全科学民主决策机制

1. 进一步转变政府职能

理顺政府与企业、社会的权力关系，将不属于行政管理的事项从政府职能中剥离出来，将政府职能切实转变到经济调节、社会管理、公共服务上来，把企业的生产经营权和投资决策权真正交给企业，把社会可以调节和管理的职能交给社会中介组织，把群众自治范围内的事情交给群众自己去依法办理。进一步深化行政审批制度改革，清理行政许可、行政收费、行政强制事项，把不该由政府机关办的事切实减下来，集中精力把政府机关该管的管住、管好，保证政府机关既不缺位、失职、不作为，也不越位、越权、乱作为。转变政府经济调节和市场监管的方式，主要运用经济和法律手段管理经济，履行市场监管职能。完善公共卫生、安全生产、社会治安、环境保护、文化教育等社会管理职能。健全劳动、就业和社会保障制度。强化公共服务意识，逐步建立现代公共服务体制。加强对各种突发事件的预警研究和报告，完善政府对突发事件的应急处理机制。

2. 推进政府职责、机构和编制的法定化

长期以来，我国行政执法领域一直存在执法主体不规范、执法权太分散这一顽症，主要表现为执法主体多头混乱，执法队伍过多、过滥；执法主体不合格，随意委托、聘用不合格的组织和人员实际行使执法行为；执法力量过于分散，很难开展经常性执法，只搞些突击式、运动式的检查、整治，达不到执法的效果。要全面推进依法行政，克服这一顽症是一项关键的基础性工作。因此，基层政府也应适应完善社会主义市场经济体制的需要，按照法定程序和权限调整政府职责、设置组织机构、确定人员编制。依法规范行政机关的职能和权限，规范行政委托行为，建立政府所属部门职能争议的协调机制，减少行政机关的职能交叉和重叠，实行执法主体资格及职权范围的法定化和公开化，避免执法部门职责不清、执法冲突、执法空白等现象的出现。

3. 完善依法行政的财政保障机制

以建立公共财政体制为目标，实行部门预算管理，加强财政管理。清理和规范行政事业性收费等政府非税收入，完善行政事业性收费、政府性基金和各项附加以及国有资源出让收入的征收、使用和管理制度。严格实行收支两条线管理，行政事业性收费和罚没收入必须全部上缴财政，严禁以各种形式返还，行政经费和行政执法经费统一由财政纳入预算予以保障，并实行国库集中支付。切实清理行政机关所办经济实体和中介服务机构，并办理脱钩手续，坚决制止行政权以任何方式参与市场竞争，搞以权谋私、权钱交易，不得设立以收费、罚款为经费来源的执法机构、执法队伍，从根本上彻底割断行政权的行使与行政机关自身利益之间的联系。

4. 改革行政管理方式

充分运用间接管理、动态管理和事后监督的手段管理经济社会事务，积极探索利用行政规划、行政指导、行政合同等方式，实现行政管理目标。行

政规划未经法定程序不得随意更改；行政指导不得具有强制性；行政机关订立涉及自然资源开发利用、公共资源配置等行政合同，应当依法通过招标、拍卖等公开竞争方式决定。加快电子政务建设，推进政府上网工程的建设和运用，扩大政府网上办公的范围，尽快实现政府部门间的信息互通和资源共享，提高政府办事效率，创新管理方式。

5. 建立科学民主决策机制

建立公众参与、专家论证和政府决定相结合的行政决策机制，涉及本地区经济社会发展的重大决策事项以及专业性较强的决策事项，应当事先组织专家进行必要性和可行性论证；与人民群众利益密切相关的决策事项，应当公开征求公众意见；行政决策公布施行前，应当经过政府法制机构的合法性论证。除依法应当保密的外，行政决策的事项、依据和结果要公开，公众有权查阅。行政机关应当确定机构和人员，定期对决策执行情况进行跟踪与反馈，并适时调整和完善有关决策。建立行政决策监督机制和责任追究制度，明确监督主体、内容、对象、程序和监督方式，加强对决策活动的监督。

（二）改革行政执法体制，规范行政执法行为

1. 深化行政执法体制改革

积极推进相对集中行政处罚权工作。已经在城市管理领域实施相对集中行政处罚权的地方，可以探索扩大和延伸相对集中行政处罚权的领域。行政机关下设多个机构行使行政执法权的，应当合并组建综合执法机构，推进综合执法试点。积极探索相对集中行政许可权。按照精简、效能、统一的原则，精兵简政，将现有的执法队伍按职责任务进行归并，把执法领域相近、执法职权交叉的各支队伍归并为一支，解决长期以来突出存在的多头执法、职权交叉重复和行政执法机构膨胀的问题，建立办事高效、运转协调、行为规范

的行政执法体系。同时，要适当地将行政执法中的调查取证与处罚决定、罚款决定与罚款收缴、行政处理与复议等分离开来，不交由同一内设机构、同一公务员实施，以期相互牵制，切实规范行政执法行为。继续推行行政执法责任制，行政执法机关内部应当实行行政执法调查、审核、听证、决定相分离制度，建立健全投诉举报、评议考核、过错责任追究、罚缴分离等制度。

2. 建立行政执法案卷评查制度

行政机关应当建立行政处罚、行政许可、行政强制等行政执法的案卷。对公民、法人和其他组织的有关监督检查记录、证据材料、执法文书应当立卷归档。政府法制机构应当定期组织行政执法案卷评查。

3. 建立行政执法主体资格制度和行政执法人员资格制度

各级政府要适应完善社会主义市场经济体制和法律实施情况的需要，定期清理、确认并向社会公告行政执法主体。实行行政执法人员资格制度。行政执法人员必须参加统一的行政执法资格考试；考试合格，方可取得省人民政府统一颁发的行政执法证件，没有取得行政执法证件的，不得从事行政执法工作。

4. 推行行政执法责任制

依法界定执法职责，科学设定岗位，规范执法程序，坚持定期检查。建立公开、公正、公平的评议考核制度和执法过错或者错案责任追究制度，评议考核应当听取公众的意见。认真实行行政执法责任制和评议考核制，严格规范行政执法行为。把法律法规和规章规定的执法职责和内容，层层分解到部门、各层级和每个执法人员，明确执法责任范围、任务、权限和执法目标、要求，建立以行政首长为核心的执法责任体系。同时完善对履行法定职责情况的考核和奖惩办法。考核内容主要应包括制定规范性文件和行政决策的合

法性，履行行政管理职责、实行行政执法责任制、行政执法队伍建设、对行政行为进行监督的状况以及行政复议和应诉的情况，考评结果将公布或通报，并将行政执法的好坏情况作为考核行政机关及其负责人年终业绩的指标。

（三）完善行政监督制度，防范和化解社会矛盾

1. 自觉接受人大监督、政协的民主监督和人民法院的司法监督

各级政府应当自觉接受同级人大及其常委会的监督，向其报告工作、接受质询，依法报送备案规章和规范性文件。自觉接受政协的民主监督，听取其对政府工作的意见和建议。对人民法院受理的行政案件，行政机关应当积极出庭应诉、答辩；影响较大的行政诉讼案件，行政机关负责人应当出庭应诉、答辩。对人民法院依法作出的生效的行政判决和裁定，行政机关应当依法履行。

2. 加强对规范性文件的监督

加强对政府规范性文件的制定与管理工作，规范行政机关抽象性行政行为，分阶段、分步骤地组织对市政府及其各部门制定的规范性文件进行彻底清理。政府各部门制发的规范性文件，在印发前应当送同级政府法制机构进行合法性审查；规章和规范性文件颁布后，应当依法报送备案。对报送审查的规章和规范性文件，政府法制机构应当依法严格审查，通过审查的规章与规范性文件目录，应当在网站、报刊等媒体上公布。有关机关、组织和公民对规章和规范性文件提出异议的，制定机关应当依法研究处理，并将处理结果告知当事人。

3. 加强行政复议工作

对符合法律规定的行政复议申请，必须依法受理。采取网上申请行政复议等便民措施，探索建立行政复议审理简易程序。建立行政复议听证制度和

案卷公开查询制度。实行行政复议人员资格制度,加强行政复议队伍建设。对违犯《行政复议法》的行为,依法追究法律责任。

4. 创新层级监督机制

上级行政机关应当健全和完善重大行政处罚备案、重大行政许可备案、行政执法督查、组织重点问题调查、行政执法案卷抽查、行政执法统计等制度,强化对下级行政机关具体行政行为的监督,要切实加强政府各级法制机构和队伍建设,充分发挥政府法制机构对行政执法活动的监督职能。此外,还应突出强调各级行政机关一把手的责任,推行依法行政第一责任人制度。一级抓一级,逐级落实。

5. 加强专门监督,强化社会监督

行政机关要自觉接受监察、审计等专门监督机关的监督决定。专门监督机关要切实履行职责,依法独立开展专门监督,并与检察机关密切配合,形成监督合力。行政机关应当完善群众举报、新闻曝光案件追查等制度,对反映的问题应当调查、核实,依法作出处理并将处理结果及时向社会公开。完善特邀行政执法监督员制度,发挥民主党派和群团组织对行政执法活动的民主监督作用。

6. 积极协调化解社会矛盾

建立社会矛盾纠纷排查调处工作责任制,发挥行政机关、基层自治组织在纠纷预防和解决中的作用,积极调处社会矛盾纠纷。完善信访机构与查处机构的联合调查等信访制度,及时办理信访事项,并切实保障信访人、举报人的权利和人身安全;对可以通过行政复议、诉讼等法律程序解决的信访事项,行政机关应当告知信访人、举报人申请行政复议、提起诉讼的权利,引导其通过法律途径解决。要积极探索解决民事纠纷的新机制。

（四）增强依法行政观念，提高依法行政能力

1. 建立领导干部学法制度和任职前法律知识考试制度

定期或者不定期对领导干部进行依法行政知识培训，并积极探索对领导干部任职前实行法律知识考试的制度。各级、各部门的领导干部要带头学习和掌握宪法、法律和法规的规定，不断增强法律意识，提升法律素养，提高依法行政的能力和水平，把依法行政贯穿于行政管理的各个环节，列入各级人民政府经济社会发展的考核内容。

2. 建立行政机关工作人员学法制度

要采取自学与集中培训相结合、以自学为主的方式，组织行政机关工作人员学习通用法律知识以及与其本职工作有关的专门法律知识，行政机关的工作人员每年至少要接受一定学时的依法行政知识培训。有关单位应当把依法行政知识列入行政机关工作人员录用考试、资格考试的重要内容。行政学院和其他各类培训机构，应当把依法行政知识列入行政机关工作人员初任培训、任职培训和更新知识培训的重要内容。

3. 建立行政机关及其工作人员依法行政考核制度

完善政府目标考核管理办法，把依法行政情况作为各级人民政府目标考核的重要内容，由政府法制机构具体组织实施。依法行政情况考核不合格的，责令限期整改。完善行政机关工作人员考核制度，把依法行政情况作为考核行政机关工作人员的重要内容。各级人事部门、政府法制机构应当定期对行政机关工作人员进行依法行政能力考试，凡考试不合格的，不得在行政执法岗位工作。

（原载《中共济南市委党校学报》，2004年第3期）

除罪化、程序法治与法的可预期性
—— 以"黄碟案"为中心的法理透视

易延友
(清华大学法学院)

引言:"黄碟案"经过与本文的论题

2002年8月18日晚11时许,延安市万花乡派出所接到群众电话举报,称其辖区内一居民家中正在播放黄色录像,所里马上派出4名民警前去调查。民警到达后,发现大门锁着,为核实情况,干警绕到诊所侧面,从窗户缝里看到房间内的电视机中的确正在播放淫秽录像。于是,几名民警以看病为借口进入张氏夫妇家中并径直来到放录像的房间。几名民警随即表明身份并要求其二人拿出"黄碟",但该夫妻拒绝警方的要求,拿起床上的碟片砸向民警。警长尚继斌正欲弯腰取出碟机中的碟片,被张某突然操起身旁一根木棍砸在了手上,尚继斌的左手立刻肿了起来。

张某的妻子李某也上前撕扯民警,一民警的衣服被撕烂,一民警的手被抓破。看到场面难以控制,民警将张某摁倒在床上,然后扭住其胳膊以妨碍警方执行公务为由将其带回了派出所。作为播放淫秽录像的证据,警方将从现场搜

 法治政府
Government Ruled by Law

到的 3 张淫秽光碟连同电视机、影碟机一起带回派出所，并向张某出具了《现场扣押物品清单》和《延安市公安局宝塔分局暂扣款收据》。在交了 1000 元钱之后，张某被放回家，同时也领回了自己的电视机、影碟机。但在 10 月 21 日，张某又以妨害公务罪被刑事拘留。张某于 2002 年 11 月 5 日以取保候审的形式获得释放。11 月 6 日，获得自由的张某被医院诊断为急性应激性障碍。12 月 5 日，宝塔区公安局解除对张某的取保候审，并退还已经扣押的 1000 元人民币。在张某申请国家赔偿后，宝塔区公安局与张某于 12 月 31 日达成协议：公安局向张某赔礼道歉；一次性补偿张某医疗费及误工费 29137 元；对本案有关人员进行处理。在这之后，公安局免除了主要责任人贺宏亮万花派出所所长职务；警长尚继斌被调往边远派出所待岗；民警任杰则被辞退。[1]

从"黄碟案"的经过来看，该案涉及的问题比较多。[2] 由于该案在中国公众当中曾经引起一场轩然大波，并在学术界引起广泛的讨论，有关该案的研究对于该案所涉问题几乎均有触及。[3] 该案虽已过去六年，但是回顾关于本案的讨论，仍然有意犹未尽之处。首先，相关的讨论并没有区分正当性（Legitimacy）与合法性（Legality）这两个概念，致使大多数讨论实际上是以西方的法律为基础，从而基本上属于西方意识形态的启蒙。[4] 对于法律问题的探讨如果基本上是以西方法律而不是我国现行法律为基础，其结论自然可能存在偏差之处。其次，正是由于这些分析并没有在我国现行的制度框架内进行，因此现

---

1. 参见《延安"黄碟案"引发的法学思考》，载《法学家》，2003 年第 3 期。
2. 第一，警察在该案中是否应当或者是否有权干预（特指强行制止并给予处罚）夫妻看（黄）碟的行为；第二，如果有权干预，应当以什么样的程序来进行干预，本案中警察的行为是否符合正当程序原则；第三，以"妨碍公务"为由对张某立案侦查在刑法上是否正确；第四，对张某"妨碍公务"的侦查程序是否合法，包括羁押期限是否超期等；第五，对相关责任人的处理是否恰当等。
3. 参见林来梵：《卧室里的宪法权利》；余凌云：《亟待法律建构的警察裁量权》；陈卫东、李训虎：《法治的胜利还是程序的失败——"黄碟案"的刑事程序法解读》；卢建平：《从"黄碟案"看刑法的界限》；张新宝：《从隐私权的民法保护看"黄碟案"》；叶传星：《在私权利、共权力和社会权力的错落处——"黄碟案"的一个解读》，以上论文均载《法学家》，2003 年第 2 期。
4. 这并不表明本文认为这种启蒙没有意义，相反，对于主流法学家在分析这个案件的过程中所表现出的对西方法律精髓乃至细微之处的了解，笔者是衷心佩服的；而且，对于西方法律在本案中所体现的相关精神，本文也将予以认真对待。但是，对西方的敬仰不能替代对中国实践的分析。

有的讨论自然难以深入剖析该案的发生所映射的社会意识形态,从而也就无法反映中国法律及其改革面临的真正问题。因此,本文不揣拙陋,拟从这一已经日渐陈旧的个案出发,探讨"黄碟案"中警察行为的正当性问题、合法性问题及相关的社会意识形态问题,以期揭示我国法律改革在转型社会可能面临的阻碍。

文章第一部分将"黄碟案"置于现代法治语境对警察行为的正当性进行分析,指出"举报电话"、"不看黄碟的偏好"、"诊所"等均不足以使本案中警察的搜查行为具有正当性。第二部分将"黄碟案"置于我国法律框架内进行分析,从制定法上探讨"黄碟案"中警察行为的合法性,指出本案中警察的搜查实际上存在制定法上的依据。在上述分析的基础上,第三部分分析我国制定法在对待"观看"、"查阅"淫秽制品和淫秽信息方面与现代法治国家之间存在差距的原因,以及我国法律在体系方面、执行方面凸显的特征。文章指出:观看淫秽物品除罪化的尚未完成,乃是"黄碟案"发生的根本原因;非理性人假设的意识形态,既是此类行为尚未完成除罪化的深层原因,也是我国刑事诉讼中有关搜查程序不够完善的直接原因;此外,非正式法律的存在,则导致了我国法律在执行方面缺乏可预期性的后果。最后,文章在结论部分指出:"黄碟案"反映的并不是隐私权在中国未能获得尊重的问题,而是许多制度背后的意识形态尚未完成现代化的结果;要使观看淫秽物品的行为纯粹私人化,刑事诉讼程序法治化,法律在整体上形式理性化,我们还需要加倍付出努力。

一、"黄碟案"中警察行为的正当性

"黄碟案"涉及的第一个问题是警察行为的正当性问题。对于此问题,本文将其置于现代法治语境中加以探讨。此处所谓"现代法治语境",是指一个精神正常的成年人在自己家中看黄碟,在尽到了以一般人为标准所应当尽到

法治政府
Government Ruled by Law

的注意义务——没有将声音开到很大以至于左邻右舍都能听见,也没有故意将窗帘大开,以至于所有路过者均能清晰看见——的前提下,其行为被当做纯粹私人性质的活动而受到隐私权保护的语境。在"黄碟案"的讨论中,绝大多数学者均认为警察侵犯隐私权的行为不具有正当性;苏力则认为,警察行为具有正当性。本部分将主要以我国学者苏力的论证为线索,论证"黄碟案"中警察的搜查行为不具有正当性。

(一)"举报电话"与"不看黄碟的偏好"并不构成警察干预的正当性

从苏力的演讲及其后来出版的著作来看,苏力主张"黄碟案"中警察的干预具有一定的正当性,主要是基于对事实的解读和对自由主义法理的理解。本文认为,苏力的批评建立在一系列暗示的假设事实的基础之上。对于"黄碟案"中警察干预行为的合理性,仍然需要回到对事实的理解。而由于本案中事实的描述高度概括,因此其中很多事实仍然是不清楚的。对此,苏力的文章也明确承认。因此,对于那些不清楚的事实,就需要进行判断和假设。不同的假设方向,将得出截然不同的结论。简单地从一个事实出发得出一个简单的结论,本身也是对事实的忽略。因此,本部分将分析本案的第一个事实:"有人举报",这是否构成警察干预的正当性基础。对于这一问题,苏力认为:

> 就黄碟案而言,也许我们不必走得那么远,乃至假定当事人不成熟或其他;但至少我们应当考虑一点,即这对夫妻看黄碟的行为是否有碍其他人的利益。几乎所有的法律人都断然说没有,或至少从未提起。但是,所有的学术法律人和实务法律人都有意忽视了一个明明白白地摆在这里的、也无人争议的、对于分析此事件至关重要的细节:"民警接到了群众的电话举报"。我并不认为这一点(只是一点点)事实就正当化了警

察的干预，更不能正当化警察的其他可能过分或违反程序的行为。甚至我在后面的分析可能会质疑这一细节的真实性；但是，如果这一点为真，那么一个彻底的自由主义者，或者从保持自由主义法律哲学的一贯性来看，你就不能否定，至少是有人认为张氏夫妇看黄碟侵犯了自己的利益——尽管这是否构成法律上可以或者应当保护的利益则是另一个问题。[1]

应当注意，虽然苏力在其文章的后半部分对"有人举报"这一假设提出了质疑，但是其论证及分析都是以这一假定为真的事实为基础展开的。本文认为，这一假定的事实对于本案的探讨具有十分重要的意义，因此本文赞成以此事实为基础展开讨论。苏力认为，这个举报电话表明了看黄碟的行为对他人的利益产生了影响，从而使得警察的干预具有了道理。虽然苏力也指出："我并不认为这一点（只是一点点）事实就正当化了警察的干预，更不能正当化警察的其他可能过分或违反程序的行为。"但是，苏力的这一声明和他的主张实际上是自相矛盾的：既然认为警察的行为有道理，也就是主张警察干预的行为具有正当性。一方面说警察的干预有道理，另一方面又说警察的干预没有正当性，这两个命题是不能同时为真的。从苏力文章的论述来看，其立场显然是：由于举报电话的存在，警察的行为至少获得一定程度的正当性。为什么有了举报电话就具有了一定的正当性呢？苏力说：

> 举报的出现表明了冲突的存在。尽管这对夫妇是在屋内看的，本来也未必想张扬出去，但显然他们未能将图像或声音保持在室内，由此引发了他人的强烈反感；并且由于可以想见的交易费用太高（如果是邻居，

---

[1]. 苏力：《法理的知识谱系及其缺陷》，见苏力：《也许正在发生——转型中国的法学》，北京：法律出版社2004年版，第130页。

就要拉下面子，而且未必有效），因此受到影响的他诉求了警察，要求政府来明晰这里的"产权"。在这种情况下，警方支持这一请求而予以某种干预是有理由的，剩下的只是干预的手段和程度的问题。事实上，至少在美国留过学的许多朋友都有过这样的经验，哪怕是你在自己的公寓内放音乐、看电视或朋友聚会时说笑声大了一点，你的邻居就会请来警察干预，要求你尊重他的那些在许多中国人看来也许实在是微不足道的权利。[1]

在此，苏力以举报所表明的看黄碟行为的"外在性"来论证看黄碟侵犯了他人的利益。然而，举报行为是否构成本案中警察干预的正当性基础，还有赖于被举报行为的合法性和妥当性：例如，艺术天才张三的绘画水平堪比国际大师，看到没有任何艺术细胞的李四居然也在家中画画，张三看到后恨不能将其壮士断腕，但又不愿自己出面，于是打电话报警，警察是否就可以出面干预？显然不是这样。因此，看黄碟的行为是否构成对他人的影响，取决于看黄碟行为的具体环境和具体情况。

对于这个问题，无论是媒体的报道还是法律人的讨论，都没有进行深入的追究。仅仅一个"举报电话"，并不足以说明本案中警察的干预"是有道理的"，当然也不构成本案中警察干预的正当性。对于警察干预的正当性而言，我们还必须弄清楚（或者假定清楚），这个"举报电话"所涉及的被举报行为是

---

[1]. 苏力：《也许正在发生——转型中国的法学》，北京：法律出版社2004年版，第131页。在这里，苏力的意思似乎是：如果播放黄碟的声音过大，邻居应当有权请求警察前来制止。对本案进行理论上的分析，则警察的"干预"至少可以分为两种方式：一种是调解邻里纠纷，另一种是进行行政执法。如果苏力是在前一意义上使用"干预"一词，则存在着偷换概念的谬误——本案中警察的行为显然不是"制止"，而是将张某夫妇看黄碟的行为当做行政治安案件来进行"查处"，这种"查处"显然不同于苏力所称的美国邻里之间的纠纷调解；另外，法学家们在探讨"黄碟案"时，也是在"查处"这一意义上理解本案中警察的行为。因此，如果苏力仅仅是在"调解"和"制止"的意义上使用"干预"这一概念，则由于其所偷换的概念，使其论战变得没有目标，显然属于无的放矢。从苏力的演讲及论文来看，苏力实际上是在双重意义上使用"干预"这一概念。他提到在美国警察调处邻里纠纷时，是在调处邻里纠纷这一意义上使用"干预"这一字眼；但在讲到诊所属于公共场所等问题时，又是在"查处"这一意义上使用"干预"这个字眼。总体而言，苏力对自己的立场也许并不十分清楚。

否缺乏合法性和妥当性？具体来说，看黄碟的夫妻是否尽到了一般人应当尽到的注意义务？对于这个问题，苏力的判断是"尽管这对夫妇是在屋内看的，本来也未必想张扬出去，但是显然他们未能将图像或声音控制在室内"。此处，苏力"显然"之后的判断显然是非常武断的：如果我们从本案发生地属于比较落后的地区以及本案中的一些细节来进行合理的推断，则本案中张氏夫妇尽到了合理的注意义务的可能性将远远大于其未能尽到合理注意义务的可能性。

第一，包括苏力在内，大家公认的事实是案发地属于比较偏远的农村地区，因此大家对于观看黄碟这样的行为可能会比较反感；既然如此，我们就没有任何理由假定张氏夫妇对于当地的民情一无所知，以至于敢于明目张胆地在家"公开"观看黄碟；第二，案发时间在晚上11点左右，虽然并不排除夜间有人看病的可能性，但是至少排除了张氏夫妇在大白天人来人往的时候看黄碟的可能性；第三，从警察来到张氏夫妇的住所后先是"绕到诊所后面"，又从"窗户缝里往里看"这些描述来判断，张氏夫妇显然不是如苏力所说的那样"没有将声音或图像控制在屋内"——从窗户缝里才能看到，至少表明张氏夫妇是尽到了合理注意义务的，否则从窗户里往里看就可以，何必还要从窗户缝里往里看？当然，你也可以强辩说既然从窗户缝里往里看还是能看到，那就表明张氏夫妇确实未能将声音或图像控制在屋内。但是此处讨论的关键是否尽到了合理注意义务，若仅仅从效果判断，则等于强求张氏夫妇甚至在装修时就应当考虑到将来看黄碟的方便，因此必须在购买窗帘等方面做到"深谋远虑"——但是这不是"合理注意义务"。

因此，由于"被举报行为"合法性和妥当性的存在，仅仅一个"举报电话"就不能正当化警察的干预行为。换句话说，以"举报电话"为事实基础仍然推导不出警察行为"有道理"这样的结论。"举报电话"必须和"被举报行为不合法或者不妥当"这一事实结合在一起，才可能使本案中警察的干预具有正当性。

不过，按照苏力的观点，即便张氏夫妇尽到了一般人的注意义务，没有有意地将黄碟的声音等泄漏出去，其行为本身也导致了对他人的侵害，从而产生了苏力所说的"外部性"。当这种外部性产生时，也就产生了冲突。这种冲突的实质，就是：你有看黄碟的偏好，我有不看黄碟的偏好，法律不能只保护看黄碟的偏好，不保护不看黄碟的偏好。苏力说：

> 有人报警，这就表明：你有看黄碟的偏好，我也有不看黄碟的偏好，既然看黄碟的偏好能被保护，那么后者的偏好为什么就不被保护呢？自由主义在这里出现了矛盾，我不讲他们高尚还是低下，不能说政府更应该保护哪个偏好。作为一个彻底的自由主义者，保护自由主义的人和从法律哲学逻辑的一贯性来说，你就不能否定至少是有人打电话来举报，认为你看黄碟侵犯了我的权利，也就是说有伤害。……注意这里为什么有人去举报，这不表明他们没有办法自己去解决，这对夫妻尽管看黄碟是在屋内，也未必大肆声张，而邻居不愿拉下面子去干涉这对夫妻，而是报警，希望政府重新界定权利：到底你有看黄碟的权利呢还是我有不看黄碟的权利。这种情况下，并不是警方想主动干预，而是打电话的人所代表的群体不愿他看黄碟。[1]

苏力以自由主义的理论、社群主义理论和女权主义理论，从多个角度论证了"我有不看黄碟的偏好"的正当性。但是问题在于，没有哪一个法律人主张侵犯他人"不看黄碟的偏好"。只有主张看黄碟的人以强迫的方式强制不愿意看黄碟的人看黄碟的情况下，才可以说主张看黄碟的人侵犯了不愿意看

---

[1] 前注，苏力的演讲。苏力的演讲在整理成文并发表后在此处有了重大改动，这也许说明苏力认为自己的观点不妥，或者表述有问题。从学术上讲，本文的引用应当援引苏力关于本论题的最新出版成果，而不应当引用其演讲这种非文字的形式形成的稿本。但是，经仔细对照，苏力发表的文章虽然在文字上有修改，但是观点却并无变化；只不过，其演讲的稿本观点更加明确，而发表的稿本则似乎有点闪烁其词。本文认为，苏力演讲中的表述更有利于概括和表示苏力的观点，因此本文在包括此处的个别地方仍然引用其演讲而不是发表后的稿本。

黄碟的人的偏好。反过来也是一样的：虽然你有不看黄碟的偏好，但是我有看黄碟的偏好，如果你以强制的方式不允许我看黄碟，那么你就侵犯了我看黄碟的偏好。你不能以你的偏好来左右我的偏好。我们可能在很多情况下会对他人的一些习惯或做法从内心里感到厌恶，甚至鄙视。但是，只要他人的行为没有影响到我们的利益，我们是无权干预的。正如自由主义的先驱密尔所言："对于文明群体中的任一成员，所以能够施用一种权力以反其意志而不失为正当，唯一的目的只能是防止对他人的危害。"[1] 当代自由主义者哈耶克亦指出："信奉自由，意味着我们决不能将自己视为裁定他人价值的终极法官，我们也不能认为我们有权或有资格阻止他人追求我们并不赞同的目的，只要他们的所作所为并没有侵犯我们所具有的得到同样保护的行动领域。"[2] 因此，尽管苏力很雄辩地声称："你的自由止于我的鼻尖。"但这一论断却恰恰应当用来证明"黄碟案"中看黄碟的行为不应当受到干预的观点。

（二）"绕到诊所后面"观看、"诊所"的性质等均不构成警察行为正当性的基础

苏力不仅煞费苦心地从自由主义、社群主义、女权主义等立场来论证"不看黄碟的偏好"的正当性，还指出：本案中张氏夫妇看黄碟的地点是诊所。由于是诊所，从而其行为也就具有了一定的公共性。既然具有公共性，该张氏夫妇的行为就不具备隐私的性质。苏力说：

> 学者、法律人、记者讨论这一事件，都是以都市人的观点、男性的观点而来考虑农村的人，对女性和小孩，对淫秽物品传播的危害没有充

---

1. ［英］约翰·密尔：《论自由》，程崇华译，北京：商务印书馆1959年版，第10页。
2. ［英］弗里德里希·冯·哈耶克：《自由秩序原理》，邓正来译，北京：生活·读书·新知三联书店1997年版，第93页。

分认识，对警察职业特点和职业困难未加注意。总之，是对法律事件的事实不关心。省略了举报电话，就变成了公权力与私权利纠纷；省略一个"家"，就变成非法搜捕。一个学者这样质问警方："你行使这样的权力，过问别人床笫之间的事、闺房之间的事，你感到你的正当性何在？合理性何在？"是床笫之间的事吗？不是，是观看床笫之间的事！这是闺房吗？诊所。[1]

此处，苏力的观点是，由于观看黄碟的场所具有诊所的性质，因此张氏夫妻观看黄碟的行为不具有隐私的性质，因此自然不受有关隐私权的法律保护。这一问题之所以关键，是因为：第一，如果诊所的确如苏力所说的那样属于公共场所，则对张氏夫妇观看黄碟时应尽的注意义务可能就会提出更高的要求。第二，既然诊所属于公共场所，则其行为就有可能不具备隐私的性质，从而不受有关法律的保护。

如果我们回头再看本案详情，发现警察一开始发现门是锁着的，于是绕到"诊所"后面，从窗户缝里往里看，确认影碟机里的确在播放黄碟，这才以看病为由进入"诊所"。这一细节给予我们丰富的信息：第一，张氏夫妻是在门锁着的情况下看黄碟的，因此如果本案中"举报电话"真的存在，也很可能是"举报者"通过偷窥而获得的信息，而不太可能是张氏夫妇没有能够将声音控制在适当的范围内而使第三人获得了其观看黄碟的信息。因此，这一细节恰恰证明"举报者"的"举报"纯属无聊之举。第二，苏力强调警察是在绕到诊所后面，从窗户缝里往里看，确认了播放黄碟事实的存在，才进入诊所的。苏力似乎认为，警察从窗户缝里往里看的行为，加强了警察破门而入的正当性。但是，如果看一看在隐私权真正获得保护的美国，就知道，警察在没有正当理由的情况下，从窗户缝里偷看居民活动的行为，本身也不是具有正当性的。正如美国联

---

[1] 前注，苏力的演讲。

邦最高法院在"Boydv. United States"一案中所总结的那样：

> 人们进入社会的最重要的目的就是要寻求对其私有财产的保护。除为了社会的整体利益依照法律予以剥夺以外，在其他任何情况下，这一权利都是神圣不可侵犯的。……（因此）构成对第四修正案本质上的侵犯不是警察破门而入、翻查当事人抽屉的行为，而是其行为侵犯了当事人固有的个人安全权、自由权和私有财产权。[1]

正是基于这一原理，在美国联邦最高法院判决的案例中，对隐私权的侵犯都不仅限于破门而入的行为：那些在室外，甚至在公共场合窥探他人隐私的行为，同样受到法律的禁止。例如，在"Silvermanv. United States"一案中，法院判定警察将针型麦克风嵌入谈话者一侧墙壁的行为构成搜查。[2] 在"Katzv. United States"一案中，联邦警察没有获得搜查令就在被告人进行通话的电话亭外安装了电子监听器，并对其谈话的内容进行监听，该行为被联邦最高法院判定为侵犯了美国联邦宪法第四修正案所保护的权利。[3]

因此，"黄碟案"中警察事先观察的行为，在观看黄碟的行为被当做隐私权而获得保护的前提下，并不足以正当化警察后来的搜查行为。因为在现代国家，这种窥看隐私的行为本身，就构成对隐私权的侵犯，其本身是需要正当性来加以支持的。

当然，苏力认为警察的行为具有正当性的最重要理由，是此处的场所属于公共场所。这实际上是对隐私权的误解。在西方，隐私权有很多种概

---

1. Boydv. United States, 116 U. S. 616 (1886).
2. 参见 Silvermanv. United States, 365 U. S. 505 (1961)。
3. 参见 Katzv. United States, 389 U. S. 347 (1967)。根据联邦最高法院先前的判例，此案的焦点在于公用电话亭是否和住所一样属于第四修正案的保护范围，以及实际侵入是否是当事人提起关于"搜查"主张的必要条件。从第四修正案的总体法理上看，"Katzv. United States"一案的判决是现代"搜查"条款的萌芽。参见 Understanding Criminal Procedure, p. 96。

念。有时候，隐私权被称为"独处的权利"（The right to be let alone），有时候被称为"不受政府规制的自由"（The freedom from government regulation），有时候被称为"掌握某些信息或者生活的某些方面不受暴露的能力"（The ability to keep certain information from or aspects of one's life's secret）。[1] 在美国刑事诉讼中，如果行为人对自己的行为在一般人看来都不希望别人打扰和知晓，那么即使在公开场合的行为也不能认定为其行为不受隐私权保护，例如一人在公用电话亭打电话，不能因为其打电话的场所是公用电话亭就认定其行为具有公共性质，从而可以随意偷听；如果行为人的表现明显不希望将其行为限定为私人性质，那么一个人的行为即使是在隐蔽的场所，也不属于隐私，因而不受隐私权保护，例如一个人在家里装上高音喇叭给情人打电话，尽管通话内容可能具有私密性，但是行为性质却不具备隐私权的特征。

因此，如果隐私权真的能够获得保护，关键并不在于行为的场所，而在于行为本身的性质是否具有不期望他人知晓的性质。正是因为这个缘故，西方国家（仍然以苏力十分熟悉的美国为例）在界定"住宅"这一概念时，绝不仅仅是在常识的意义上来加以界定。

住所从广义上讲，是指人们用于居住的所有建筑，可以是短期的居住场所，如酒店；也可以是长期的居住场所，如公寓。它也包括像车库等与住所有关的建筑，甚至还包括用于家庭私人活动与住所无实质关联的建筑。[2]

从隐私权保护的角度而言，宪法上的"住宅"一词，并不限于人们熟悉的、私人拥有所有权的"商品房"或者"别墅"，其范围甚至可以扩展至人们用于办公的场所。对此，美国联邦最高法院在其判例中明确指出：办

---

[1]. William J. Stuntz, *Privacy's Problem and the Law of Criminal Procedure*, 93 Mich. L. Rev. 1016 (1995), p. 1021.
[2]. 关于"住宅"包括临时居住的酒店的判案，参见 Stonerv. California, 376 U·S·483 (1964); 关于住宅包括长期居住的公寓的判例，参见 Clintonv. Virginia, 377 U·S·158 (1964); 关于住宅包括车库的判例，参看 Taylorv. United States, 286 U·S·1 (1932)。

公室、商店和其他的商业建筑都属于联邦宪法第四修正案所说的"住宅"之列。[1]

综上所述,"诊所"这一用途,并不能够否定张氏夫妇观看黄碟行为的隐私性质——如果这种行为在制定法上能够获得合法性的话。更何况,本案中观看黄碟的场所,实际上应当是一个白天是诊所、晚上是住所的场所。苏力煞费苦心地论证本案中场所的性质,恰恰暴露了他对现代隐私权概念及相关法律精神的无知。

二、"黄碟案"中警察行为的合法性

在承认公民在自己家中以隐秘的方式看黄碟的行为属于纯粹私生活领域的范畴,从而不应当受到公权力的干涉这一前提下,我们得出了"黄碟案"中警察的干预行为不具有正当性的结论。但是,不具有正当性的警察行为并不一定不具有合法性。尤其是对于法律人而言,我们不应当简单地立足于西方的法制来衡量中国的情况。我们应当看到,根据西方的法治观念不具有合法性的行为,在中国反而可能具有高度的认可度。[2] 因此,当我们这些早已接受了西方法治观念的法律人从"法理"上分析某个具体的案件时,难免会犯下"直把神州作美洲"的错误,误以为中国就是美国,中国的法律和美国一样。也因此,"黄碟案"中警察行为不具有正当性的结论并未结束本文的分析。因为,以上分析仅仅是以现代话语作为基本思路所作的分析,而目前的中国,很多地方仍然处于"前现代"的状态。中国的一些法律,可能既具有"前现代"的意味,同时又具有现代化的意味。而中国的社会,则很可能是一

---

1. See v. City of Seattle, 387 U·S·541 (1867); Oliver v. United States, 466 U·S·at177.
2. 沉默权就是其中一例。根据西方法治经验和法治观念,被告人理应享有针对讯问保持沉默的权利,没有必要为控诉方实现对自己的定罪贡献自己的力量。但是在我们的制度中,并不认为赋予被告人沉默权具有道德上的正当性和理论上的妥当性。

个前现代、现代乃至"太现代了!"的混合体。

基于此,作为法律人,我们就不能满足于以现代话语为基础对"黄碟案"中警察行为正当性所作的分析。除此之外,我们还应当追问:虽然本案中警察的行为不具有正当性,但是它具有合法性吗?警察在依据什么法律侵入公民的住宅——尽管不是都市人意义上的"商品房"或者"别墅"?如果警察的行为的确能够找到制定法上的依据,这种制定法的存在又是否合理?其存在的理论根据何在?

(一) 法律对隐私权保护的原则与制度

从宪法的角度来看,其对隐私权保护的第一个条文可能是《宪法》第三十八条的规定:"中华人民共和国公民的人格尊严不受侵犯。禁止用任何方式对公民进行侮辱、诽谤和诬告陷害。"这一条虽然没有直接提到"隐私权"这个概念,从而可能会被认为与隐私权无关。但在很多大陆法系国家,对隐私权的保护就是通过立法机关对"人格尊严"的立法确认或者由最高法院对人格尊严作出司法解释的途径而得到承认的。因此,该条文规定的"人格尊严"应当理解为包括隐私权的内容。另外,《宪法》第三十九条规定:"中华人民共和国公民的住宅不受侵犯。禁止非法搜查或者非法侵入公民的住宅。"这一规定是对隐私权的重要内容之一,即居住安宁权的直接确认与保护,也是"黄碟案"的探讨中引用最多的条文。除此以外,《宪法》第四十条还规定:"中华人民共和国公民的通信自由和通信秘密受法律保护。除因国家安全或者追究刑事犯罪的需要,由公安机关或者检察机关依照法律规定的程序对通信进行检查外,任何组织或者个人不得以任何理由侵犯公民的通信自由和通信秘密。"这一规定既是对通信自由的保护,同时也是对通信秘密的保护,其中当然包含了隐私权的内容——若非保护隐私权,通信秘密有何保护的必要呢?

从刑事实体法的角度来看，我国《刑法》对隐私权的保护主要体现在第二百四十五条"非法搜查罪"、非法侵入他人住宅罪和第二百五十二条侵犯公民通信自由罪等条文的规定上。刑法的这些规定主要是针对普通公民对普通公民的犯罪，这是防止普通公民对人们隐私权的侵犯。刑事诉讼法则主要从刑事诉讼程序的角度，对国家机关的行为进行了规范。《刑事诉讼法》第八十五条第三款规定："控告人、检举人不愿公开姓名的，在侦查期间应为其保密。"第九十三条规定："被告人对与本案无关的问题，有权拒绝回答。"第一百一十一至一百一十三条规定，搜查必须有合法手续并按照法定程序进行；第一百五十二条规定：涉及个人隐私的案件及未成年人犯罪的案件不公开审理。《民事诉讼法》第一百二十条亦规定：涉及个人隐私的证据应当保密，涉及个人隐私的案件以及当事人申请不公开审理的离婚案件，可以不公开审理。

我国行政法也对公民的隐私权进行了规定。《人民警察法》第二十二条规定中人民警察的禁止性规范就有"非法剥夺、限制他人人身自由，非法搜查他人的身体、物品、住所或者场所"的内容。另外，在一些行业性规范中也有保护公民隐私权的内容，例如，银行为储户保密的制度，律师有对其执业过程中接触到的公民个人隐私保密的义务等。

在民事法律方面，《民法通则》虽未对隐私权作出明文规定，但是在最高人民法院发布的有关司法解释中，对于隐私权也是明确予以保护的。例如，最高人民法院在《民通意见》中第140条规定："以书面、口头等形式宣扬他人的隐私……造成一定影响的，应当认定为侵害公民名誉权的行为。"此外，最高人民法院还指出："对未经他人同意，擅自公布他人隐私材料或以书面、口头形式宣扬他人隐私，致人名誉受到损害的，应当按照侵害他人名誉权处理。""文中有……披露隐私的内容，致使名誉受到损害的，应认定为侵害他人名誉权。"[1]

---

[1].《关于审理民事案件若干问题的解答》(1993年8月7日)。

从以上规定来看，我国宪法和法律对于隐私权的保护不仅是明确的，而且是一贯的。虽然宪法上并没有"隐私权"这样的字眼，但是从宪法规范的具体内容来看，不能认为我国宪法就不保护"隐私权"。当然，我们也可以批评说我国民法尚未将隐私权作为一项独立的法律权利提供保护。因为根据现行法律，一个人的隐私权受到来自社会其他主体的侵犯后，不能以隐私权受到侵犯为名而提起诉讼，而必须以名誉权受到侵犯为名提起诉讼；换句话说，民法上对于隐私权的保护仅仅以这种侵犯侵犯了公民的名誉权为前提，如果没有达到侵犯名誉权的程度，或者说，没有使公民的名誉或者社会声誉受到贬低，则即使他的私生活秘密受到擅自的公开，法律也没有提供有效的保护。可见，隐私权在我国民法上依赖于名誉权的保护，它是附着在名誉权这一权利之上，而不是一项独立的权利。我们也可能争辩说，隐私权和名誉权是有区别的，二者最大的区别在于，对隐私权侵犯的手段主要是披露、传播、窃取、窥探等，这些行为在结果上并不一定导致人们对受侵权者的评价降低；而对名誉权的侵犯方式主要是侮辱、诽谤等，在结果方面必须以造成人们对受害者评价降低为其构成要件。[1] 但无论如何，我们也无法否认法律尤其是宪法、刑事诉讼法等公法对于隐私权保护的态度，立场坚定，观点明确。

（二）法律对观看淫秽物品行为的态度

但是，以上分析并不表明我国法律对于个人隐私在各个领域都给予了明确的承认和保护。相反，依据现行法律规范，人们的很多行为，尽管也具有隐私的性质，但实际上并不受到保护。与"黄碟案"有关的法律规定乃是其中最典型的例证。

---

[1]. 关于私生活秘密权与名誉权的其他区别，参见李步云主编：《宪法比较研究》，北京：法律出版社1998年版，第489—490页；张新宝：《隐私权的法律保护》，北京：群众出版社1997年版，第32—33页；王利民、杨立新、姚辉编：《人格权法》，北京：法律出版社1997年版，第151—152页。

不过，全国人大及其常委会通过的、在当前仍然有效的法律体系中，并无关于"观看"淫秽制品的行为应当受到禁止和处罚的规定。我国刑法虽然对于"制作、贩卖、传播淫秽物品"的行为规定为犯罪[1]，但是对于观看淫秽制品的行为，《刑法》是保持沉默的。不仅《刑法》保持沉默，作为"行政刑法"的《治安管理处罚条例》对于"观看"淫秽制品的行为，也未曾置喙。例如，《治安管理处罚条例（1994年修正）》第三十二条规定：

> 严厉禁止下列行为：（1）赌博或者为赌博提供条件的；（2）制作、复制、出售、出租或者传播淫书、淫画、淫秽录像或者其他淫秽物品的。
> 有上述行为之一的，处十五日以下拘留，可以单处或者并处三千元以下罚款；或者依照规定实行劳动教养；构成犯罪的，依法追究刑事责任。[2]

上述法律及其相关规定表明，在全国人民代表大会及其常务委员会按照正式的立法程序制定、颁布的现行有效的法律中，观看淫秽制品的行为并不属于法律禁止的行为。但是，在非经全国人大及其常务委员会正式立法的其他规范性文件中，却对观看淫秽制品的行为采取了限制或者禁止的立场。例如，1985年国务院《关于严禁淫秽物品的规定》第十条规定：

> 对观看淫秽录像、电影、电视的，应给予批评教育。对传看、传抄淫书淫画的，应予以批评教育，有实物的应交出实物；对屡教屡犯的，由主管部门给予行政处分。

---

1. 《刑法》第六章第九节。
2. 以上规定为《治安管理处罚条例（1994年修正）》第三十二条。上述《条例》已经于2004年被《治安管理处罚法》所取代。此处之所以引用《条例》而不是法是因为"黄碟案"发生时《条例》仍然有效，而《治安管理处罚法》则尚未颁布。

根据 2001 年国务院 319 号令发布的《国务院关于废止 2001 年底以前发布的部分行政法规的决定》，该《规定》已被废止。但是，在 1990 年公安部有关"除六害"的通知中，再次规定：

> 对在家庭成员中播放淫秽录像、录音而不属于制作、复制或传播的，应区别不同情况予以处理；对传看或偶尔传看并可通过教育悔改的，一般不予治安管理处罚；对于多次观看的，应给予治安管理处罚；到公民家中依法检查时，应该依法处理，不能采取断电扰民等方式。[1]

或许正是这一规定，构成了"黄碟案"中警察破门而入的"法律依据"。根据该规定，"传看或偶尔传看"的情形，应当通过教育促其悔改，只是不应当给予治安管理处罚；但对于多次观看的，仍然应给予治安管理处罚。该规定还有一个比较"人道"的部分："到公民家中检查时，应该依法处理，不能采取断电扰民等方式。"对该规定可以作两种解释：一是该规定的制定者考虑到其他居民的正常生活，对警察的执法行为作了理性的约束；二是制定者也考虑"人人都有这种正常的生理需要"，并在一定程度上容忍观看黄碟这一行为，因此要求警察执法最好在事后进行，当人们"正在观看"的时候，还是不要打扰。但是，其他一些法规的规定显然不支持后一种理解。

> 任何单位和个人不得利用国际联网制作、复制、查阅和传播下列信息：（1）煽动抗拒、破坏宪法和法律、行政法规实施的；（2）煽动颠覆国家政权、推翻社会主义制度的；（3）煽动分裂国家、破坏国家统一的；（4）煽动民族仇恨、民族歧视，破坏民族团结的；（5）捏造或者歪曲事

---

1. 《公安部关于严格依法办事，执行政策，深入开展除"六害"斗争的通知》（1990 年 5 月 7 日颁布实施）第二条第四项。

实,散布谣言,扰乱社会秩序的;(6)宣扬封建迷信、淫秽、色情、赌博、暴力、凶杀、恐怖,教唆犯罪的;(7)公然侮辱他人或者捏造事实诽谤他人的;(8)损害国家机关信誉的;(9)其他违反宪法和法律、行政法规的。[1]

根据上述规定,在国际互联网上,不仅"制作、复制和传播"宣扬淫秽、色情的信息受到禁止,而且"查阅"此类信息也是明文禁止的。违反上述规定,轻则受到治安管理处罚,重则遭致刑事处分。[2] 例如:(2004年)8月9日,四川某市警方接到省公安厅网监处转发的浙江省杭州市网监支队线索,该市有两个互联网上网账号分别于2004年3月21日和2004年7月11日登录浙江一色情淫秽网站,查阅、浏览色情淫秽图片并在该网站上留言。该市警方接报后立即作出部署,网监支队案侦大队多名干警在该市电信等单位配合下,排查有关案件线索300多条,8月10日终于查清该两个互联网上网账号具体用户的详细资料,并掌握了大量相关证据。警方迅速出击,抓获韩某、钟某两名违法嫌疑人。经对两名违法嫌疑人传唤,韩某、钟某在大量事实和证据面前供认不讳并深深悔过。[3]

这一案例远未如"黄碟案"那样受到人们的关注,但是其性质却几乎是完全一样的,只不过"作案"的工具不一样:"黄碟案"中的张氏夫妇是观看录像,而韩某、钟某则是在互联网上查阅和浏览色情信息。但是,这一案件却向人们传递了足够丰富的信息:即使在自己家中,即使没有侵犯到他人,

---

1. 《计算机信息网络国际联网安全保护管理办法》第五条,该《办法》通常被称为"公安部令第33号",1997年12月11日国务院批准,1997年12月16日公安部发布。
2. 根据上述《办法》第四章"法律责任"第二十条的规定,对于违反第五条规定的,"由公安机关给予警告,有违法所得的,没收违法所得,对个人可以并处5000元以下罚款,对单位可以并处15000元以下罚款;情节严重的,并可以给予6个月以内停止联网、停机整顿的处罚……构成违反治安管理行为的,依照治安管理处罚条例的规定处罚;构成犯罪的,依法追究刑事责任"。
3. 参见"四川宜宾两网民登陆色情网站浏览淫秽图片受处理",载 http://news.163.com/40819/3/0U5B6K680001122E.html(访问时间:2008年12月19日)。

我们的社会也还没有进化到容忍公民想干什么就干什么的程度。

当然，作为法律人，我们还可以争辩说，上述规定并不一定表明，在家中"查阅"上述信息的行为也应当受到法律处罚；甚至，熟悉宪法的人们还可以说：即便将上述规定理解为在家中查阅上述信息也可以受到行政处罚，这一规定也因与宪法的精神不合而应当予以废止。但是，如果我们作此争辩，无疑又将我们置于西方法治成熟国家的语境之中。在我国的社会环境下，可以说以上争论都属于无谓的争论，因为：第一，我国并不存在西方意义上的违宪审查制度；第二，我国学者对法律所作的解释在实践中并不受到重视。相反，实践部门基本上是按照自己对法律的理解，有时候甚至根本不理睬所谓的法律位阶问题，而是选择有利于自己的方式来执行法律。因此，对上述规定作实证的考察，就要探寻实践部门对上述规定的理解。而实践部门的理解正是：在家中查阅上述信息，也要遭致行政处罚。例如：在"艳照门"事件之后，吉林省公安厅网警总队民警提醒网民，对网上流传的香港艺人"艳照"这样的照片，"只要认定是淫秽色情图片，尽量不要动、浏览、复制、粘贴、下载、传播等行为都是违法的"[1]。

三、除罪化、理性人与现代程序法治

从以上分析来看，至少从制定法的角度，目前在我国，即使在自己家中看黄碟或者查阅有色情内容的信息，并且不具有聚众的性质，而仅仅是私人娱乐的行为，也为法律所禁止，并且可以受到处罚。制定法的这一态度，至少折射出三个方面的意义：第一，在伦理上，我们仍然将性视为一种可耻的行为，从而应当加以摒弃和谴责；制定法的规定既是对传统道德观念的反映，

---

[1]. 参见"警方称网民浏览淫秽色情图片行为亦属违法"，http://news.xinhuanet.com/internet/2008-02/03/content_7557262.htm（访问时间：2008年12月19日）。

同时又在一定程度上强化了传统观念；正是由于道德上缺乏对性的活动的宽容，才导致这种行为被界定为应当被禁止的行为，从而导致这样的"隐私"尚不被保护；第二，禁止观看淫秽制品行为的规定，同时体现了对普通老百姓"非理性人"的假设，以及对国家官员的充分信任；正是这种对普通公民的"非理性人假设"以及由此导致在诉讼中将所有包括当事人在内的诉讼参与人当做"未成年人"来对待，导致我国刑事诉讼程序仍然没有完成"现代化"的过程，"黄碟案"更是突出地显示了我国刑事诉讼程序在搜查与扣押方面与现代程序法治格格不入的方面；第三，在正式的法律体系之外，我们还有大量"非正式的法律"；这些非正式的法律一方面对正式的法律构成侵蚀，另一方面增加了法律执行的不确定性。以下将从上述三个方面加以分析。

（一）性的伦理观与观看性活动的除罪化

如前所述，我国法律对于公民私生活的保护态度还是十分鲜明的。但是，保护隐私权并不等于保护发生在阴暗角落的一切活动。大多数犯罪活动都具有一定的隐蔽性。如果没有"东窗事发"，也都属于"不足为外人道"的事情（年少无知或以此为荣者除外）。但是，隐私权的保护绝对不会延伸至犯罪行为和违法行为。无论是大陆法系还是英美法系国家，对于犯罪的打击都是毫不含糊的。即使是在隐私权的发源地美国，隐私权也从来都不被视为"绝对的权利"。相反，隐私权的保护总是要受到打击犯罪这一需要的权衡。[1]

因此，如果对于性的需要采取了"从源头上加以遏制"的政策，观看性活动的活动自然不被宽容。这样的行为自然不被视为应当由法律加以保护的"隐私"，而是被当做犯罪来对待，从而属于被禁止的行为，甚至应当给予处

---

[1]. See Halev. Henke, 1201 U. S. 43, 70 (1906). Privacy can be protected but not absolutely; given some form of balancing, it should be possible to shield individual privacy interests without endangering the modern state's ability to regulate. William J. Stuntz, supra note, p. 1031.

罚。正如福柯在审视中世纪关于性的言说时所作的总结那样："性行为如果不是出于生育繁衍的需要，没有纳入生殖繁衍的秩序，就不可能指望得到承认和保护，也别想得到发言的机会。它只能受排挤，被否定，默默消失。它不仅不存在，而且没有生存的权利，只要稍一露头，就将被迫销声匿迹——无论是行为还是言论都会遇到这种遭遇。"[1]

显而易见，观看性活动的活动，并不等于性活动本身。诚如苏力所言，"观看床笫之间的事"，不能等同于"床笫之间的事"。尽管二者之间有时候可以相互转化，甚至不排除前者成为后者的一部分，但是即便如此，它们也不可能同时属于生育和繁衍的范畴，从而也就没有生存的机会。因此，不仅制造、传播淫秽物品被视为恶，而且观看淫秽物品的行为也被界定为一种恶——甚至有可能，在立法者看来，这两种恶是互为因果的恶性循环：正是由于存在着观看性行为的需要，所以才产生了淫秽制品的市场，这个市场的存在反过来又刺激了观看性行为的需要，这种需要的膨胀，又进一步繁荣了淫秽制品的市场——如果我们这样来理解政府的意图，应当说从源头上遏制这种需要可能是合理的，甚至是恰当的。

但是，这样的推论却暗含着一个逻辑前提，就是凡是有关性的问题都是可耻的，至少是应当加以抑制或避免的。这实际上就产生了两种不同道德观的冲突。一种是现代的道德观念，它认为性的需要可以并且应当通过一定的渠道得到满足；另一种则是前现代的道德观念，它或者认为性的需要本身就是一种恶，因此需要一定程度的抑制；或者认为性的需要可能通过淫秽物品而扩张，因此必须对这类物品保持距离。前者认为性的意识和活动只要不影响他人，基本上应当受到尊重，从而不属于国家刑法或者行政刑法应当覆盖的范围，从而自然也不属于公权力应当介入的范围；后者则认为，由于性行为本身并非中性的、无害的行为，因此哪怕是对于有关

---

1. ［法］米歇尔·福柯：《性史》，姬旭升译，西宁：青海人民出版社1999年版，第4页。

性的意识活动也必须加以控制。正是由于后者在国家和社会生活的主流意识形态中占据了上风，有关的法律才会将观看淫秽制品的活动界定为违法。"从某种意义上说，犯罪就是被叙述为犯罪的那些行为。如果没有被叙述为犯罪的行为，或者没有将某种行为叙述为犯罪的过程，就没有犯罪。"[1] 观看黄碟的行为仍然可能受到治安管理处罚（批评教育也是一种法律处罚），说明我国在观看性活动这一在西方早已被视为纯粹私人行为的领域尚未完成除罪化的过程。[2]

综上所述，一方面，我们可以批评上述法律规定的不合理。但是另一方面，我们又不得不面对这样的现实："黄碟案"的出现，本质上并不是由于我国法律不承认隐私权，也不是不尊重隐私权，而是由于我国法律对于观看黄碟这样的行为根本上的否定态度。换句话说，对"黄碟案"中隐私权的问题实际上并非隐私权本身不受保护，而是观看性活动的行为不被承认为隐私。因此，相关的隐私权要获得保护，固然需要加强隐私权保护的观念，但更重要的则是去除有关性活动不被容忍的法律政策，即"观看性活动"的行为的除罪化。在观看淫秽作品的行为被除罪化之前，即使隐私权保护的观念深入人心，这一类活动仍然会受到干预，而不会被当做正当的隐私获得保护。

（二）非理性人假设与程序法的现代化

不过，"黄碟案"反映的问题还不仅在于这些规定本身可能和社会现存的有关性观看方面的意识形态并不吻合，而且，这些规定本身的逻辑也非常值

---

[1]. 白建军：《关系犯罪学》，北京：中国人民大学出版社2005年版，第280页。
[2]. 这并不是说我国《刑法》仍然没有完成对观看性活动行为的除罪化，而是说在行政刑法上仍然将这类行为当做应当受到禁止的行为来对待。换句话说，此处"除罪化"中的"罪"，使用的是犯罪学意义上的"罪"的概念，而不是刑法学意义上的"罪"的概念。在刑法学上，犯罪通常要符合《刑法》所规定的犯罪构成要件，因此不仅需要在性质上具有违法性，而且必须在程度上达到特定的危害程度。而在犯罪学意义上，"犯罪"基本上是一个社会学意义上的概念，因此凡是被社会所禁止的行为，都属于"犯罪"，也都属于犯罪学所研究的范畴。

得推敲：有些人是可以免于淫秽物品之毒害的，那就是国家官员；还有一些人则是不能免于淫秽物品之毒害的，那就是普通公民（无论其是否成年）。因此，当普通公民观看淫秽录像、电视和电影时，国家官员可以对其进行批评教育。如果国家官员自己不先看一看，如何得知普通公民观看的是"淫秽录像、电视、电影"？既然国家官员自己必须作一遍"鉴定"，国家官员自己是否也应当受到批评教育？当然，制度上也可以假定：那些以"鉴定"影视作品是否淫秽物品为业的人员，由于长期和影视作品打交道，从而具备了一定的免疫性。但是：第一，这种假定没有任何科学依据；性欲旺盛的人不会因为长期观看色情影片而性欲减弱——至少目前没有任何科学依据支持这样的论断；第二，即便上述假定能够成立，如何避免负责鉴定的人员在初次接触淫秽制品时不被"毒害"？无论如何，这样的规定本身都难以避免逻辑上的悖论。因此，它唯一合理的解释就是：有些人是可以免于淫秽物品毒害的；而另一些人则不能免于淫秽物品的毒害。推而广之，有些人是无法对自己的利益作出正确判断的；另外一些人则不仅可以对自己的利益作出判断，还可以帮助他人对其利益作出判断。更明确地说：这样的制度并不假定每一个人都是他自身利益的最佳判断者。

　　自由主义的理论基础之一是个人主义。"个人主义的基本信条是：每个人是其自身利益以及知道如何促进这些利益的最佳判断者。因此，赋予每个人以选择其自身目标和实现这些目标的手段的最大自由和责任，并采取相应的行动，便可最佳地实现每个正常成年人的最佳利益。"[1] 但是，我国法律有关观看淫秽制品也应当受到禁止和处罚的规定，实际上是替行为人预先作出了选择。换句话说，整个国家的意识形态并没有将公民作为有着独立自主意识的主体，没有体现理性人的特征，而是将所有人都当做未成年人来对待，这些"未成年人"的利益需要政府这个"成年人"来作出判断，并强迫他们接受

---

1. 顾肃：《自由主义基本理念》，北京：中央编译出版社2003年版，第20页。

政府的判断。这一理论前提的逻辑结论，就是通常赋予政府更多的信任，从而加强政府相应的权力。公民的权利则相对受到限制和削弱。这种观念体现到程序法中，就是所有的诉讼参与人都不被当做成年人来对待，从而其左右诉讼进程的能力也就受到限制和削弱；相应地，这样的诉讼程序必然是职权主义的程序，而不是当事人控制的程序。具体到刑事诉讼中，就是国家机关的职权得到强化，公民的自由相对受到削弱。从总体上看，我国对于搜查与扣押的程序基本上不存在西方意义上的司法审查，而是完全由公安机关单独决定。虽然我国法律也规定，刑事诉讼中的搜查必须出示搜查证（逮捕附带的搜查除外），但是搜查证的签发却不是由法官进行，而是公安机关自己就可以签发。这样的一种制度安排，使我们在反思学者们提出的种种关于引进非法证据排除规则的建议时[1]，完全有理由对这些建议保持合理的怀疑：在侦查机关有权签发搜查证的前提下，单纯地引入所谓的非法证据排除规则是否有效？

在美国，搜查令的签发必须由法官进行，这一做法奠定了其非法证据排除规则的制度基础。它在程序上导致三方面的后果：一是警察要获得搜查令必须有"可成立的理由"（Probable cause），否则法官通常不会签发搜查令；二是法官签发搜查令之后，警察只能按照搜查令所载的内容进行搜查；因搜查令所载内容极为详细，包括搜查的时间、搜查的目的、搜查的范围等均有记载；警察若违反搜查令所载事项进行搜查，均可能导致被认定为违法搜查；三是违法搜查的后果通常导致其所获证据被认定为非法证据而予以排除，对此只有极少数的例外。[2]

---

1. 参见汪建成：《中国需要什么样的非法证据排除规则?》，载《环球法律评论》，2006 年第 5 期；陈卫东、刘昂：《我国建立非法证据排除规则的障碍透视与建议》，载《法律适用》，2006 年第 6 期。
2. 以上关于美国非法证据排除规则的内容，参见 Yale Kamisar, Wayne R. Lafave, Jerold H. Israe, Nancy J. King, *Modern Criminal Procedure: Cases - Comments - Questions*, 11th Edition, Thomson/West, 2005; Phillip E. Johnson, Morgan Cloud, *Constitutional Criminal Procedure: From Investigation to Trial*, 4th Edition, Thomson/West, 2005; Joseph G. Cook, Paul Marcus, *Criminal Procedure*, 6th Edition, LexisNexis, 2005。

然而，我国的制定法中并没有要求警察的搜查行为必须有法官签发的搜查令。相反，警察部门自己就可以签发搜查令。尽管公安机关在行使这一职权时其内部也会履行一定的手续，甚至这些手续还相当复杂甚至十分严格；同时我们也可以合理地相信：大多数公安机关都会比较忠实地履行法律赋予的职责，在搜查的问题上体现出审慎的态度。但是，从理论上说，这种自我约束无论如何也无法替代外部的权力平衡和当事人的权利制约。在没有这种外部的权力平衡和权利制约的情况下，警察的权力就只能寄希望于一些非正式的制度：内部的纪律约束、上级的案件复查、人大的个案监督、媒体的公开报道等。除了媒体的公开报道（这往往受到相当程度的限制）以外，以上所有的约束机制都属于内部的非正式的约束机制。说其是内部的是因为都属于国家机关，或者在性质上与国家机关相当。说其是非正式的制度是因为这些机制是否启动、何时启动、启动的结果如何，都具有高度的不确定性。

以"黄碟案"为例，公安机关在人民检察院最终作出不批准逮捕的决定之后，其对当事人还可以有很多种选择：劳动教养——当然在本案中可能会激起更多的民愤，因此理论上可能的选择不一定会成为现实；保持沉默——虽然我做错了，但是我不认错，内心惭愧，外表刚强，也是一种现实可能的方案；赔礼道歉，并对责任人给予纪律处分——人非圣贤，孰能无过？君子之过也，人皆见之；及其更也，人皆仰之——"黄碟案"基本上遵循了最后这一方案思路。到最后人们还要感谢这个公安机关，因为它不仅能犯错，更值得敬仰的是它知错能改，还是个"君子"。

在这样的制度之下，自然无可能产生美国意义上的非法证据排除规则——即使有，也是走样的。首先，如果搜查令可以由公安机关签发，那么，没有搜查令情况下的搜查，也可以通过补办的方式获得事后的纠正；其次，如果警察违反搜查令进行了搜查，也可以通过事后修改搜查令的方式进行补救；最后，既然制度的着眼点在于对国家官员的信任，这种信任当然会浸透司法机关的各个部门和司法实践的各个角落，因此，即便有充分的证据证明警察的搜查行为为非法，法院是否有足够的动机、勇气和信心对其违法性加以认定并排除其取得的证据，仍然具有高度的不确定性。

（三）非正式制度的存在与法律执行的不可预期性

然而，上述分析并不表明我国社会在有关性的观念问题上仍然处于前现代状态，也不表明我国刑事诉讼程序与现代法制程序存在着质的区别。相反，如果将我国法律区分为"正式的法律"和"非正式的法律"，则无论是实体法方面还是程序法方面，现代的意识应当早已浸透在正式法律的规定之中，而前现代的意识则仍然充斥着非正式的法律。在此，"正式的法律"是指经过严格的立法程序、由全国人民代表大会及其常务委员会制定、修改、颁布的规范性文件；"非正式的法律"是指虽然也经过了一定的程序，但是非经全国人民代表大会或者其常务委员会通过的，而是由国务院、各部委以及最高人民法院和最高人民检察院等机关制定、颁布的规范性文件。前者构成我国法律的基本主体，后者虽然在效力等级上远远不如前者，但在司法实践中却高于或者优于前者。这应当也算是转型社会的一个典型特征。

以"黄碟案"为例，在《刑法》、《刑事诉讼法》等正式的法律体系中，"观看"淫秽制品的行为并不被认为属于应当受到禁止的行为。甚至在作为"行政刑法"的《治安管理处罚条例》乃至后来的《治安管理处罚法》中，都没有将观看淫秽制品的行为当做应当受到禁止和处罚的行为。但是，在非正式的法律体系中，对观看淫秽制品行为的禁止性规定及处罚措施——尽管只是"批评教育"——却堂而皇之地粉墨登场。虽然1985年国务院《关于严禁淫秽物品的规定》已经废止，但是，1990年公安部《关于严格依法办事，执行政策，深入开展除"六害"斗争的通知》却依然生效，而所谓的"公安部令第33号"也就是《计算机信息网络国际联网安全保护管理办法》等依旧作为执法部门查处观看、查阅淫秽信息的依据。这些在正式的法典中不被禁止的行为，根据法律人熟悉的西方成熟法治社会的经验，理所当然地理解为"法律所不禁止的，即为法律所允许"。但是，当一个国家的法律，可以根据《通知》、《办法》等非正式法律体系而加以改变，并且在公民的自由可以在不经过独立、中立的司法机关而加以剥夺，对公民可以随时随地"批评教育"的情况下，上述西方的法理，又显得如此的软弱无力、不堪一击。

当然，这些"非正式法律"所作的规定并不一定代表了主流的意识形态，甚至可能和我们的统治者所奉行的真正原则并不一致。更明确地说，第一，我们关于观看淫秽物品的禁止性规定很可能仅仅是前现代意识形态的偶一露头，实际上官方的态度或许早已松动；这应当是正式的法律体系并未规定观看黄碟应当受到处罚的原因，也是苏力勇于承认自己曾经观看黄碟的前提条件；第二，正是由于官方的态度已经松动，官方在实际执法时也就具有选择性和相当大的随意性，因此有些行为可能受到处罚，而另一些行为则不会受到处罚；第三，既然执法的依据仍然存在，就不能排除执法机关将这些规定用做敛财的机会。"黄碟案"的发生实际上属于用于敛财的工具，该案中观看黄碟的夫妇也在无形中沦为这种选择性执法的牺牲品。正是在这一意义上，我国的法律仍然缺乏马克思·韦伯所说的那种确定性和可预期性，也就是形式理性化的程度还远远不够——虽然在正式的法律中[1]，形式理性化已经粗具规模；但是由于非正式法律体系的存在，这种现代社会所追求的，尤其是以理性人为基本假设前提的市场经济所追求的法律实施的确定性和可预期性，也就大打折扣。也正是由于这一缘故，我国的法律在有些时候、在有些地方仍然不过是行政的工具，而不是公民自由的保障。

---

1. "对于商品市场的利益者来说，法的理性化和系统化，一般而言和保留以后有所局限的条件下，意味着法律维护功能的日益增长的可预计性——经济的、特别是资本主义方式的持久企业最重要的先决条件之一，企业需要在法律上交往的可靠性。"参见［德］马克思·韦伯：《经济与社会》(下卷)，林荣远译，北京：商务印书馆1998年版，第202页。

四、结论

根据前文的分析,我国隐私权保护的法律规定已经粗具规模。从公法与私法比较的观点来看,公法对于隐私权的保护甚至超过私法。但是,隐私权的承认和尊重并不意味着法律保护一切发生在阴暗角落的隐蔽行为。凡是被认为与犯罪、违法有关的行为,并不受隐私权的保护。如果一个行为被界定为违法,则即使发生在野旷无人之处,也可能甚至应当受到法律的追究。从这个角度来看,"黄碟案"的发生,并不是因为我国法律不保护隐私权,而是由于观看黄碟的行为仍然具有制定法上的违法性从而不被当做隐私来保护。这种纯粹私人的事务,尽管不会影响他人的正常生活,丝毫不会侵犯他人的合法权利,也被界定为违法行为,这反映了我们的社会至少在某些方面仍然没有进化到能够将每个人视为有着独立自主意识的主体的程度。社会对于个人生活的干预仍然是全面而细致的,留给个人的空间仍然是有限而狭隘的。也正是由于这种意识形态的缘故,我们的诉讼程序才给予了国家官员过多的信任,而对于当事人的权利则较少保障。这也是我国至今未能建立起现代法治国家早已确立的现代搜查程序的根本原因,也是我国至少在可预见的将来无法引进美国式的非法证据排除规则的制度现实。[1] 同时,由于正式的法律和非正式的法律同时存在,执法机关的执法活动所受的约束尤其是正式的权力制约因素还没有完全到位,因此,司法实践中出现"选择性执法"的问题也就不可避免。虽然我们无法判定这种现象究竟在多大范围内存在,但是法律体系的不一致无论如何都增加了法律执行的不确定性。这种现象同样阻碍了

---

1. 本文并不是说美国的非法证据排除规则就是好的制度(这已经超出本文探讨的范围),而是说美国的制度与美国社会、美国主流的意识形态是一致的,与美国整体的法律制度所体现的法律精神是一致的。那就是:公民个人的自由应当给予充分的保障,政府的权力需要合理地约束。如果我们仍然坚信政府只会做好事,不相信权力必须以独立的权力加以权衡,不相信权力需要通过权利来制约,那么我们永远也无法建立起现代的程序法治。

法律人通过修改正式的立法以期改变中国法制现状的努力，或者至少削弱了这种努力所能带来的效益。因此，如果我们的确希望建立真正有效的法制体系，那么，我们不仅在思想上必须摒除那些与现代法制理念格格不入的因素，而且必须在制度上清除那些可能造成体系混乱的局面。

（原载《清华法学》，2009 年第 4 期）

哈尔滨市行政复议机制改革

吴 杨
（清华大学公共管理学院）

为了有效提升行政复议案件办理的透明度与公信度，更好地发挥行政复议在服务经济社会发展和构建和谐社会中的作用，加快建立与服务、高效、便民的现代行政管理体系相匹配的工作机制，2007 年 7 月，哈尔滨市政府结合复议工作实际，改革了行政复议组织形式，设计了新的运行模式和程序，在全国率先进行了市政府行政复议委员会试点改革。在现行法律、法规规定的框架内，该机制充分借鉴国内外行政救济的先进经验，开展了以"行政复议机制改革"为主要内容的创新探索，走出了一条以创新推动改革、以改革促进发展的新路，取得了良好的效果。

一、哈尔滨市行政复议机制改革的背景

行政复议是现代行政法律体系中，相对人获取行政救济、解决行政争议的主要途径，是近代民主政治的产物。包括美、英、法、德、日、韩等国在内的许多国家，在本国法律体系中普遍确立了该项制度。我国行政复议制度

经历了一个曲折发展过程，20世纪50年代后期到60年代初，行政法规对行政复议有了规定，称为"申诉"、"复审"、"复验"。"文革"期间，行政复议制度实施陷入停滞。80年代，随着法制化进程的加快，行政复议制度得到了恢复和发展。《行政诉讼法》颁布后，为配合行政诉讼制度的实施，国务院于1990年12月24日通过了《中华人民共和国行政复议条例》，对行政复议作出了比较系统的规定。1999年4月29日，《中华人民共和国行政复议法》经九届人大常委会第九次会议审议通过，以法律的形式确立了行政复议制度。《行政复议法》在总结《行政复议条例》实施实践的基础上，进一步完善了行政复议制度。据国务院法制办统计，自1999年《行政复议法》实施以来，全国行政复议案件受案数量逐年上升，平均每年通过行政复议解决的行政争议有8万多起，经过复议，83.7%的案件没有再提起行政诉讼。行政复议制度已经成为法治政府的"助推器"、和谐社会的"减压阀"。但由于复议制度还存在的一些问题，导致权利救济效果和社会预期有很大差距，影响了人们对行政复议制度的信任，削弱了行政复议的公信力，很多群众不愿意或不习惯通过行政复议表达诉求，主要采取信访等方式寻求解决问题，行政复议矛盾解决机制的作用发挥的还不够充分，行政复议制度有待改革完善。

二、哈尔滨市行政复议机制的改革动因

我国正处于经济转轨、社会转型时期，各种社会矛盾加剧，发生在基层的行政争议呈逐年上升趋势，影响到了社会的和谐稳定。由于最初定位于行政机关的内部纠错机制，原有复议机制主要以内部运行为主，导致透明度不高、公信力不强，严重制约了行政复议制度作用的发挥。为此，哈尔滨市政府必须探索一种更科学的工作机制，从程序上体现复议的民主性，从结果上保证复议的正义性，切实增强行政复议的公信力。哈尔滨市作为东北老工业基地的重要城市，在改革发展中累积了很多矛盾，更加需要推进行政复议改

革的进程。

（一）机构缺少独立性，复议公正难以实现

各级政府及其职能部门的行政复议机构，附属于行政机关，作为行政复议机关的内设机构，复议活动受人为因素影响和干扰较为普遍，行政复议决定维持的多，变更、撤销的少。从2000年至2006年哈尔滨市行政复议案件审理结果看，七年共受理复议案件4714件，维持2836件，占63%；撤销681件，占15.1%；变更162件，占3.6%。由于复议机构和复议人员难以保持超脱和中立立场，缺少独立性，导致复议案件公正性受到影响，行政复议权威性难以树立。

（二）行政复议申请渠道混乱

由于法律、法规、规章规定了不同的复议渠道，导致行政复议机关众多，很多群众无法知晓这些规定，不知到哪里申请复议，也不会申请复议，出现了"一不知告、二不会告、三不敢告"的"三不"问题。同时，由于复议机关工作地点也较分散，"摸错门"的现象时有发生，有的还相距很远，给申请人尤其是偏远地区、农村的申请人造成困难，在不能通过法律途径维权的情况下，就容易采取激化的非理性方式寻求问题解决。有的复议机关受理案件要报行政首长层层审批，效率低下，阻塞了群众的诉求渠道。

（三）运行方式行政化，复议公信力受到影响

不少复议机关简单地认为行政复议只是行政机关内部层级监督的手段，复议工作混同于一般行政工作。复议办案过程只在行政机关内部进行，过程

封闭,透明度差。这种制度设计行政化色彩浓厚,违反了解决行政争议所需要的准司法化程序规则,难以保障当事人的平等地位和争讼对抗,难以保证复议机关的独立性和中立性,导致复议制度的公信力大打折扣。

(四)复议人员专业性不强,案件办理质量不高

行政复议是专业性很强的法律工作,需要复议人员受过系统的法律专业教育,具备一定的行政管理经验。根据我们对哈尔滨市所辖区、县(市)政府复议人员的统计,八区十县(市)政府法制部门核定复议人员编制65人,实有50人,正规大学本科毕业3人,占实有复议人员的6%;其中法律专业毕业2人,仅占实有复议人员的4%。复议人员普遍存在法律素养不够,法律信仰欠缺,专业知识不足,裁判角色意识缺乏等问题。这些问题的存在迫切要求复议法对复议人员资格准入作出具体规定。

(五)行政复议程序复杂,影响效率,增加成本

行政复议机关的部门多则数十个,少则十几个,无论有案无案都要配置复议编制和人员。多个复议机关并存的现状,膨胀了行政编制,增大了行政成本。对简单的复议案件,一律适用普通程序,通过严格的普通程序规定来查明事实,而后一步一步作出评判,这无疑消耗了本来就有限的行政资源和时间,也使行政争议双方对复议程序感到厌倦。一些本来并不复杂的案件得不到快捷审理,也会影响重点疑难案件的审理。

基于上述原因,行政复议工作理应在全面构建和谐社会的新形势、推进科学发展的新要求、建设法治政府的新任务和建设哈尔滨"三个适宜"现代文明城市的新目标的大背景下,不断通过机制创新,在调处化解矛盾、维护和谐稳定、保障公平正义等方面发挥出更大的作用。

三、哈尔滨市行政复议机制的主要内容

针对以往行政复议工作出现的实际问题以及行政复议委员会相关问题的研究，哈尔滨市政府法制办公室于2007年经市政府批准，改革了行政复议组织形式，成立了哈尔滨市政府行政复议委员会，作为办理行政复议案件中议决机构，针对疑难法律问题、影响重大的案件和专业性较强的问题进行研究处理。在组织机构和功能上实现了相对独立性、专业性和公正性，从而使复议案件的议决向科学、民主和依法决策的方向迈进了一步。

（一）哈尔滨市行政复议委员会的组织形式

行政复议委员会作为直接对市政府负责的行政复议案件议决机构，经市政府以规章形式授权审查议决行政复议案件，委员会不占政府的机构数和人员编制。行政复议委员会委员主要由法律界专家学者组成，其中主任由市政府常务副市长兼任；副主任由市政府法制办主任和分管副主任兼任。其余35名委员，主要由大学法学院院长、教授、人大代表、政协委员、资深律师、法院主管行政审判工作的院长、庭长、政法委熟悉法律的处级以上干部以及省、市政府具有复议工作经验的处级以上干部组成，从复议委员会委员的整体构成来看，市政府以外的"外部委员"占81%。

行政复议委员会下设行政复议委员会办公室作为委员会办事机构，办公室设在市政府法制办，职责包括：受理行政复议申请；调查案件基本事实，提出初步处理意见；向委员会提报需要议决的复议案件；办理行政复议委员会议决事项；主持行政复议调解工作；办理市政府行政应诉、应议案件；开展调查研究等。行政复议办公室下设立案应诉与指导处（现有4人）和案件调查处（现有6人）两个业务处。立案应诉与指导处对外挂市政府行政复议

受理办公室牌子，在受理市政府管辖的行政复议案件同时，还负责集中受理全市范围内其他行政复议案件，如图4所示。

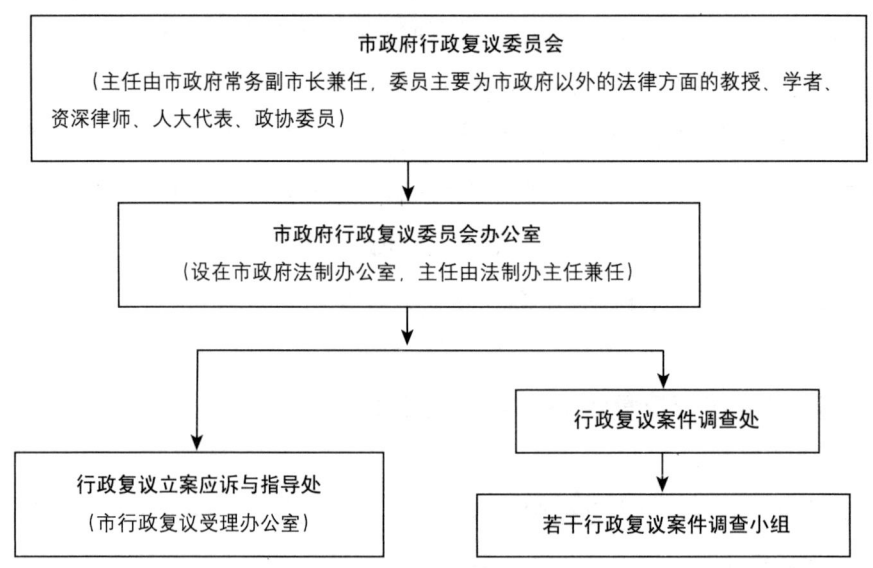

图4　行政复议委员会机构设置图解

市政府行政复议委员会委员议决经费由财政专项列支保障，2007年7月至2009年6月每年12.5万元，2009年6月起每年25万元，每次议决会议一般可议决4—6个案件，有5—7名委员参加，按参加议决委员每人500元标准支付。

（二）行政复议委员会的运行程序

原来的行政复议受理、审理都是比较原则化的规定，程序上的滞后与现实中纷纭繁杂的复议要求构成了亟需解决的矛盾，行政复议改革后，行政复议流程和模式发生显著变化，如图5对比所示。

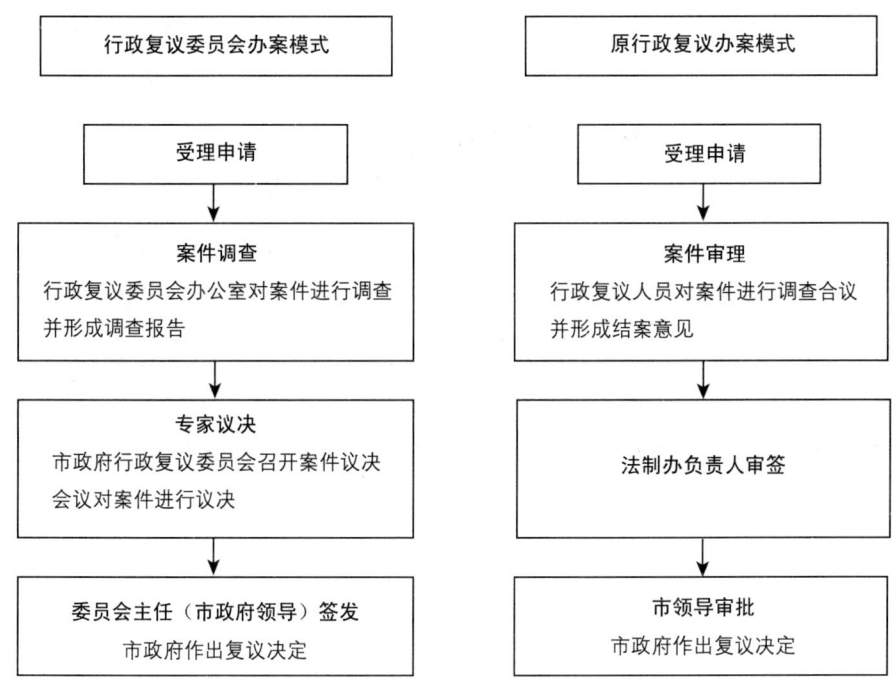

图5 行政复议委员会工作机制与原办案机制对比图示

为更好体现行政复议的准司法性，在行政复议委员会运行方式设计上，哈尔滨市政府法制办公室按照分权制衡、民主决策的理念设计了委员会的运行程序，包括四个方面：

第一是实行了立案权与调查权相分离。立案应诉与指导处对外挂行政复议受理办公室牌子，在市区交通便利地点设立市行政复议受理中心，集中受理全市范围内的行政复议申请，畅通诉求表达渠道，解决了群众申请复议难，一些机关不依法受理案件，积压矛盾的问题。受理后的案件，转案件调查处调查，实现了立审分离。

第二是实行了调查权与议决权相分离。案件调查权在法制办案件调查处，议决权在复议委员会。适用简易程序案件由行政复议委员会办公室进行审理。一般程序案件，能够调解的调解结案，调解未果的案件全部呈请委员会议决。

案件调查处在议决会议召开 5 日前将相关材料通过电子信息系统发给委员研究。

第三是以少数服从多数表决确定行政复议决定意见。复议委员会每半月召开一次案件议决会议，会议按照委员名单顺序和与案件业务研究范围有关联委员优先原则，选择 5 至 9 名单数委员参会。案件议决会议由法制办主任、副主任或其指定的复议人员主持，议决会首先由案件承办人汇报案件基本情况，提出初步处理意见。委员在听取案件调查情况并就有关问题提问后，对案件的处理进行讨论磋商，讨论结束后各自填写表决票，现场统计，以少数服从多数原则确定每起案件的议决意见，行政复议委员会办公室按照委员会议决意见形成复议决定书文稿报委员会主任（常务副市长）签发。

第四是决策权的相互制衡。这项机制赋予了市长对委员会议决意见的否决权，即市长可以拒绝签发复议决定书，但必须将案件退回委员会并充分说明理由和依据，由委员会另行组织召开案件议决会议或召集三分之二以上委员参加的会议重新议决，市长再次拒签复议决定的，必须提交市政府常务会议集体研究。

至此，经过精心的设计，形成了比较完整的行政复议委员会工作运行程序。为使这项创新具有制度保障，哈尔滨市通过政府规章《哈尔滨市行政复议规定》的立法形式予以确定，成为一项制度安排。

（三）哈尔滨市行政复议的改革历程及工作流程

2009 年 6 月，哈尔滨市按照国务院法制办和省政府法制办的要求，在 2007 年行政复议委员会试点的基础上，继续深化改革，探索相对集中行政复议审理权工作。此次深化改革工作，哈尔滨市在组织形式上进一步创新，在复议委员会原有 35 名个人委员的基础上，将 50 个具有行政复议权的部门增设为单位委员，法定复议机关作为单位委员参与议决，与其他委员同样具有一票表决权。

1. 实施步骤

考虑到市政府法制办两个复议处现只有 10 名工作人员，很难承担全市各部门全面集中过来的案件，为此，哈尔滨市根据近年来市政府各工作部门受理行政复议案件等情况，将有行政复议管辖权的 50 个政府工作部门分成三类，分两个阶段实施。第一类是近几年来没有受理过复议案件的 26 个政府工作部门，第二类是复议案件数量不多的 19 个政府工作部门，第三类是复议案件数量较多的 5 个政府工作部门。

第一阶段：对以第一类部门名义受理的行政复议案件，完全由市政府行政复议委员会办公室调查并提交市政府行政复议委员会议决；对以第二类部门名义受理的行政复议案件，由市政府行政复议委员会办公室和部门共同组成案件调查组，形成调查报告提交市政府行政复议委员会议决；对以第三类部门名义受理的行政复议案件，由该部门独立组成案件调查组，形成调查报告并由市政府行政复议委员会办公室审核后提交市政府行政复议委员会议决。以部门名义受理的行政复议案件经市政府行政复议委员会议决并报委员会主任审签后，行政复议决定书等法律文书加盖法定行政复议机关（部门）公章，送达当事人。

第二阶段：2010 年下半年根据政府机构改革情况，增加政府法制机构复议人员，条件具备时，将第二类、第三类部门案件办理方式转成第一类部门案件办理方式，调查和议决工作均由市政府行政复议委员会及其办公室负责。同时，视情况在案件调查组中吸收相关部门工作人员参加。

2. 哈尔滨市行政复议工作模式与流程

哈尔滨市此次相对集中行政复议审理权工作，其工作模式采取"三集中一分散"方式，即集中受理、集中调查、集中议决、分散决定。整个行政复议流程，如图6所示。

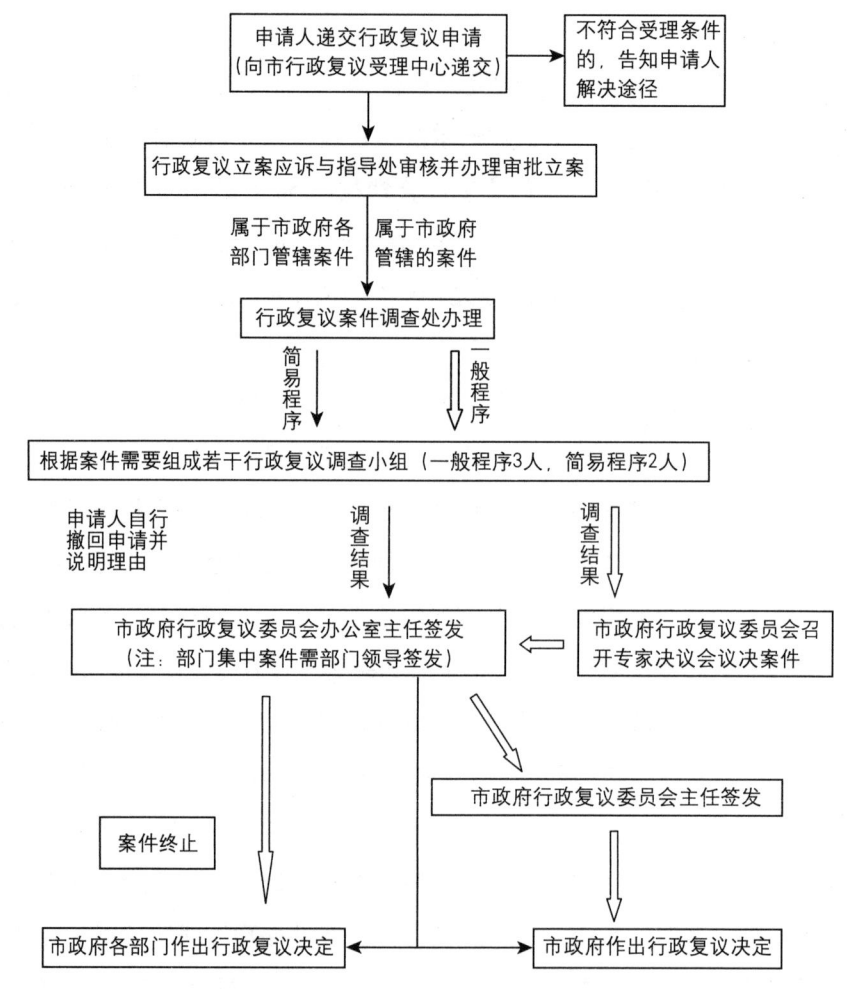

图6 哈尔滨市行政复议工作流程图

（1）集中受理。将2007年设立的市行政复议受理中心集中接收转送案件的方式变为直接集中受理方式，集中接收处理应由市政府和市政府工作部门受理的行政复议申请，市政府工作部门不再单独接收行政复议申请。市行政复议受理办公室统一刻制各法定行政复议机关行政复议专用章，由市行政复议委员会办公室主任签字后，以法定行政复议机关名义受理全市的行政复议申请。全市各级行政执法机关在具体行政行为的法律文书上，必须明确告知市行政复议受理中心的地点和电话。

（2）集中调查。对以市政府名义受理的行政复议案件，仍按原办案方式由市行政复议委员会办公室进行调查。对以第一类部门名义受理的行政复议案件，行政复议案件调查工作完全由市行政复议委员会办公室组成案件调查组负责调查。必要时，可以抽调一名法定行政复议机关相关业务工作人员参与案件调查工作。对以第二类部门名义受理的行政复议案件，行政复议案件调查工作由市行政复议委员会办公室与法定行政复议机关共同承担，组成由市行政复议委员会办公室复议人员为组长，两名法定行政复议机关人员为成员的调查组负责调查。待条件成熟后，转为第一类部门的调查工作模式。对以第三类部门名义受理的行政复议案件，行政复议案件调查工作暂由各法定行政复议机关独立承担，组成有三人组成的案件调查组进行调查。

（3）集中议决。对于以部门名义受理的案件，适用简易程序办理的案件，调查组形成调查报告后报市政府行政复议委员会办公室审核，同意案件调查组意见的，由市政府行政复议委员会副主任签署决定意见；经市政府行政复议委员会办公室审核认为案件事实没有查清的，发回案件调查组重新调查。适用一般程序办理的行政复议案件，案件调查组形成调查报告报市政府行政复议委员会办公室审核后，由市政府行政复议委员会办公室统一安排委员会议决会议对案件进行集中议决。委员会议决后将案件议决意见报委员会主任（常务副市长）审签。

（4）分散决定。属于市政府管辖的行政复议案件，市政府行政复议委员会主任审签（适用一般程序）或副主任审签（适用简易程序）后，行政复议委员会办公室加盖市政府印章，以市政府名义作出行政复议决定并送达当事人。属于市政府工作部门管辖的行政复议案件，市政府行政复议委员会主任审签（适用一般程序）或副主任审签（适用简易程序）后，市政府行政复议委员会办公室将案件调查报告和行政复议决定书送法定行政复议机关用印，以法定行政复议机关名义作出行政复议决定并送达当事人。

四、哈尔滨市行政复议机制改革的价值

哈尔滨市行政复议机制改革不仅具有创新性，而且还具有效益性、节约性、公平透明性、广泛性等特征，对推动中国行政复议改革非常有价值。

（一）具有创新性

哈尔滨市行政复议机制的改革具有很大的创新性，包括在复议案件受理方式和组织构成、行政复议运行方式和监督机制、行政复议程序和制度等方面都具有创新性。

1. 复议案件受理方式和组织构成的创新性

首先，受理方式采用集中接收转送复议申请，方便群众复议。向全市公布办公地点和电话，除了处理市政府直接受理的复议申请外，接收转送申请人递交的属于全市行政复议机关管辖的复议申请。其次，组建行政复议委员会，用形式正义保证实体正义，委员会议决经费由财政专项列支予以保障。该机构委员，实行聘任制，主要由法律界专家学者组成使案件议决更体现了依法决策和民主决策的特征。

2. 行政复议运行方式和监督机制的创新性

首先，哈尔滨市行政复议机制改革实行两个"分离"，用程序正义保证实

体正义。一个是实行了立案权与调查权相分离,即立案处负责审查受理复议申请,案件调查处负责案件调查;另一个是实行调查权与议决权相分离,即委员会办公室具体调查行政复议事项,委员会委员集体议决行政复议案件的处理意见。其次,监督复议机关依法履行职责,解决群众诉求。

3. 行政复议程序和制度的创新性

第一,哈尔滨市行政复议机制改革实行听证机制,保证办案准确性。市政府法制办制定了《哈尔滨市行政复议听证规则》,对听证会的原则、程序、听证范围等方面作了明确规定,要求每一起案件都要通过听证会查明事实。第二,实行合议机制,保证办案公正性。采取合议的方式办理案件,简易程序以外的所有案件均由合议组负责处理。第三,实行咨询机制,保证办案正确性。哈尔滨市政府法制办成立了行政复议理论研究学术团体——哈尔滨市行政复议委员会,针对专业性较强及重大、疑难问题进行研究处理。第四,实行调解机制,保证纠纷解决的有效性。为了更好地引导群众以法律途径解决问题,实行了行政复议调解机制,在查明事实、分清是非的基础上,对行政争议双方进行调解。

(二) 具有效益性

行政复议集中了诉求表达、利益协调、矛盾调处和权益保障机制等几方面的内容,涉及群众利益的具体行政行为都可以通过行政复议的渠道加以解决。与信访相比,具有更严格的程序性和执行力;与行政诉讼相比,具有高效便民、受案广泛、不收费等优势。人民群众对行政复议制度的认知度日益提高,认可度日益增强。行政复议在全面构建和谐社会的新形势、推进科学发展的新要求、建设法治政府的新任务下,发挥出更大的作用。

（三）具有广泛性

哈尔滨市行政复议机制改革实施以来，哈尔滨市辖范围内八区十县各级行政机关，皆被纳入创新体系。案件范围涵盖公安、交通、规划、土地、工商、环保等各类行政部门，案件类型囊括行政处罚、行政征收、行政许可等各个行政管理领域。本行政区域内的行政机关和行政相对人都是新机制的潜在的受益者，规模之大、影响之广、参与人数之多在哈尔滨市政府法制工作发展历史上都属罕见。行政复议已经成为我市化解行政争议、解决社会矛盾的重要渠道。

（四）具有公平透明性

哈尔滨市行政复议机制改革对内涉及行政复议受理、立案、审查、议决等各个必经环节，尤其是打破了复议案件机关内部审理的传统，在委员会议决过程中引入了专家机制，实现了民主决策、阳光办理。由于市政府实行了行政复议委员会新机制，以往政府各级部门在市政府案件中找人说情的情况基本得到了杜绝，行政机关在行政复议程序中主动纠错的案件比例不断增加。

（五）具有节约性

哈尔滨市行政复议机制改革的实施过程中充分秉承了建设节约型政府的理念。行政复议机制改革程序简化，成本降低。考虑申请人利益，简化程序，缩短办案周期，提高办案效率。同时，所需各项经费均由市财政部门全额保障，申请人在通过项目受益的同时，没有增加任何经济负担。市政府法制办的行政复议改革形成了低成本、高效率的良性工作发展模式。

五、哈尔滨市行政复议机制改革的成效与影响

哈尔滨市政府行政复议委员会运行后，收到了五个方面的效果，实现了程序正义对实体正义的保障，探索出了科学、民主、依法决策的新方式。

（一）强化了行政复议的功能，提高行政复议工作质量

行政复议委员会试点工作可操作性比较强，保证了复议机构的独立性、专业性和公正性。市政府受理的案件中，除调解结案和适用简易程序审理的案件外，需要作出决定的212件案件，经过42次委员会议决全部结案。这些案件结案后，申请人没有再上访和起诉，做到了"定纷止争，案结事了"。市政府对适用简易程序和经调解结案以外的需作出复议决定的案件全部上委员会议决会议议决，但很多被申请人存在违法和不当问题的案件，由于被申请人对委员会机制的信服，在上委员会议决前经复议人员调解，被申请人大都能够自行变更或撤销原具体行政行为，申请人撤回复议申请，案件依法终止，所以，上委员会经委员会议决后作出复议决定的案件以维持的居多，市政府领导高度信任和充分支持，在两年多的实践中，市政府领导非常放心，市长没有否决过一次委员会的议决意见。

（二）人民群众广泛受益，政府公信力进一步提高

行政复议改革使政府行政复议公信力明显增强，树立了社会的公平正义感，畅通了群众诉求表达渠道。哈尔滨市辖范围内八区十县各级行政机关，皆被纳入行政复议的创新体系。行政复议申请渠道畅通，行政机关履行复议职责的情况受到依法监督。通过哈尔滨市行政复议机制改革的实施，有效地

遏制和杜绝了个别复议机关存在的"门难进、脸难看、事难办"的不良现象，全市经济社会发展的外部法制环境得到不断改善。人民群众对行政复议这项法律制度更加信任，各行政机关对行政复议工作也更加重视。

哈尔滨市行政复议受理中心年平均接待申请人近 2000 人次，受理案件 300 余件，复议委员会年平均议决案件 80 余件，案件受理类别由以往单一的公安管理、房产登记、土地权属纠纷扩展到劳动保障、药品监督、工商和税收管理、政务信息公开等热点领域，出现在行政管理的各个领域，都收到了良好的效果。从 2006 年到 2009 年，复议案件不断增加，全市共受理行政复议案件 1347 件，同比增长 24.37%，如图 7 所示。

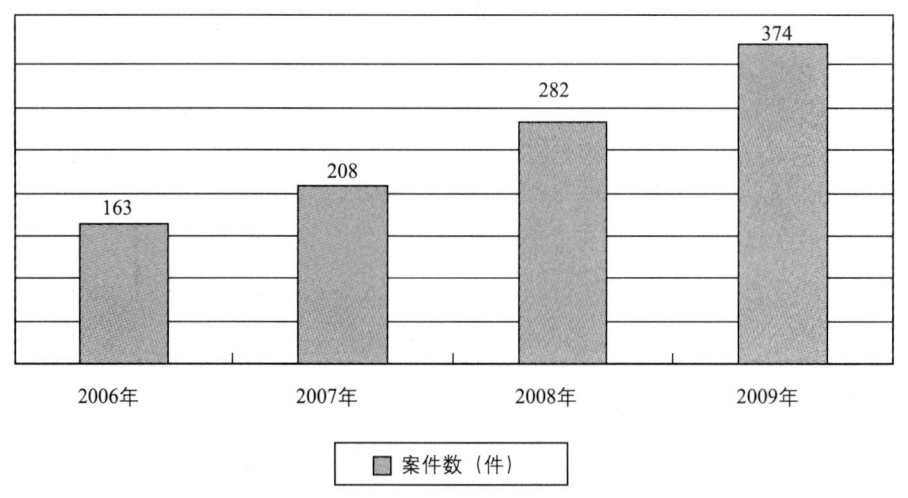

图 7　哈尔滨市政府行政复议委员会案件统计情况（2006—2009）

（三）诉讼案件及上访率明显减少

由于行政复议改革的良好效果，大大减少了法院的行政诉讼案件及上访率。哈尔滨市各级法院一审行政诉讼案件从 2007 年的 771 件，下降至 2008 年的 607 件,同比下降 20.27%,全市行政复议案件数量 2008 年比 2007 年同比上升 30.44%,调解结案率达到 60%,如图 8 所示。

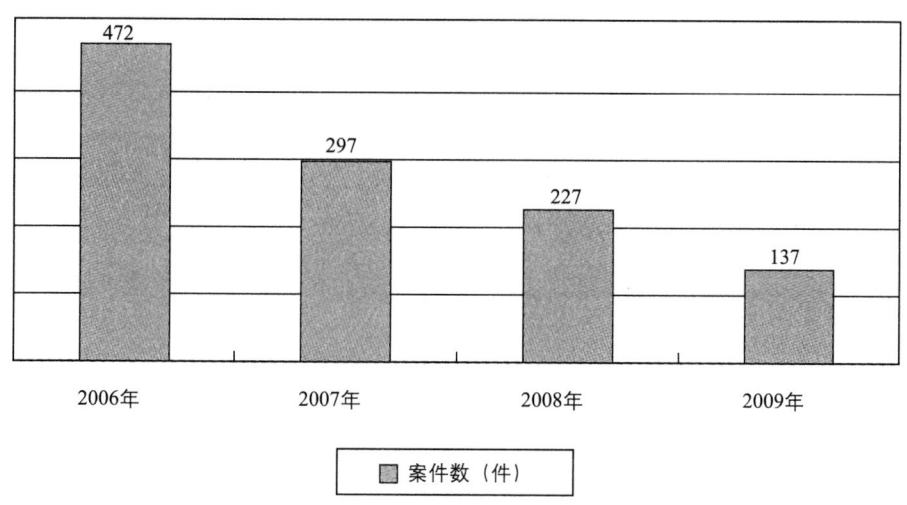

图 8　哈尔滨市中级法院行政诉讼案件统计情况（2006—2009）

委员会打破了复议案件机关内部审理的传统,纠错机制效果较好,公民、企业申请复议不仅不花钱,而且合法权益得到了保护。政府行政复议更加取信于民,进一步引导了群众以合法、理性和便捷的方式解决矛盾,人民群众更希望通过行政复议法律途径而不是到处信访或者诉讼解决问题。

(四) 简化了行政复议程序,降低了各方费用成本

哈尔滨市对行政复议程序进行简化,缩短了行政复议案件的期限。《哈尔滨市行政复议规定》第四十五条规定,适用简易程序审理的案件被申请人的答辩期为 7 日,比《行政复议法》规定少了 3 日。《哈尔滨市行政复议规定》第四十七条规定,适用简易程序审理的案件 30 日内办结,而《行政复议法》行政复议

期限为 60 日。哈尔滨市行政复议改革对适用简易程序的案件相应缩短了审限，符合行政复议法的立法精神，更有效地维护了复议申请人的合法权益。

行政复议中各方成本最低化，形成一条高效便民、公平公正的行政救济渠道。我国《行政复议法》规定，行政复议机关受理行政复议申请，不得向申请人收取任何费用，而且专家委员会不属于政府机构，不单独增加人员编制。行政复议过程中所需各项经费均由市财政部门全额保障，申请人在通过行政复议受益的同时，没有增加任何经济负担。同时，哈尔滨市行政复议机制改革的实施过程中充分秉承了建设节约型政府的理念，自项目启动以来，市政府法制办用于行政复议工作的经费支出，没有大的增加，奠定了低成本、高效率的良性工作发展模式，降低了各方成本。

（五）政府各部门的自我纠错能力逐渐提升

行政执法得到了规范，推动了政府依法行政。由于市政府实行了行政复议委员会新机制，以往政府各级部门在市政府案件中找人说情的情况基本得到了杜绝，行政机关在行政复议程序中主动纠错的在 70% 以上。同时，委员会在个案办理中发现普遍性违法问题还通过政府《行政意见书》形式予以纠正，从普遍意义上规范行政执法，促进了政府依法行政。

哈尔滨市行政复议机制改革在启动之初便得到了包括国务院法制办在内的各级上级机关的充分肯定。全国已有十个省份推广行政复议委员会，而在黑龙江省有四个地级市实施这项改革。2009 年 6 月，国务院法制办决定在全国部分地区进行行政复议委员会试点，充分参考吸收了哈尔滨市行政复议机制改革的实施经验，提出建立省、市、县三级政府行政复议委员会，探索相对集中行政复议权。我省被确定为试点省，并确定我市为开展行政复议委员会试点单位。2010 年，在黑龙江省各地市全面推开了这项改革，哈尔滨市的改革走在前面并且得到了推广和提升。这一新机制被市委、市政府评为 2007

年度振兴哈尔滨优秀创意奖，2010年1月，哈尔滨市政府法制办公室"行政复议机制改革"项目获得了第五届"中国地方政府创新奖"提名奖。

由于哈尔滨市是全国率先实施行政复议机制改革的城市，自2007年以来，市政府法制办已累计在全国性会议上介绍相关经验五次，目前已有20多个省、市的政府法制部门来到哈尔滨市考察，《人民日报》、《光明日报》、《法制日报》、人民网、新华网、新浪网等媒体对哈尔滨市的复议改革工作都做了报道。一些法学专家给予了高度评价，通过总结创新项目实施成果形成的《对实施行政复议制度的几点思考》等四篇论文分别在东北法治论坛、省市法学会、市社科联等学术团体获奖。哈尔滨市行政复议机制改革已为全国的行政复议改革工作提供了广泛的学习借鉴平台。

六、哈尔滨市行政复议机制改革存在的问题

行政复议机制改革的成果得到了包括上级机关、专家学者、新闻媒体和人民群众在内的社会各界的广泛关注和充分肯定，但也存在一些问题。

（一）法律规定相对滞后

现行《行政复议法》在职能定位、办案机制等方面的规定已不能满足现实的需要，制约了行政复议制度作用的发挥，影响了新机制的效果。为解决这一问题，国务院法制办已将行政复议委员会机制纳入修改《行政复议法》的范畴，目前，该草案正在加紧制定当中。

（二）原有复议体制滞后

我国现行的行政复议工作体系是条块结合的管辖体系，对同一具体行政

行为一般均可选择上级行政业务主管部门和同级人民政府复议。条块并存的管辖体制存在着易受非正当因素干扰、难以统一管理、浪费行政管理资源等重大缺陷，也制约了新机制的运行。

（三）行政复议委员会专家队伍还应进一步壮大

目前，哈尔滨市行政复议受理中心受理复议案件数量不断增加，复议委员会年平均议决案件也同样不断增加，案件受理类别由以往单一的公安管理、房产登记、土地权属纠纷扩展到劳动保障、药品监督、工商和税收管理、政务信息公开等热点领域，出现在行政管理的各个领域。随着形势的不断发展，现有哈尔滨市政府行政复议委员会35名专家，从专家数量和研究领域来看有些偏少，还应进一步增加以适应工作的需要。

（四）对行政复议法律宣传力度还应进一步加强

虽然有关媒体进行了报道，但仍有很多群众不知道。今后还应加强宣传，畅通信息渠道。采取各种有效措施，通过在各类媒体及网络上发表相关信息等方式，加强对行政复议法律制度的宣传力度，提高人民群众对行政复议制度的认知度，使他们更加了解行政复议制度的便民、高效的制度优势，提高公众的知晓度和公信力，形成浓厚社会氛围。

（五）复议案件办理需要进一步公开、透明

复议案件办理的公开、透明不应局限于复议程序向社会公布以及复议机关通过听证会公开听取各方意见，还应当将复议案件的受理情况、审理情况、复议决定、办理时限等复议全过程通过政府网站向社会公开。要防止复议裁

判的恣意和专断，就要制定公开透明的复议程序和规则。不但立案要公开透明，复议过程和复议决定也要向社会公开，应当允许当事人查阅、复制证据材料、复议法律文书。复议机关应当将被申请人的答辩意见、提供的证据材料送达申请人，复议决定应当载明当事人的观点和证据，阐明作出复议决定的理由。

（六）增加行政复议中专业人员的比例

具备独立性和中立性的行政复议机构，如果不能保证行政复议人员具有与其职责相适应的专业化水平，也最终无法有效的解决行政纠纷。专业性的纠纷解决机构也是现代社会职能分化的客观要求。要实现行政复议妥善处理各种利益冲突，维护社会秩序的功能，解决人员不仅需要受过系统法律专业教育，具备专业的法律知识，还必须是具备丰富的行政管理知识，恪守职业道德的复议工作者。所以，在行政复议的相关部门应广纳具有专业知识的、高素质的成员及后备力量，提高专业人员在行政复议中的比例。

七、一些理论思考

在任何国家，社会纠纷都是普遍存在的。存在纠纷并不可怕，重要的是如何使这些纠纷能够得到迅速、妥善的解决。任何纠纷都能够进入正常的纠纷解决机制范围，这是和谐社会一个不可或缺的要求，因此，通过一定的纠纷解决机制消除因纠纷而产生的紧张状态是非常重要的。行政复议制度是一种解决行政纠纷的重要法律制度。行政纠纷是一种特殊的社会纠纷，其特殊性在于纠纷一方当事人为握有公权力的行政机关，另一方是个人。行政纠纷在实质上是公权力与私权利的冲突，进而可能成为国家与由多数个人构成的社会的冲突。这种冲突如果得不到有效解决，对既有法律秩序将造成重大的

法治政府
Government Ruled by Law

危害，甚至动摇国家的统治。所以，作为解决行政纠纷的行政复议机构，必须具备纠纷解决机构的基本要求和标准。在这方面，哈尔滨市行政复议机制改革在全国率先进行了开拓性的、大胆的、全新模式的探索，取得了一定的成效，具有较强的示范效应。

（一）秉承科学发展理念，推动行政复议改革创新

按照党中央、国务院提出的行政管理体制改革的要求，充分吸收了行政公开、民主参与、专家论证、权力制衡、程序规范、监督有效等现代行政理念，保证了行政复议工作在体现自身特点的同时，契合建立权责一致、分工合理、决策科学、执行顺畅、监督有力的行政管理体制的要求。行政复议制度客观上存在的问题要求立法者和执法者对其进行适时的改革和创新。行政复议如何取信于民，做到复议为民、便民、利民，是建设法治政府的重要举措。

（二）体现了民主政治的要求

民主政治，是凭借公共权力，和平地管理冲突，建立秩序，并实现平等、自由、人民主权等价值理念的方式和过程。行政复议委员会是由政府主导、社会参与、专业保障、民主决策的复议工作机制。其组成充分体现了民主参与、民主决策、民主监督的特点，运行充分贯彻了讨论、妥协、少数服从多数等民主原则，自身形成了一个容纳各方意见、综合各方诉求、协调各方利益的民主决策平台，体现了由单向规制型管理向双向回应型管理的转变，由全能型政府向有限型政府的转变。

（三）体现了依法行政的要求

行政复议机制改革，既是贯彻依法行政方略的需要，又是促进依法行政

的手段。国务院在《全面推进依法行政实施纲要》中,对加强行政复议工作提出了明确要求。复议委员会打破了行政复议原有的封闭运行机制,承担相当决策职责、人员构成相当外部化、地位相对超脱独立,规避了干预因素,保证了复议结果的公正,也带动了被申请复议的行政机关对自身所做具体行政行为的规范。案件办理结果得到了绝大多数申请人和第三人的满意或理解,没有发生过一起不服复议决定到法院起诉的案件,真正实现了"定纷止争,案结事了"。

(四) 体现了和谐社会的要求

行政复议机制打消了人民群众对复议机关"官官相护"的疑虑,树立了政府的形象和威信,增强了行政复议制度的公信力。通过行政复议,使一大批复杂的行政争议在基层得以及时化解,引导行政机关"为民谋利",防止和纠正行政机关"与民争利",最大限度地增加和谐因素、减少不和谐因素,维护了政府在人民群众心目中的形象,行政复议越来越赢得人民群众的信任,老百姓希望通过行政复议来解决行政争议的愿望日益强烈,行政复议正在成为化解行政争议的主要渠道。

(五) 体现了行政体制改革的要求和方向

哈尔滨市的行政复议改革,在探索建立行政复议委员会机制中,较好地解决了行政复议工作中长期存在的公信力不强、机构不独立、人员不专业、内部办案、受干扰多等普遍性问题,对行政复议的功能定位、委员会组织形式和运行程序等一系列问题都在理论和实践上给出了系统的、明确的回答。通过优化行政组织结构,优化民主决策程序,使人民主权思想和民主政治理念真正体现到政府工作中来,达到了形式正义和程序正义对实体正义的最大保障，有效转变了政府职能，保证了行政复议工作在体现自身特点的同时，切合行政管理体制改革的要求，具有一定的示范推广效应。

（六）形成了解决行政争议的长效机制

哈尔滨市行政复议机制改革将政务公开、社会参与、专业保障、民主决策、权力制约等理论综合运用到政府决策中来，使民主、科学和依法决策落到实处；既汇集了舆情，倾听了民意，又体现了政府依法办事的决心，树立了社会的公平正义感；进一步增强了行政机关与百姓相互之间的信息沟通和理解认可，加强了行政机关与百姓之间在处理诸如拆迁、城建、企业改制等涉及群众切身利益问题时的良性互动，有利于减少百姓与行政机关之间的对立情绪，建立了百姓信赖的、依法解决行政争议的长效机制，有效密切了政府和人民群众的联系，适应了新形势下建立适合我国国情的、能够反复适用的、法定的解决行政争议的长效机制的迫切要求，对于社会的和谐稳定具有重大的现实意义。

综上所述，通过哈尔滨市行政复议机制改革的实施，强化了对具体行政行为的法律监督，规范了行政机关的执法行为，带动了全市各级行政机关执法水平的提高和社会主义法治理念的普及。哈尔滨市政府法制工作注入了新的活力，行政复议机关理念得到更新，研究领域得到拓展，工作水平得到提升。方便了群众及时表达自身的利益诉求，保障了复议决定的公平公正，依法维护了群众合法权益。办理的行政复议案件较以往更具公信力和社会影响力。

理念、范式、制度：面对社会矛盾纠纷时的政府选择
——以上海市浦东新区司法调解中心为个案*

钟开斌
（国家行政学院应急管理培训部）

  1995 年 6 月，上海市浦东新区司法局建立了全国首家专司社会矛盾纠纷调解工作的专门机构——上海市浦东新区社会矛盾调解中心。该中心的工作模式是改革开放实践的必然要求，具有很大的创新性和重要性，在全国司法行政部门很有推广价值。从组织性质来看，调解中心实际上是司法行政工作部分职能的深化和转变，无需另增人力和物力，符合节约的原则；而且，随着改革开放的进一步深入，必然出现和增多的各种社会矛盾纠纷也需要由司法行政部门解决。从运作机制来看，作为一个代表政府行使社会矛盾纠纷调处职能的综合性、实体性组织，调解中心充分运用法律、行

---

* 目前全国各地司法行政机关对此类机构的称呼并不一致（如"司法调解中心"、"社会矛盾调解中心"、"社会矛盾依法调处中心"、"疑难纠纷调处中心"等），"司法调解中心"是其中使用较多也较为统一的称呼。本文选取的研究对象，其称呼从初始的"上海市浦东新区社会矛盾调解中心"后更改为"上海市浦东新区司法调解中心"。本文在案例调研和成文过程中，得到了上海市浦东新区司法局的大力支持和协助，谨致谢意。

政、经济、说服教育等多种手段,综合配套地解决问题,适应了新时期化解人民内部矛盾的客观需要,保证了调解工作的权威性、有效性和公正性。从现实效果来看,调解中心在实践中已经显现出重大的社会意义,被誉为密切干群关系的"连心桥",化解矛盾纠纷的"金钥匙",保持基层社会安定团结的"稳压器",深入开展法制宣传教育的"普法站",标本兼治、重在治本、保证经济社会健康发展的"奠基石"。本文以上海市浦东新区司法调解中心作为案例分析对象,希望在广泛的实地调研和系统的理论分析基础上,为调解中心的可持续发展提供较系统的理论、实践、制度和政策支持。

一、案例的背景

在建立和完善社会主义市场经济体制的过程中,由于新旧体制的转型和利益关系的调整,各种社会矛盾纠纷日益增多,其实质是潜在的各种社会问题积聚激化后的表现形式,或者说是冲突的人群试图通过非常规或极端的方式,促使问题得以解决。群体性社会矛盾作为其中的一种特殊类型,因其涉及人数较多、波及面较广、社会后果较为严重、处理过程较为复杂,而成为社会变革中各级政府应当重点关注的问题。要正确处理这些社会矛盾纠纷,为改革开放和经济建设提供一个稳定、和谐的社会环境,政府必须设置相关的社会矛盾纠纷预防、应急和调解机构,综合动员和协调社会各方资源,提高政府的社会矛盾纠纷预警和快速反应能力。

(一)新区社会矛盾纠纷态势

上海市浦东新区开发、开放十年来,总投资超过3000亿元人民币,大量土地被征用,撤村撤队200余个,吸纳劳动力16.5万人,新增建筑面积5000

万平方米，新修公路近千公里，城区面积扩大60平方公里。如此大规模的建设与高速度的发展，必然涉及社会各阶层利益的调整，不可避免地会产生各种社会矛盾纠纷。

实际的观察表明，随着浦东开发建设力度的加大，由于利益格局的调整、人们思想观念的转变以及心理承受能力和期望值的差异等多种原因所导致的社会矛盾纠纷逐年增多。仅1994年和1995年，浦东新区规模较大、较为激烈的社会矛盾和纠纷就分别达到337起和420起，涉及4万余人次。这些矛盾和纠纷具有明显的群体性、社会性倾向，一"闹"就"闹"到区、市政府机关和政府信访部门，表现为由部分公众参与并形成有一定组织和目的的集体上访、集会、堵塞交通、停工停产、妨碍生产生活秩序、围堵党政机关、静坐请愿、聚众闹事等群体行为，严重危害社会公共安全，直接困扰着各级政府的正常运作，给社会稳定与经济发展带来越来越大的负面效应。

（二）我国社会矛盾纠纷调解的现状

目前，我国的许多调解工作仍然是由法官或是民间调解人士进行的，分别称为"法外调解"和"人民调解"，前者在香港和国外都已不再使用，原因是不仅耗时较长、成本过高，而且判案者的调解有一定的强迫性，在当前情况下难以解决问题，许多老百姓不愿接受这种方案；而如果沿用后者的习惯做法，很多新的社会矛盾纠纷的解决难以奏效。其次，我国现有的法律体系还难以完全规范生活的各个方面，存在立法滞后的现象，如对群体性矛盾本身缺少统一而权威的界定，《人民调解委员会组织条例》将调解的范围限定在民间纠纷范围之内，群体性社会矛盾显然超出这一范围。最后，目前我国警务部门权力过大，承担大量职责和权限之外的社会救助工作[1]，许多本来属于人民内部性质的矛盾，经公安部门直接干预后，往往使群众受到伤害，甚至可能加深社会矛盾纠纷，使问题无法得到有效解决。

因此，在特定的历史条件下，解决特殊类型的社会矛盾纠纷需要特殊的解决方法，这其中司法行政部门的司法调解工作极其重要。为此，上海市浦东新区社会矛盾调解中心充分发挥司法行政机关在维护社会稳定中的职能作用，积极探索与当前社会大环境相适应并且行之有效的调处途径，对各类民间纠纷和群体性矛盾加以防范、疏导和化解。

（三）社会矛盾调解中心的建立

正是基于对现实社会发展形势的判断和思考，在新区管委会和市司法局领导下，上海市浦东新区司法局于1995年6月在不增加人员编制的情况下，挑选一部分精干力量，成立了专门从事预防、调处、化解社会矛盾纠纷的调解组织——上海市浦东新区社会矛盾调解中心（后改称"上海市浦东新区司法调解中心"）。调解中心在基层与110和148形成联动，为人民群众排忧解难，及时化解和处理了改革开放中出现的各种社会矛盾纠纷。目前，调解中心整体运作上已经形成了规范有序的内部运作机制、优势互补的社会协作机制、严密完善的信息反馈机制和及时有效的快速反应机制（整体的组织机构，参见图9）。

根据浦东新区社会矛盾纠纷的基本情况与特点，调解中心确立了如下七项主要任务与职能：

1. 根据新区党工委、管委会的指示，直接参与区内发生的重大群体性社会矛盾纠纷的调解。

---

1. 由于我国没有统一的紧急服务报警号码，在不知道拨打准确号码的情况下，市民往往都拨110，致使全国各地110台全部接警量中非警务事项占到了40%—60%。

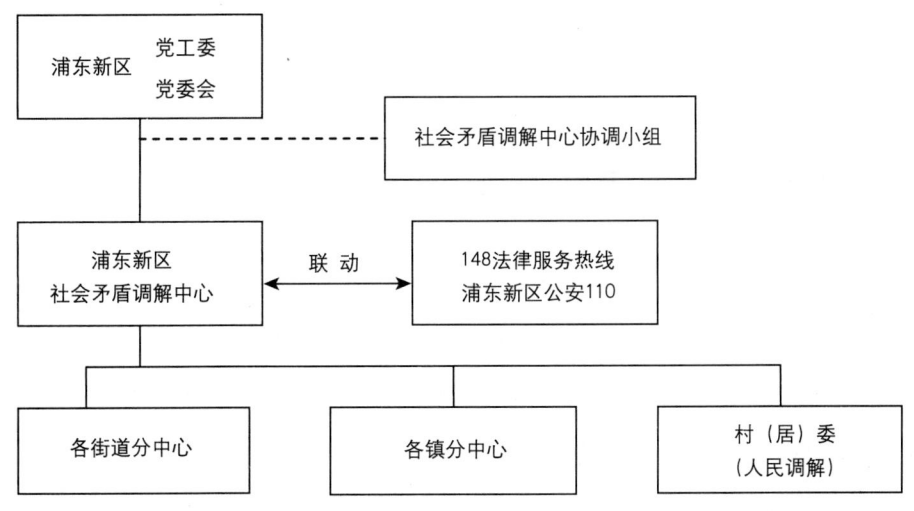

图 9 社会矛盾调解中心组织结构示意图

2. 根据各街、镇、重点开发小区及有关部门的要求，参与所在地区对群体性社会矛盾纠纷的调解。

3. 深入基层调查研究，重点调查了解区内群体性社会矛盾纠纷发生的特点、原因及其规律，为新区领导决策提供依据。

4. 加强与新区各委、办、局、街道、重点开发小区及有关部门的联系，对重要改革措施出台、重大项目上马等可能引发的某些群体性社会矛盾纠纷，及时提出预防性建议，以增强工作的主动性和超前性。

5. 做好新区群体性社会矛盾纠纷信息的收集、分析和研究工作，及时向新区领导和有关部门写出专报，并提出防范、调处对策。

6. 直接受理群体性社会矛盾纠纷一方或双方的调解要求，提供义务法律咨询、法律服务，做好调解工作。

7. 指导街道、乡镇对重大疑难民间纠纷的调处。

从运作成效来看，调解中心自 1995 年成立以来直接参与调处各种社会矛盾纠纷 620 起，其中影响较大的有 75 起，参与了 70 多项重点工程建设的矛盾调处工作，已经成为维护社会稳定，保障浦东开发建设的一支不可缺少的重要力量。

二、治理理论及其运用

90年代后，"治理"逐渐成为国际社会科学界的热门理论话题。在笔者看来，这一理论可以为调解中心的运行和发展提供基础性和方向性的理论支撑。"治理意味着办好事情的能力并不仅限于政府的权力，不限于政府的发号施令或权威。在公共事物的管理中，还存在着其他的管理方法和技术，政府有责任使用这些新的方法和技术来更好地对公共事务进行控制和引导。"[1] 调解中心的成立，正是基于现阶段我国社会矛盾纠纷频发的现状，针对这些事件的不可避免性和对公共安全的危害性，实现了在应对社会矛盾纠纷的过程中治理理念的转型与创新、治理主体的多元化、治理制度和规范的创新与治理手段的综合选择。

（一）善治与公共治理结构改革

治理指政府组织或非政府组织及私人组织或个人对于社会公共事务或公共事物进行互动、协调和管理，以实现预定利益目标的过程。治理的理想境界是"善治"，即通过有效治理实现公共利益最大化的公共管理过程，其本质特征在于它是政府与公民对公共生活的合作管理，体现了政治国家与公民社会的一种新颖关系，是两者的最佳状态。善治具体有六大特征：合法性、透明性、责任性、法治、回应性、有效性。[2]

---

1. Gerry Stoker (ed.), *The New Management of British Local Governance*, New York: St. Martin's Press, 1999.
2. 俞可平主编：《治理与善治》，北京：社会科学文献出版社2000年版，第9—11页。

要实现善治,就必须改革和完善现有的公共治理结构[1]。我国公共治理结构改革的主要目标包括:(1)治理主体由过去单一的政府变为由政府、企业和社会组织各方有序参与的合作集体;(2)治理规范由过去单纯的国家法令变为法令、道德和社会及公民的自主契约等并存;(3)治理程序从仅仅考虑效率变为公平、民主和效率等并重;(4)治理的手段由过去单纯强调法治变为重视法治、德治和社会公民自觉自愿的合作相互补充;(5)治理的方向由过去单一的自上而下变为上下左右互动。

(二)治理与社会矛盾纠纷处理

在治理理论看来,在当今变化多端的国际国内社会里,任何完善的公共治理结构都必须建立常设的社会矛盾纠纷应急管理机制,从而把社会矛盾纠纷对公共利益的损害程度降到最低。

调解中心的建立,不仅体现了社会矛盾纠纷应急管理及其系统对于公共治理的预期目标——如社会矛盾纠纷的快速反应性、责任性、透明性和合法性等,同时也实现了社会矛盾纠纷应急系统当中参与主体的多元性,管理规范上的法律性与公民自觉合作的道德性相结合,管理方式上的合法性与合道德性相互补充,管理程序上公正、民主和效率的统一等。可以说,社会矛盾纠纷应急管理制度架构与善治的几大原则是基本一致的,与公共治理的总目标也是基本一致的,同时也是相互影响的(参见图10)。

---

[1]. 所谓公共治理结构主要是指由政府组织、非政府组织、私人企业或个人所构成的治理主体的组织形态,以及这些主体在处理公共事务中依据共同的治理理念所形成的治理规范、治理程序和治理手段。善治要求它们能够有机协同,从而有利于公共利益最大化的实现。尽管善治的评价指标在不同的时空中可以有所不同,但是一般意义上的善治可以说是任何社会都在追求的价值目标。

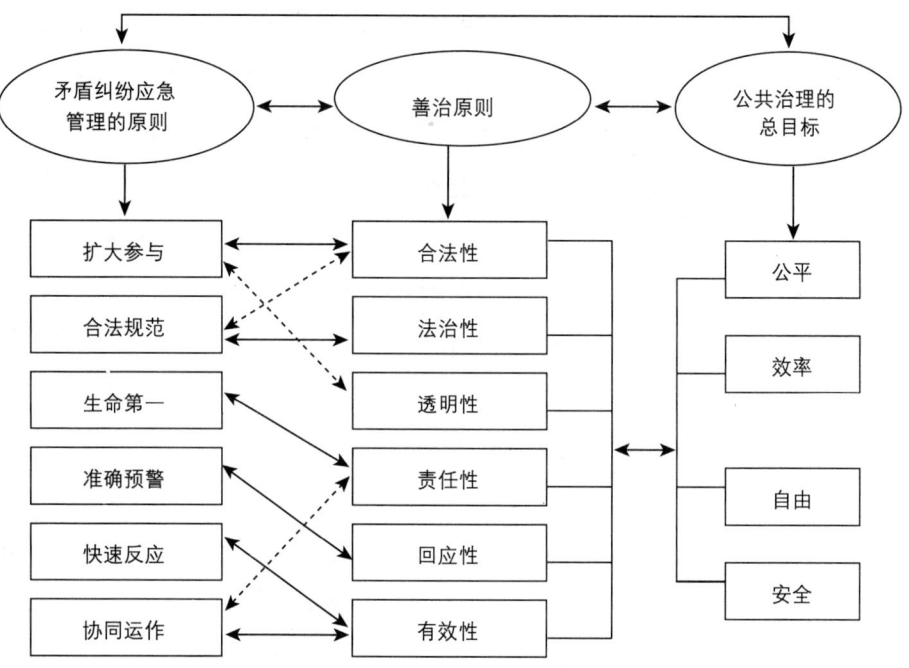

图 10　社会矛盾纠纷应急管理功能定位与治理原则关系图

注：上图所标注的社会矛盾纠纷应急管理制度架构与公共善治几大原则的关系中，实线表示两者之间一一对应关系，虚线表示两者之间大体上的交错影响性。

三、及时有效的快速反应机制

在一个复杂多变的社会环境中，政府公共应急服务的快速性、时效性成为衡量政府公共管理绩效的标准之一。罗茨（R. Rhodes，1996）所列举的其中一种关于治理的定义是："作为善治的治理，它指的是强调效率、法治、责任的公共服务体系"，有效性——也即管理的效率，便理所当然地成为善治的五个基本要素之一。[1] 调解中心在社会矛盾纠纷应急管理的过程中遵循时间第

---

1. 俞可平主编：《治理与善治》，北京：社会科学文献出版社 2000 年版，第 9 页。

一和有效救护的原则，适应了政府在变革的环境中对及时、有效的快速反应机制的需要，提高了公共应急的效率和质量，把各类社会矛盾纠纷所造成的社会震荡削减到了最低限度。

（一）社会矛盾纠纷高频发生态势

从调解中心受理、调处的各类社会矛盾纠纷来看，浦东新区近几年发生的社会矛盾纠纷呈逐年上升之势，已给改革发展和社会稳定带来越来越大的负面影响（参见图11）。据统计，1996—1998年间，新区共发生民间纠纷10万余件，日均发生90多件，每街镇日均发生2.3件；群体性社会矛盾1200多起，日均发生1起以上，年均每街镇32.4起，最多的是1998年9月23日共发生8起，涉及人数达1470余人次。

从表现特点来看，这些矛盾纠纷在总体上还日益呈现突发性、群体性、多元性、社会性的趋势，并具有调处难、易激化、错综复杂的特点。(1) 矛盾主体的多元性：过去矛盾双方以群众个体为主，现在转变为群众与基层干部、群众与经济组织、群众与各级党政机关和部门之间的矛盾。(2) 矛盾性质的涉法性：在众多社会矛盾纠纷中，涉及法律、法规的占了大部分。(3) 矛盾调解的艰巨性：新形势下出现的新类型社会矛盾纠纷，使得原有的调解组织受自身地位和能力所限，对这些矛盾纠纷无能为力，造成一些矛盾上移。(4) 矛盾分布的广泛性：造成社会矛盾的原因由家庭不和、邻里纠纷逐步扩大到经济、社会、政治、文化生活中的各个领域。

从表现形式来看，这些矛盾纠纷在城区主要体现在邻里关系、家庭矛盾、环境污染、家庭经济、赡养扶养等方面；在农区则更多地体现在宅基地、自留地、出行道路、房檐滴水、妯娌兄弟关系等方面。这些社会矛盾纠纷产生的直接原因，主要集中于以下九大类型：(1) 征地吸劳、撤村撤队；(2) 土地使用、工居（工人和当地居民之间）矛盾；(3) 动拆迁；(4) 企业改制、拖欠工资、经济纠纷;(5)外来人员、劳动争议;(6)民间纠纷;(7)下岗待岗;(8)养老金发放;(9)其他因素。其中,引发群体性矛盾最多、也最难处理的是征地吸劳、撤村撤队、工居矛盾、企业歇业改制等政策性较强的矛盾。1998年的征地吸劳、撤村撤队的群体性矛盾达100余起,占当年总数的37%,涉及近万人次;1999年工居矛盾上升为第一位,达到创纪录的近200起,涉及1万余人次,占总数的29.9%;1999年企业改制歇业引发群体性矛盾60余起,涉及7000余人次,占总数的10.1%。

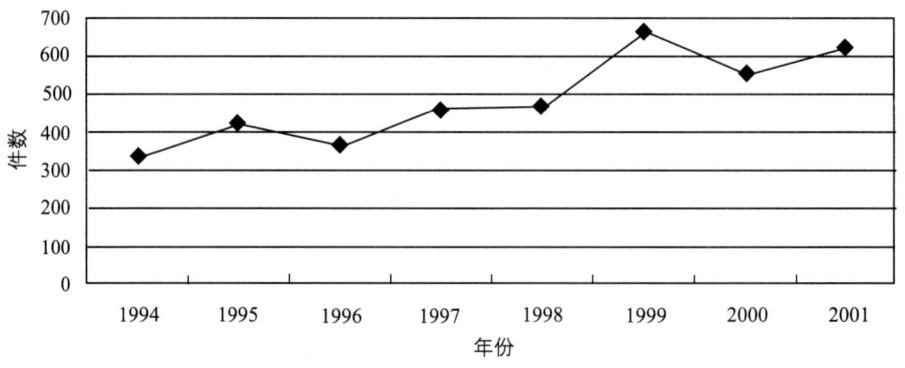

图11 浦东新区群体性矛盾态势(1994—2001)

(二)传统的矛盾纠纷应对机构

浦东新区传统的社会矛盾纠纷应急机构主要包括人民调解、法院、公安、信访等部门。这些机构的力量有限,难以适应浦东近几年各种矛盾纠纷交替发生、群体性闹事形式更加激烈、处置工作难度不断加大的现实趋势。

1. 从传统的调解委员会的调解来看,按照《人民调解委员会组织条例》而设置的单一调委会已不能完全适应新时期人民调解工作的需要。虽然传统的调委会在调处公民之间涉及人身、财产权益等方面的矛盾发挥了重要的作用,但面对一些重大疑难纠纷,特别是一些涉及范围广、参与人数多、情况复杂的纠纷,传统的村(居)、企业一级调委会由于受到各种因素的限制,往往无力调解,迫切需要综合性的协调组织来协调各方加以解决。

2. 从法院判决或调解来看,众多的社会矛盾纠纷如果靠法院按有关法律进行判决或调解,不仅成本过高、诉讼程序烦琐让当事人双方望而却步,而且胜诉与否很难预料,一旦败诉,当事人的声誉受损。因此,在当前情况下,靠法院按有关法律进行判决或调解难以解决问题,许多老百姓不愿接受这种调解方案。

3. 从公安部门的力量来看,新区目前的公安警力非常有限,公安部门承担了大量非警务工作。虽然在公安行政管理过程中承担一定的公安行政调解的职能,但公安部门更多地承担"急救包"的职责,通常是在一些暴力性的社会矛盾纠纷发生后立即在出事现场采取应急措施,防止事态进一步恶化;而社会矛盾调解中心则能够从头到尾反馈解决。不仅如此,调解中心作为专业性的调解机构,对调解和各项法规比较熟悉,通常能起到法律参谋作用。

4. 从浦东信访工作的基本情况来看,也迫切需要引导群众依法上访,建立信访矛盾依法疏解机制。据统计,目前新区共有信访干部112人,其中专职信访干部95人,兼职信访干部17人,而2000年新区各街镇、居(村)委会化解的各类矛盾达16821件(人次),2001年新区信访办共处理来信7000件,来访8553人次,集体上访127批。如此繁重的信访量迫切需要调解中心等机构起到降低信访压力的分流作用,引导群众依法上访和通过司法渠道解决矛盾纠纷。[1]

因此,必须建立权威的、专业的调解中心作为政府处置社会矛盾纠纷的

---

1. 据统计,五年来,新区调解中心共处理信访矛盾600多起,提供法律援助1548人次,从这些数据也可以看出调解中心对信访压力的分流作用。

专业队伍，构筑大调解格局：(1) 组织形式上，由单一的转变为立体的，由只建立在村级发展为覆盖各级政府（包括村/居委）的各个层次；(2) 在领导方式上，由村民自治组织、自我管理的人民调解组织，转变为党委、政府统一领导，各部门、各单位广泛参与，协助配合；(3) 在指导思想上，由被动调解为主转变为以超前预防、积极调解为主，实行预防与调解结合，标本兼治；(4) 在方式方法上，由单纯采取说服教育的方式，转变为以法律手段为主，辅之以经济的、行政的、教育的等多种手段，以达到彻底化解矛盾，不留隐患的目的。

(三) 快速应急机制

针对各类社会矛盾纠纷高频发生并逐年上升的现状，调解中心在思想观念、制度规范、技术支持等各个方面着力强调快速应急的原则，对一些重大的民间纠纷和群体性矛盾的调处，在接警后30分钟内能赶赴现场，实地开展调解工作。

1. 职能权限。调解中心隶属于新区司法局，是政府的一个职能机构，其工作在浦东新区范围内不受地域、条块的限制，依据新区管委会确认的职能，一旦遇到调解任务，便直接开赴现场，深入一线，及时有效开展工作。

2. 制度规范。调解中心制定了《社会矛盾调解中心工作职责》、《纠纷、受理调处程序》、《重大案件研讨制度》、《八要八不要》等十多项制度规章，完善工作机制，并推出挂牌上岗的举措，便于现场接受群众的监督。

3. 信息反馈及传递。调解中心对接受处理的纠纷，注重跟踪了解事态发展进程，及时分析信息并及早反馈；同时，调解中心运用司法信息专报的形式，将重大纠纷发生的调处情况及时向上报告，为领导决策提供依据。

4. 软件设施。培养一支素质相对较高的队伍。调解中心现有12名成员，均为大学本科以上文化程度，基本都具有"三懂三会"的素质，即懂法律、懂政策、懂民情，会做思想工作、会开车、会使用电脑。

5. 硬件设施。调解中心配备了一定的交通、通讯工具，使调解中心具有较强的机动性，遇有紧急情况，就能迅速作出反应，及时赶赴现场。

（四）社会矛盾纠纷应急管理流程

社会矛盾纠纷应急管理包括快速反应机制、预警机制和善后处理机制，分别对应社会矛盾纠纷应急管理流程的事前管理、事中管理和事后管理三阶段[1]，总体上就是采取相应的措施和对策，保证社会矛盾纠纷发生后各机构、各部门协同运作、高效应对，并且做到事前防患于未然，事后能从处理过程中受益。根据新区社会矛盾纠纷的基本情况与特点，新区管委会为调解中心确定的主要任务和职责涵盖了社会矛盾纠纷应急管理流程的三个阶段。

1. 矛盾纠纷发生后，调解中心代表政府司法行政部门以第三人的身份居中调停，在矛盾纠纷之间构筑"缓冲器"、"防洪堤"，促使矛盾双方逐步缩小差距，缓解矛盾冲突的程度，通过疏导、化解最终使矛盾双方达成共识。

2. 在防范、调处矛盾纠纷的工作中，调解中心不仅主动调解，了解情况，有针对性地运用和宣传有关政策、法律和法规，同时加强与有关部门的沟通和联系，及时收集、分析纠纷信息，并提出防范、调处的对策，形成了较为完善的信息反馈网络。

3. 做好事前预防工作，使调解工作有备而来。调解中心不仅实行先期排查制度，按照属地管理原则分级调处，尽力把问题消化在基层；同时还超前预防，对所发生的矛盾纠纷综合分析，掌握矛盾纠纷发生的规律，提前采取措施，控制预防矛盾纠纷的发生。

---

1. W. Timothy Coombs, *Ongoing Crisis Communication Planning, Managing, and Responding*, Sage Publications, Inc., 1999.

4. 重视对所调解的社会矛盾纠纷作出及时回应,建立信息报告和回访制度。凡群体性纠纷和疑难民间纠纷,调解员在着手受理、调处、结案等重要环节都要有信息报告,重要情况必须撰写《司法信息专报》;同时,结案后在半个月内应回访一次,听取各方反映,督促检查调解结果的落实。

(五) 运作成效

调解中心成立几年来,积极参与新区各类社会矛盾纠纷的疏导化解工作,对因征地吸劳、拖欠工资、工居矛盾、动迁房质量等引发的各种群体性社会矛盾,依法进行防范、疏导和化解,取得了积极的效果。(参见表7)据统计,自1995年6月成立至2001年底,调解中心共直接参与调处各类矛盾纠纷728起,其中影响较大的有65起;参与了70余项重点工程建设矛盾的调处,其中包括浦东国际机场、地铁2号线、世界大道、陆家嘴中心绿地、克房伯工程等,说服教育来访群众近万人次,为保护人民合法权益、维护浦东社会稳定、确保新区开发建设的顺利推进起到了积极的保障作用,受到社会各界的普遍赞誉。

表7 调解中心直接参与调处的较大矛盾纠纷(1995—2001)

年份	起数
1995	58
1996	74
1997	155
1998	117
1999	115
2000	129
2001	158
综合	**728**

注:1995年的数据为调处中心当年6月成立后的调处案件。

四、优势互补的部门协调机制

社会矛盾纠纷应急管理是一项复杂的社会系统工程，整个运作过程中政府职能部门之间的协同运作尤为关键，这种等级协调关系包括等级协调机制和无等级协调机制两大类——前者指政府内部有等级区分的机构之间的协调机制（主要体现为上下级政府间的协调机制），它主要是以明确的上下级关系为核心的政府机构的命令式解决方式；后者指政府内外不涉及等级关系问题而主要涉及信息沟通等方面问题的协调机制，它主要是以信息沟通为核心的解决方式，部门及各方主体之间并无明确的上下级关系，而是平等相待。

随着我国各项改革的推进，很多社会矛盾纠纷也涉及多个地方、部门和行业，并呈现复杂、激烈等特点，这就需要跨部门、跨地区、跨行业调解，光靠公安动用警力、法院进行判决以及司法行政部门的力量是不够的，还需要社会各个方面的配合和支持，构建"上下联动、内外结合、左右协调"的运行机制。目前，调解中心建立了优势互补的社会协作机制——包括在基层与公安110和148法律服务热线的联动、横向协调小组、三级协调网络——有利于调解中心在社会矛盾纠纷应急管理过程中最大程度地综合利用各方资源，形成从上到下、点面结合、综合性、立体化的预防、处置和调解社会矛盾纠纷的网络。

（一）司法、148联动

148法律服务专线和调解中心既相对独立，又相得益彰，互为补充。148的任务是发挥法律服务职能，解疑释惑，发现问题；调解中心的任务是发挥法律保障职能，解决问题，化解矛盾。二者往往在时间上有继起性，在手段上有互补性，在目的上有一致性，即服务社会，维护稳定。因此，实现148

法律服务专线和调解中心之间的配套联动，有利于调解中心能够及时掌握矛盾纠纷的线索，掌握调处矛盾纠纷的主动权。

"148"不仅提供方便、快捷的法律服务和法律咨询服务，而且还受理各类矛盾纠纷案件。因此，148法律服务专线和调解中心的联动，不仅有利于调解中心应对148联动转办的各类民间纠纷和群体性社会矛盾，也有利于广泛联合开展矛盾纠纷排查调处工作，可以有效地化解社会不稳定因素。据统计，自浦东新区司法局1998年4月在全国率先成立"浦东新区法律援助中心"以及1999年3月正式开通"浦东新区法律咨询热线"和"148法律服务（浦东）专线"后[1]，为人民群众免费提供法律咨询2万余人次，为法律援助对象免费办理民事和刑事代理案件1300余件，使社会弱势群体的法律权益得到有效的维护和保障。148法律服务专线和调解中心之间的配套联动，实现了调解纠纷与法制宣传教育相结合、与"148"法律服务专线相结合、与为居民提供法律服务相结合，由此帮助居民提高法律素质，使其能够适时运用法律武器维护自身的合法权益。

（二）公安、司法110联动

1997年9月17日，调解中心举行110司法公安联合行动仪式；1998年9月，调解中心推出了"司法110联合行动"；1999年4月18日，新区司法110与公安110社会联动系统正式联网；截至1999年3月底，全区37个街、镇全部实现了110联动。全区借助公安110网络资源，实现两个部门协调配合、优势互补的新调解机制，明确应对社会矛盾纠纷的接处警程序、职责分工，充分发挥各自的优势，职责明确、责任到位、运作有序，共同完善社会

---

1. 根据浦东新区机构编制委员会的规定，"浦东新区法律援助中心"和"浦东新区社会矛盾调解中心"两个中心合署办公。

矛盾纠纷的防范和应对网络（联动的整体运作，参见图12）。

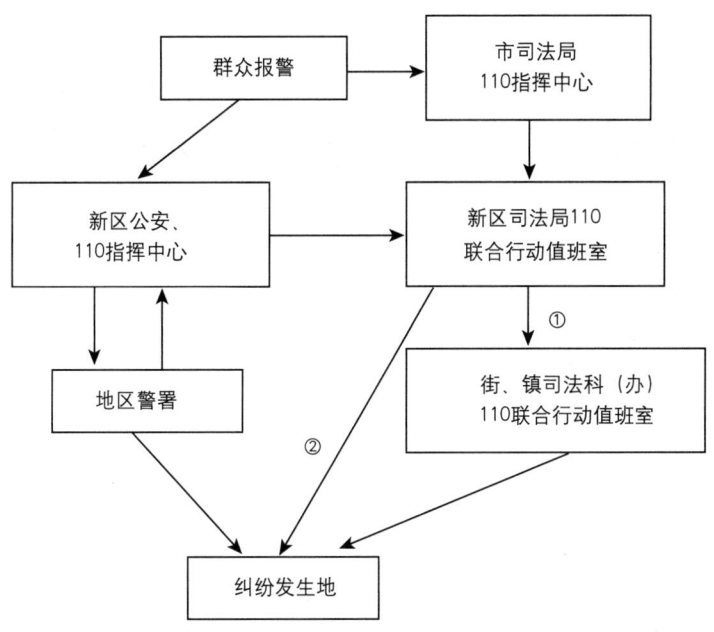

图 12　110 司法联动接处警流程图

说明：地区警署接到指挥中心处警命令后，立即赶到矛盾纠纷发生地处警，认为需交街、镇司法110继续调处的，再把情况反馈到指挥中心。

①为第一种情况：对于一般社会矛盾纠纷，告知社会矛盾纠纷发生地所属街、镇，由街、镇110值班室调处；

②为第二种情况：对于重大的群体性矛盾纠纷，在告知发生地街、镇110值班室的同时，立即赶到矛盾纠纷现场参与调处。

从上图可以看出公安、司法两个职能部门优势互补、密切配合的运作原则：(1) 在110报警中，一般的社会矛盾纠纷，尽可能在处警时就现场平息解决，确实难以解决的再移交给司法110解决；夜间的案子，一般应在第二天移交司法110。(2) 在司法110调处的矛盾纠纷中，如出现双方当事人打架、斗殴等暴力的情形，则及时调用公安力量及时处警，在第一时间内赶到现场,制止事态的发展,防止矛盾激化。(3) 司法调解人员对民事、经济方面的法律法规比较熟悉,而且经常处理各类民间纠纷,对于此类案件,司法调解人员迅速接受处理,节省了警力。

110 公安司法联合行动、高效运作,有利于调解中心及时获取信息,迅速赶赴现场,有效开展调处,防止矛盾激化。从实际运作成效来看,公安、司法联动也提高了政府应对各种社会矛盾纠纷的效率,据统计,1999 年 110 接处警的总量为 1246 件,2000 年为 1295 件,2001 年则为 1350 件,各种类型社会矛盾的 110 接处警数量有不同程度的上升(参见表 8)。

表 8 调解中心 110 接处警情况(1999 和 2001)

类型	1999	2001
邻里	283	317
婚姻家庭	481	637
劳动争议	11	27
债务	40	54
损害赔偿	18	31
赡养、抚养、扶养	6	7
动迁	20	11
房屋	43	24
经济	36	28
其他	308	214
合计	**1246**	**1350**

(三) 横向协调小组

受传统思维方式的影响,在面对各种社会矛盾纠纷时,有些部门和单位对矛盾纠纷的后果估计不足,遇事习惯于按以前那种条块分割的方式思考问题、处理情况,甚至过分强调自身利益、单位利益,平时各自为政,沟通联系不够,没有充分发挥整个社会网络资源的合力作用。针对此种情况,1996年4月,调解中心在各部门的支持和协作下,专门成立了由信访、公安、法院、司法、城建、规划、环保、劳动等职能部门参加的协调小组——"上海市浦东新区社会矛盾调解中心横向协调小组"(协调小组整体的组织结构,参见图13)。

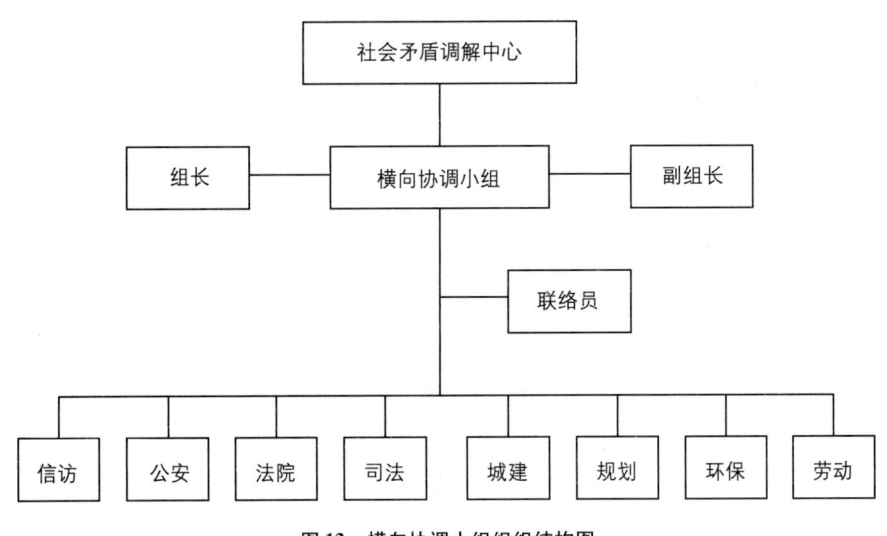

图13　横向协调小组组织结构图

作为调解中心下设的松散型横向协调机构,横向协调小组在调解中心的领导下开展工作,其主要职责包括:(1)协调处理"中心"受理的在新区有较大影响的重大群体性社会矛盾和疑难纠纷;(2)掌握、分析倾向性矛盾纠纷的发生、发展动向,并制定预防和调处方案、对策等;(3)互通情况,交换信息简报,发挥各自优势,开展横向业务交流;(4)发挥参谋、顾问作用,为妥善解决各类矛盾纠纷献计献策。在运作机制上,横向协调小组经常通过联席会议制度交流信息、通报情况。对复杂疑难的群体性矛盾,调解中心往往采取集体"会诊"的方式,定期召开工作例会,协同调处、综合治理。

调解中心与信访部门、公检法等部门的联动联调,对于组织的运作和发展具有重要的现实意义。一方面,联动联调扩大了社会矛盾纠纷的信息来源,案件分流也使各职能部门分工明确;另一方面,对于重大涉法纠纷,一旦调解不下,与公安、法院、劳动等部门及时沟通,同时出击及时控制局面,有利于防止事态扩大和重大矛盾纠纷的发生。因此,在当前社会矛盾日益多元化、复杂化的今天,多部门共同参与、集中办案的大调解格局,有利于整合政府各部门资源,聚集优势,通过"合力"解决矛盾。

(四)三级协调网络

调解中心极为重视基层司法干部的作用,以新区三级协调网络为基础,以司法科及司法助理员为骨干,形成了一个较为完善的社会矛盾纠纷调解系统和信息反馈机制(参见图9和表9)。

表9 调解中心三级协调网络结构

级数	层次	组织	调解的主要范围和内容
一级	村(居)委	调委会	邻里、家庭、生产和群众之间的纠纷
二级	街镇	调解分中心	① 村干部和群众的矛盾,辖区内两村(居)之间的纠纷;② 经村(居)委调解无效的重大涉法疑难纠纷,控制本辖区内突发性上访和带有恶性苗头事件的事态发展;③ 要求重大纠纷不出街镇,一般矛盾不激化
三级	新区	调解中心	① 对全区调解工作的领导、组织、协调、监督、检查工作;② 直接参与调解全区性的重大矛盾纠纷;③ 其他两级调解组织不能调解的矛盾纠纷

各级调解组织严格按照各项制度依法预防、处置和化解各类矛盾纠纷,相互间的职责分工明确,形成走向制度化、规范化的调解工作运作机制。一方面,社会矛盾纠纷发生后,相应的调解组织主动调解,及时汇报,形成健

全畅通的信息获取渠道；另一方面，各级调解组织做好日常的事前预防和调解员培训工作，制定预防和处置社会矛盾纠纷的程序、方法和对策，做到预案在前，有备无患。因此，三级协调网络的建设使新区社会矛盾调解中心能及时了解到在全区范围内发生的各类社会矛盾纠纷的苗头，以利于把各类矛盾纠纷解决在基层和萌芽状态，从源头上减少社会矛盾纠纷发生的可能性。

五、司法调解与社会协调网络

目前，调解中心正承担着越来越多的司法调解职能。所谓司法调解，是指在县（区）或乡（镇）司法行政机关主持下，采取依法说服教育的办法，促使发生疑难、复杂纠纷的双方当事人自愿达成协议，解决纠纷的一种调解活动[1]，其实质是纠纷双方经由合作与互动的过程，通过共同认可的调解协议最终达成一致的结果。当事人双方建立在信任与互利基础上，通过合作、协商、伙伴关系，确立认同和共同的目标等方式，在冲突的状态中最终达成一致，这个过程实质上体现了治理理论所倡导的社会自主治理理念，与前文所述的我国公共治理结构改革的主要目标也不谋而合。

（一）社会自主治理与纠纷调解

由于调解是具有中立性的第三者通过当事人之间的意见交换或者提供正确的信息，从而帮助双方当事人达成合意的结果的制度，调解组织在其中发挥着重要作用。虽然是否进行调解、如何调解以及是否接受调解的结果都依赖于双方当事人的自愿选择，但调解组织能够在尊重当事人意愿的基础上，

---

1. 朱海如：《以听证会构建司法调解程序的研究》，载《中国司法》，2001 年第 7 期，第 49—50 页。

帮助当事人传达信息、沟通意见，发现共同点并进行一定程度的劝说和说服，因而较裁决而言，调解更彻底地体现以当事人为中心的原则，其实质是"以合意为核心要素的解纷方式"，"合意是司法上自治原则在纠纷解决领域的延伸"，也就是当事人自己决定纠纷之解决，合意一经达成，调解便走向尾声。[1]

体现自治原则的调解制度，其价值与治理理论的内在理念极其吻合[2]。第一，作为一种典型的诉讼外纠纷解决方式，调解在相当程度上可以起到疏减讼源的作用。随着民事纠纷与日俱增，不少国家（地区）为缓解法院压力都设立了调解程序和调解制度[3]，并且因其灵活、便捷的优点适应社会变迁的需要，各个社会绝大多数纠纷都是在诉讼外获得解决的。第二，调解的过程是一个双方协商并达成共识的过程，调节本质上是双方当事人合意的特点决定了当事人对调解结果的履行是自愿的，而不像裁决那样依赖强制执行。一般而言，合意的出现表明双方矛盾的化解或至少大大降低了其尖锐性——即便是作出了很大的让步，当事人也通常是在权衡利弊的基础上作出选择，因而他们对调解的结果往往采取较为积极的态度予以履行，这有利于降低执行成本。

比如，目前世界经济领域内越来越引人注目的争议解决方式——美国ADR（Alternative Dispute Resolution），就是矛盾当事人双方通过非诉讼非仲裁的途径解决争议的办法，具有代替性、选择性和解决纠纷功能等特点。20世纪90年代，随着合作性理念和评价性理念的出现，ADR逐渐被社会认同并逐渐被法制化。现在ADR已成为直接范围内争议解决体系的重要组成部分，在调解的具体方式方法上具有很大的灵活性，提高了调解的功效。据美国《司

---

1. 王建勋：《关于调解制度的思考》，载《中南政法学院学报》，1996年第6期，第74—78页。
2. 与政府统治（government）不同，"治理则是一个上下互动的管理过程，它主要通过合作、协商、伙伴关系、确立认同和共同的目标等方式实施对公共事物的管理。治理的实质在于建立在市场原则、公共利益和认同之上的合作。它所拥有的管理机制主要不依靠政府的权威，而是合作网络的权威"（俞可平，2000）。罗茨（R. Rhodes, 1996）也从社会自治理的角度，列举了其中两种关于治理的定义："作为一社会—控制体系的治理，它指的是政府与民间、公共部门与私人部门之间的合作与互动"；"作为自组织网络的治理，它指的是建立在信任与互利基础上的社会协调网络。"
3. 如挪威、丹麦、法国、德国、日本以及我国台湾，都设立了调解程序和调解制度。

法》杂志（1989年2月号）统计，联邦法院归档的诉讼中有90%的案件未通过审判，而是通过和解、调解等方式获得解决的。

（二）司法调解与社会协调网络的构建

在我国，目前除了诉讼和仲裁外，解决社会矛盾纠纷的重要手段是调解。目前，从事调解活动的机构有：人民调解委员会、某些行政机关以及仲裁组织和人民法院，这些机构的性质及其承担的调解职责不尽相同（参见表10）。

表10 我国目前不同类型的调解机构

机构	性质及调解内容
调委会	① 人民群众自觉运用法制，主动干预和调解社会生活，及时解决民间纠纷的组织形式 ② 主要负责调解本地区或本单位的一般民间纠纷、简单经济纠纷和轻微刑事案件
行政机关	国家行政机关对各行政机关之间、行政机关与行政行为相对人之间因行政管理而引起争议的调解
仲裁组织 人民法院	① 在仲裁人员或审判人员的主持下，双方当事人按照平等自愿的原则进行协商，达成协议，从而终结仲裁或诉讼程序的活动 ② 在人民法院，除了诉讼过程中的调解外，各地还纷纷建立了经济纠纷调解中心，专门从事调解工作
调解中心	① 在党委和政府领导下，以司法行政机关为依托，集中社会各方力量，进行综合防范、依法化解和调处社会矛盾纠纷的一种新型调解组织 ② 在司法调解中心的主持下，双方当事人按照平等自愿的原则进行协商，在社会矛盾纠纷上达成协议

从上表可以看出，司法调解中心可以借鉴美国ADR的某些做法，作为独立的第三者接受双方当事人的委托，进行居间调解。第一，司法调解中心在调解过程中调查案情，讨论争议焦点，找出法律依据，作出裁决，供争议双方选择是否接受，这种做法以法院为依托，易使裁决发生法律效力，即使裁决不当，也可以自然进入正常诉讼程序，使裁决中的错误得到纠正。第二，

司法调解中心采取灵活、简便的调解程序,也符合我国的实际情况;调解过程中根据案情的多样性可以采用正式开庭调解、到被告住所调解和信函调解等方式,以适合不同情况下争议双方的需求。

(三)调解中心的发展前景

在我国目前的民事诉讼过程中,调解与判决都是解决纠纷的方式,调审结构的内在冲突和运行中的失衡迫切需要建构一种程序机制来衡平其冲突[1],司法调解中心正好在这个领域可以大有作为。一方面,从评审结构来看,由于同一诉讼结构中调解与判决的内在冲突(法院调解制度贯穿于民事审判程序的全过程),法官扮演着调解者与判决者的双重角色,调解者的中立性与判决者的决定性相冲突,这导致民事审判权的异化;另一方面,从调解的具体程序来看,我国诉讼调解贯穿于民事诉讼的全过程,法官参与仲裁或调停,居中说和存在潜在的强制力量,当事人双方在探讨解决纠纷的过程中存在内心压力。

从发展前景来看,司法调解中心可以作为法院附设法庭审理的前置机构——即审前调解委员会——而存在,这样设置的目的有二:第一,尽量避免进入审理阶段,给当事人一个调审自择的机会;第二,衡平法官既是审判者又是调解者的双重角色冲突。受理案件后可以通过有效途径询问双方当事人是否愿意调解并促成其达成调解意向,然后立即移至调解委员会,调解成功即制作调解书,调解书与判决具有同等的效力(具体操作可由法院制定调解规则),若调解失败则重新移至民事或经济审判庭。由于调委会与审判庭不是同一机构,在调解过程中缓解了当事人的内心压力,有助于更高程度的合

---

[1]. 贾连杰、陈攀:《从美国的 ADR 看我国诉讼调解的困境与出路》,载《河南省政法管理干部学院学报》,2000 年 1 期,第 88—91 页。

意。经由这样的程序安排,在同一审级中有一个开庭审理前的调审自择程序和辩论终结后的调判自择程序(当然在审理过程中主动申请并达成调解协议的不在此限)。

调解分为两种形态:公平性调解和让谅性调解[1]。基于调解的质的规定性,公平性调解只是纠纷主体所追求的一种理想状态,而在实践中,大量调解都是在中立性的第三者促成和组织下的让谅性调解,即双方在互相作出让步的情况下化干戈为玉帛。与此同时,我国当前发生的绝大多数社会矛盾纠纷都属人民内部矛盾,是我国转型期社会变革、利益调整、观念碰撞所引发的,当事各方的总体利益是一致的,因此具有可调解性。从参与调处的实践来看,司法调解中心虽然目前还不能完全履行审前调解委员会的职能,但调解中心以第三者的角色出现,以国家和当地有关法律、法规和规章为依据,和法院协同运作,在一定程度上扮演审前调解委员会的角色,客观公正地调解矛盾,使得矛盾各方都比较满意。

六、现实中的困境:司法调解与法律调整

随着改革开放的不断深化和社会主义市场经济体制的深层转换,各种新的民事法律关系不断扩大,各种社会矛盾纠纷呈直线上升,在人民法院直接审理一大批民事案件的同时,司法调解中心也必然将调处越来越多的矛盾纠纷。因此,司法调解中心在继承原有快速应急的职能特点的基础下,必须更加注重拓展其构建在法律基础上、作为专业性的法律服务机构所具有的司法调解功能,也就是通过构建完善的调解组织网络,以法院附设法庭审理的前置机构(即审前调解委员会)的身份调处各类矛盾纠纷。

---

[1] 贾连杰、陈攀:《从美国的 ADR 看我国诉讼调解的困境与出路》,载《河南省政法管理干部学院学报》,2000年1期,第88—91页。

"调解制度用调解方式解决权益纠纷,属于司法范畴,调解制度属于司法制度"[1]。在目前各项法规、制度尚未健全的情况下,要使调解中心以合法的身份纳入调解组织网络,行使法律赋予的各种职能,就需要立法上对司法调解中心的法律地位加以确定。这其中主要涉及两个关键性的问题:第一,司法调解制度要有适当的程序支持;第二,在司法调解中心居间行为的基础上当事人双方所达成的协议必须得到司法确认。

(一) 调解制度的程序支持

司法调解虽然是在人民调解制度基础上发展起来,但又不是传统意义上的人民调解。我国对人民调解程序早有规定,但对司法调解程序则还没有相关规定。我国乡(镇)司法助理员、县(区)148、社会矛盾调处中心等组织和个人调解纠纷都是司法调解的典型形式。要成为一项完整的司法制度,司法调解必须符合三个要件:第一,依法性:必须依法办事;第二,顺序性:必须按照法定程序进行;第三,时限性:不能任意拖延。其中,前一项是使用法的规定,而后两项则是程序规定。[2]

对司法调解中心专门调处矛盾纠纷的工作,我国目前法律和司法解释都尚无统一而具体的规定,最高人民法院尚无依法制定一套切实可行的全国性规范化制度,导致全国各地司法调解中心的程序和运作方式差异甚大。因此,对照司法调解的三个要件,从当前的发展现状来看,司法调解还未建立自己的程序,还不具备顺序性和时限性两个要件,缺乏程序支持,致使司法调解这一司法制度在实践中难以有效运作。

从执法应当统一和规范的角度出发,司法调解中心的程序和运作方式必

---

1. 熊先觉:《中国司法制度新论》,北京:中国法制出版社 1999 年版。
2. 朱海如:《以听证会构建司法调解程序的研究》,载《中国司法》,2001 年第 7 期,第 49—50 页。

须从机构的法律地位层面解决如下几大问题[1]：（1）调解的性质：目前司法调解中心解决纠纷的形式有法院庭前调解、诉前调解和诉外调解的形式，不同的调解形式产生不同的法律效力，司法调解中心的性质如何界定？（2）受理申请的范围：应当依照法律、法规的规定，确定司法调解的受理条件，在法定调解范围内进行调解。（3）调解的原则：调解中心的调解程度总的原则要把握简（简化程序）、便（方便当事人和人民法院），开展调解工作坚持自愿、公正、合法的原则。（4）调解结果的履行：强调立即兑现，当事人一方不履行调解协议的，对方有权申请法院强制执行。（5）调解不成的处置办法：如果调解不成，应移送法院判决；如果调解不成申请人又不愿意通过判决解决的，可按撤诉处理。（6）调解期限：由于调解中心的工作特点（快速高效地调处矛盾纠纷）和诉讼期限的规定原则，调解中心必须在尽可能短的时间内调解归案。（7）调解费用的收取及承担：对调解达成协议的，调解费用由双方协商解决，协商不成应由法院判决；对调解不成需进入判决程序的，判决时一并解决费用负担；对调解不成申请人又不请求判决的，由申请人负担。

（二）调解协议的司法确认

我国当前的《民事诉讼法》、《人民调解委员会组织条例》等都明确规定了人民调解委员会主持下达成协议具有法律上的效力[2]，但人民法院对经司法调解中心调解双方当事人达成的协议尚未进行确认，未明确赋予司法调解中心在保证其主持调解所达成协议兑现上拥有法定的强制执行权[3]，这往往导致

---

1. 胡建萍、庄道成：《论经济纠纷调解中心的规范化运作》，载《现代法学》，1994年第6期，第44—46页。
2. 最新的规定参见2002年9月5日最高人民法院审判委员会第1240次会议通过的《最高人民法院关于审理涉及人民调解协议的民事案件的若干规定》，法释〔2002〕29号。
3. 最高人民法院所颁布的《民间纠纷处理办法》、《关于如何处理乡、镇人民政府调处的民间纠纷的通知》规定，调解未达成协议以及协议后可以反悔，人民法院对基层人民政府对其主持调解所达成的协议不予执行，这往往导致调解协议达成后司法调解中心执行不了、法院又不执行的矛盾。

调解协议达成后若义务一方当事人采取软拖的办法，既不履行义务也不向法院提起诉讼，则权利一方当事人的合法权利在客观上难以得到维护。为此，人民法院应当充分运用法律赋予的确认权，在司法调解中心对民间纠纷调解已达成协议的基础上进行审查确认，赋予其法律的约束力，若义务一方不履行义务的予以强制执行，真正达到处理及时、执行有据。当然，就司法调解协议司法确认的可行性而言，由于直接制约着法院的确认是否可行，必须对调解中心主持下当事人双方达成的协议需通过什么途径、采取什么方式确认、确认的条件及对当事人诉权的保护，应从法律上予以明确规定。[1]

1. 从司法确认的途径来看，由司法调解中心向人民法院提出确认申请为宜。司法调解中心将调解达成的协议送人民法院审查，要提出书面申请，并经当事人同意；人民法院确认的途径要用法规加以明确规范。

2. 从确认的条件来看，法院对司法调解协议进行确认，其纠纷必须属于民法调整范围，并为人民法院所管辖。同时，法院对协议进行确认还应坚持两个原则：一是合法原则，即人民法院对所确认的纠纷必须调卷认真审查，对达成协议的称许和内容合法的予以确认，对违反法律、法规的不予确认；二是自愿原则，既人民法院对协议的确认，必须是在当事人双方完全承认的基础上进行，若当事人坚持要求通过诉讼解决，则法院不宜直接去确认。

3. 从确认的方式来看，由于经司法调解中心调解达成协议的纠纷，因当事人并未向人民法院直接诉讼，人民法院不能对该纠纷制作调解书送达，而应制作确认书。协议内容一经人民法院确认书确认经当事人签收后即产生法律约束力。

4. 从当事人诉权的保护来看，由于协议内容一经人民法院确认书确认经当事人签收后即产生法律约束力，势必在一定程度上剥夺当事人的诉权，因

---

[1] 汪祥欣、吴希凤：《试论对行政调解协议司法确认的可行性》，载《中国司法》，1995年第2期，第30—31页。

此，可把"确认"纳入督促程序，确认书经双方当事人签收后，当事人在规定时间内未提出异议，则确认书产生法律效力；如当事人在规定时间内提出异议，人民法院应裁定终结确认督促程序告知当事人另行起诉。

经由人民法院的司法确认，调解中心达成的协议就具有一定的法律效力，当事人应当执行。经调解中心调解达不成协议的，说服当事人通过诉讼的渠道解决；双方当事人都不愿向法院起诉的纠纷，可以由上一级司法行政机关组织单位、部门对该纠纷实行联合调解，联合调解达成的协议当事人必须执行，如当事人一方不执行的，移送法院处理。

七、简短的结语

我国当前处于公共治理结构的转型期，由于改革力度加大，利益格局调整以及人们思想观念转变等问题，社会出现大量的矛盾纠纷，如何有效地预防、化解、处置这些社会矛盾纠纷，不仅是维护社会安定、政治稳定和经济发展的需要，也是构建现代法律服务体系的一项重要内容。本文通过研究上海浦东新区司法调解中心，来透视整个中国司法调解中心的现状、价值及其进一步发展所面临的困境。

如前所述，在一个社会急剧动荡和变革的环境中，由于各类社会矛盾纠纷频发，社会稳定和政治稳定被政府放在最突出的位置上。在新旧体制转轨时期社会活动超前性与立法、司法活动滞后性的矛盾突出的情况下，专门从事预防、化解、处置各类社会矛盾纠纷的法律服务机构就具有存在的必要性和迫切性。司法调解中心"规范有序的内部运作机制、优势互补的社会协作机制、严密完善的信息反馈机制和及时有效的快速反应机制"，有效地提高了对政府社会矛盾纠纷的应急管理能力。就调解职能而言，诚如古罗马法谚云：调解（和解）为最适当之强制执行。司法调解中心以其机构的专业性、解决问题的客观公正性、广泛的群众性、队伍的机动性等优势而成为当事人双方愿意选择的解决矛盾纠纷的居间调停者,这种以合意为核心要素的解纷方式的实质是自治原则在纠纷解决领域的延伸,构成了社会自主治理的一个方面。不过从目前的发展现状来看,司法调解中心要以合法的身份纳入调解组织网络,行使法律赋予的各种职能,必须在运作程序、调解协议的确认等方面得到司法和法律的认可,从长远来看,这些内容在更广泛的意义上则是一个现代法律服务体系的综合建设问题。

行政部门立法后评估制度研究导向
——以国土资源部后评估工作实践为分析个案

郭　威（中南财经政法大学）
邹谢华（国土资源部法律中心）

　　行政立法在我国社会主义立法体制中占有重要地位。在我国，绝大多数行政立法都是由行政主管部门先行起草，近20年来在全国人大通过的法律中，由国务院各相关部门提交的法律提案占总量的75%—85%。与权力机关立法相比，行政立法具有执行性、补充性、技术性、灵活性、应急性、具体性、先行试验性和效率性等特点。但另一方面，由部门主导的行政立法模式容易产生部门利益导向，存在部门权利利益化、部门利益合法化的立法风险。为切实提高行政立法质量，有效规避行政部门立法风险，近年来，各级各类行政立法机关开始认识、践行立法后评估制度。所谓立法后评估，也称为立法质量评估或立法效果评估，指的是对法律法规实施成就与效果所作的事实和价值判断与评定。[1]在我国始于本世纪初，最初用于评估行政机关立法行为，

---

1. 汪全胜：《法律绩效评估机制论》，北京：北京大学出版社2010年版，第11页。

主要用于对国务院[1]及在国家中央部委,国土资源部较早开始了立法后评估工作的探索,并取得了一定制度成果。选取国土资源部立法后评估制度建设为分析个案,以国土资源部开展的立法后评估工作经验为视角,思考分析其所面临的困惑与问题,系统总结行政部门立法后评估制度构建的相关理论,对推动我国行政立法水平乃至全社会法制建设都具有重要作用。

一、构建行政部门立法后评估制度的必要性

(一)"立法后"阶段的时代选择

2011年3月,吴邦国委员长在十一届全国人大四次会议上宣布,"由法律、行政法规、地方性法规等多个层次的法律规范构成的中国特色社会主义法律体系已经形成",自此,我国立法工作的重心将由新法的制定,向法律法规的废与改转移,提高立法质量成为法制工作的重要内容。从国外发达国家法治发展的实践来看,"立法后"阶段往往伴随着法律效果评估运动的兴起,立法后评估制度是法治国家在该发展阶段的重要选择。

美国的立法后评估制度发端于20世纪30年代,随着政府行政权力的日益膨胀,联邦国会和州议会开始通过法律对立法的成本与效益加以控制。[2]1980年通过《灵活规制法》,要求联邦各部门"对大量小企业产生重大的经济影响的"规章进行定期的评估。1993年,克林顿总统发布第12866号令,规定联邦政府制定"重要"的行政法规,必须进行立法成本效益评估。[3]英国自20世纪80年代开始规制影响改革,对包括内阁立法、地方立法和政府规章等在内的各种规制所产生的影响进行评估,1994年出台《减少国家干预经济和执行

---

1. 俞荣根:《立法后评估:法律体系形成后的一项重要工作》,载《西南政法大学学报》,2011第2期,第3页。
2. 汪全胜:《法律绩效评估机制论》,北京:北京大学出版社2010年版,第52页。
3. 龙晓林:《美国行政立法后评估概况》,载《探求》,2008年第1期,第45页。

法案》，通过缩短冗长的法律制订过程使废止存在问题的法律更为容易，2001年生效的《规制改革方案》则标志着英国全面推行法律效果评估。[1] 欧盟自20世纪80年代中期开始开展立法效果评估的相关工作，2005年立法效果评估被确定为立法的标准化程序。德国自20世纪90年代开始进行立法效果评估，2001年发布了首部《立法效果评估手册》。在亚洲，日本于2002年正式实施《行政机构实施评估政策有关的法律》，韩国于2000年通过了《韩国政府绩效评估框架法案》，2006年开始实施《政府业务评价基本法》。[2] 各国实践证明，立法后评估有利于提高法律质量，特别有利于促进法律制度和政策的对接磨合。

（二）协调行政立法的稳定性与回应性

我国属于大陆法系，有较强的成文法特征。该立法模式下法律体系是由最高权力之下的决策中心创制和推行的，具体特点为法律规范稳定性、明确性和确定性的统一，强调法律的权威性与稳定性，从某种程度上来说，法律规则的确定比正确的确定来得更为重要。在大陆法系下，为了使法律规范达到严密、符合逻辑、精确和稳定的目的，法律往往被精心设计，但"存在着忽视实践中的可能性并有湮没在纯理论迷雾之中的危险"[3]。也就是说，在迅速应对情势的变化、及时回应社会新的需求方面，成文法模式在某种程度上存在着不足，法律表述得越明确，它适应形势变化的能力就越差。

当前我国处于社会转型与变革的发展阶段，基于经济全球化和社会管理精细化，社会领域矛盾日益增加，社会对法律规范出现了快速化、灵活化和细致化的新需求，现有法律体系，特别是覆盖社会生活各个领域的行政立法

---

1. 汪全胜：《法律绩效评估机制论》，北京：北京大学出版社2010年版，第71页。
2. 同上，第78—91页。
3. [法] 勒内·达维：《英国法与法国法：一种实质性比较》，潘华仿、高鸿钧、贺卫方译，北京：清华大学出版社2002年版，第45页。

体系，需要一定程度上具有"回应型法"的特征。"回应型法"是社会不断变动、法制作为调整复杂社会关系的手段必然要相应地改变的必然产物，它更加"强调行动中的法；强调法的社会目的性；强调法和社会的不断变动"[1]。

"回应型法"意味着立法机构应具备负责任的、有差异及有选择的适应能力，能够充分及时地分辨和考量周围环境中各种新的因素，在不断转变的社会中适应变化，持续改造法律体系，形成一个与社会变革相适应的规范创制模式。"回应型法"的主要特征便是使法律更多地回应社会需要，使立法机构能够更及时、更全面地考虑那些法律必须从它们出发并且将其运用于它们的社会现实。而我国当前行政法律体系有着因成文法自身稳定性特征伴随而来的特有惰性与惯性，会制约法律体系回应机能的发挥。唯有借助于法律体系自身外的力量，才有可能克服其先天局限，立法后评估制度可以被看做是具有"回应型"外来力量的来源之一。通过立法后评估制度，审视既有立法实际实施效果，检验其是否匹配当前社会经济发展的现实需要，才能切实实现行政立法的功效，充分发挥部门立法的积极作用。

（三）提升行政立法质量，充分发挥行政管理职能

当前行政立法工作的一个突出问题是重立法数量，轻立法质量，特别是规范性文件数量的不断膨胀，不但直接影响了立法的质量，而且导致重复立法增多，立法资源配置不尽合理，造成行政立法的整体效益下降。

以国土资源管理为例，国土资源行政立法工作存在着立法相对完善（现行有效的规章有53件、规范性文件有700件，基本涵盖国土资源管理各领域）与管理困局日益突出的现实矛盾。主要表现在：第一，国土资源法律制度体系与经济社会发展趋势不适应。现行《土地管理法》、《矿产资源法》及

---

[1] 张文显：《二十世纪西方法哲学思潮研究》，北京：法律出版社1998年版，第37页。

其配套法规还留有较为明显的计划经济时代痕迹，修改迟缓；第二，现行法律制度供给不能满足国土资源管理实践需求，一方面一些重点领域、关键环节立法缺失，或者相关规定过于原则，可操作性不强，另一方面一些切实有效的实践经验没有及时总结上升为法律制度，实践证明了的正确做法却没有法律依据；第三，严格规范国土资源管理权限和权力行使程序的客观要求，与加快提高行政效率尤其是审批效率、增强国土资源保障能力的需求之间的矛盾还未有效解决；第四，法律制定不系统、不规范，现有法律法规文件之间存在不协调甚至冲突，各种文件数量多，补丁多，造成人民群众和管理一线无所适从，客观上致使执行力不高，公信力不强。通过行政部门后评估制度，对规章和规范性文件实施的基本情况，取得的经济和社会效益，以及宣传贯彻、行政执法等情况进行评估，着重分析法规中各项制度设计的合法性、操作性和针对性，及时掌握法规的执行情况，客观地评判法规的社会效益，全面系统地检验法规质量，有利于增强国土资源管理的执行力和公信力。

二、行政部门立法后评估的现有实践

在我国中央各部委当中，国土资源部较早开始了立法后评估工作的探索，并取得了一定制度成果，于2010年7月9日发布了《国土资源部规章和规范性文件后评估办法》，2010年9月1日起正式施行，是我国第一个专门规范立法后评估活动的部门规章，标志着我国行政立法活动开始进入"后立法"时代，深入到了科学立法、精细立法、质量立法的新阶段。

（一）实践历程

国土资源部立法后评估工作大致可分为两个阶段：
1. 准备探索阶段。自2004年国务院发布《全面推进依法行政实施纲要》，明确要求"规章、规范性文件施行后，制定机关、实施机关应当定期对其实施情况进行评估"后，国土资源部开始了对后评估工作的探索，并于2008年发布了两份文件对后评估工作提供了指导性意见：《中共国土资源部党组关于解放思想改革创新改进作风增强执行力的决定》要求每两年对国土资源规章和规范性文件进行一次系统的评估和清理，提出立、改、废的意见或建议；《国土资源部立法工作程序规定》明确规定国土资源部政策法规司负责部门规章实施的后评估工作，定期对部门规章的实施情况进行评估。2009年国土资源部选取《招标拍卖挂牌出让国有建设用地使用权规定》和矿业权出让制度为对象，进行后评估项目试点，通过问卷调查、实地调研、文献研究、专家咨询、模型检验、案例分析等方式，对两项制度的执行情况和实施效果进行了定性分析与定量研究，分别形成了后评估报告。

2. 启动开展阶段。2010年7月9日，国土资源部发布《国土资源部规章和规范性文件后评估办法》，以部门规章的形式明确界定了"后评估"的内涵，对后评估的实施原则、实施主体、实施范围、实施方式和成果运用等五个相关内容进行了制度规范。2010年11月，国土资源政策法规司公开向社会各界征询后评估项目意见，共征集到社会各界18家单位、64条项目建议。2011年3月至6月，分别召开了相关事业单位和部分高校、科研院所参加的"国土资源部规章和规范性文件后评论计划征求意见座谈会"，征询相关领域专家学者的意见，初步拟订后评估年度计划与工作规程，并就该计划与规程向山东省、广东省、深圳市、临沂市、东莞市等地方国土资源行政主管部门征询意见。2011年7月，国土资源部印发了《2011年国土资源部规章和规范性文件后评估计划》，确定对《土地管理法》《矿产资源法》和国土资源管理部门自身建设三类八项（类）规章和规范性文件开展立法后评估。

自《国土资源部规章和规范性文件后评估办法》颁布实施以来，地方国土资源管理部门结合当地实际，积极探索，大胆尝试，实践中已经迈出了重要步伐，积累了有益的经验，有的已经形成了制度性成果。浙江省国土资源厅分别组织对《浙江省土地权属争议行政处理程序规定》《浙江省实施〈地质资料管理条例〉办法》两个规章项目和《关于切实做好设施农用地管理服务的通知》一个规范性文件项目进行后评估；新疆国土资源厅开展了《自治区土地监察条例》《自治区实施〈土地管理法〉办法》等地方性法规后评估；安徽省国土资源厅分别会同省政府法制办、财政部门对《安徽省建设用地置换暂行办法》《安徽省矿山地质环境治理恢复保证金管理办法》等进行了评估；广东省国土资源厅成立后评估工作指导组，委托省土地估价师协会对《广东省非农业建设补充耕地管理办法》等六个省政府规章及规范性文件进行后评估；湖北省国土资源厅启动了对《湖北省土地管理实施办法》部分条款的后评估工作试点；宁波市国土资源局已部署开展对《宁波市征收集体所有土地房屋拆迁管理条例》的立法后评估。

（二）面临的主要困境与问题

结合国土资源部已经出台和草拟的文件资料及中央与地方现有的工作进展来看，行政部门立法后评估工作的开展总体来说是有序且顺利的，但毕竟是一项首创性的工作，没有过多的经验可以借鉴遵循，目前尚处于初步构建时期，确立了"开门评估"和"科学评估"的基本原则，强调了评估主体的多元性和评估方式的多样性，搭建了基本的程序性框架，对评估主体、评估对象、评估方法、成果形式和成果运用等主要制度元素进行了规范，但实体性制度内容仍然呈现为简约式的粗线条形态，其整体制度呈现出以《国土资源部规章和规范性文件后评估办法》为框架主体，辅以地方具体实践操作经验的结构样态。

在这种制度结构环境下，现有的《国土资源部规章和规范性文件后评估办法》及相关文件对今后行政部门立法后评估工作的指导作用会有一定的局限性，将会面临两个主要的困难：一是制度选择的不确定性，后评估工作应如何开展，形成什么样的后评估制度是科学合理等问题均未有明确的答案；二是由于制度一定程度上的缺失性和简易性，《国土资源部规章和规范性文件后评估办法》及相关文件所规范的五个主要制度内容显然无法涵盖行政部门立法后评估制度的全部范畴，后评估工作实践形式很可能会呈现出一定自主性和冲突性，如何认识、协调这种可能出现的自主性与冲突性，是构建行政部门立法后评估的一个非常重要的研究课题。

三、行政部门立法后评估制度构建的研究导向

以国土资源部开展的工作实践来看，当前行政部门立法后评估制度尚处于初步构建状态，制度构建与完善的主要矛盾集中在探索中的制度框架与具体工作形式的潜在冲突可能性，为缓解行政部门立法后评估制度框架与工作实践之间这一特定的张力，切实推进行政部门立法后评估制度的建设与完善，充分发挥后评估的制度功效，需要探索行政部门立法后评估制度持续建构的研究导向。

（一）明确后评估制度目标是减少"监督费用"

《国土资源部规章和规范性文件后评估办法》及相关文件规定了评估主体、对象、方法和成果，但却未明确提出评估目标，只是在第三条关于后评估的定义中提到"提出完善制度、改进管理意见"。这种界定属于张五常批评过的"套套逻辑"，只是笼统提出要改善制度，却没有指出要改善制度哪方面的要素以及改善所应达到的标准。

制度经济学认为，任何制度都是有成本的，包括制订费用、执行费用和监督费用，主要表现为监督费用。监督费用分为三类：一是第一方监督费用，是基于道德自律而产生的监督成本；二是第二方监督费用，指制度实施各方

相互监督的成本；三是第三方监督费用，即制度之外的利益独立机构，如法院，进行监督的成本。由于道德基础的模糊性，以及制度相关方相互制约情形的贫乏性，造成前两种监督费用过高，因此监督费用主要表现为第三种。[1] 当我们说制度合理科学，是"理性化"的制度时，也就是这里谈论的后评估制度目标，实质是制度成本——第三种监督费用的最小化。至于制度的监督费用的构成要素有哪些，如何最小化，则是行政部门立法后评估制度构建所应着重研究的内容。

（二）应识别立法后评估原则的特殊性

《国土资源部规章和规范性文件后评估办法》规定"后评估应当坚持客观公正、公开透明、公众参与、注重实效的原则"，拟订中的后评估工作规程没有突破这一规定，只是对其加以细化。这些原则的规定固然比较准确，亦较全面，但其所关注的角度却仅局限于立法后评估作为评估工作的共性的一面，忽视了其评估对象作为部门规章和规范性文件的特殊性一面。

部门规章和规范性文件的特殊性体现在三个方面：其一，规章和规范性文件是立法活动，而立法是国家权力机关的特有活动，这种权力是至高的，具有权威性和唯一性；其二，规章和规范性文件作为后评估的对象是现行有效的，它们以国家强制力为保障加以实施，对它们的评估在一定程度上关涉到权力机关和法律的权威及其社会公信度；其三，后评估可视为立法的一部分，是立法活动的自然延伸。因而，后评估的主体需具有相当的社会信誉和权威，此时其具有立法主体属性，这里会涉及一个"评估权"问题及其授权问题。

因此，权威性应当是行政部门立法后评估的特色原则，与此相应，行政

---

[1] 刘东：《巴泽尔的产权理论评介》，载《南京大学学报》，2000年第6期，第138页。

部门立法后评估的具体方式上也会有所不同。例如,其评估的标准、主体、对象、程序等应当公开透明,但评估结果的细节不见得要立即公开,因为其对象是现行部门规章和规范性文件,在它们修废之前仍应保证其效力。另外,多元的评估主体无论是委托还是招标产生,均应得到有权机关的明确授权。同时,行政部门立法后评估的结果,还应具有一定的约束力。

(三)要充分意识到后评估成果的双重性

对现有部门规章和规范性文件提出改善意见,形成改革方案固然是行政部门立法后评估的重要成果表现形式,但需要注意的是,"守旧"——维持规章和规范性文件现状亦是后评估工作合乎理性的选择。现代社会学和经济学的观察实验表明,人并非具有完全理性,更多情况下表现为有限理性的个体。基于这一前提,美国经济学家海纳(Heiner)提出了对"守旧"行为的解释模型,当行为主体面临的环境极端不确定时,若使其理性行为完全跟随环境的变化而变化,只有使行为主体的理性能力满足无限大的条件。[1] 也就是说,除非人的理性能力十分接近上帝,否则在环境充分不确定的情况下,人只能选择守旧。海纳模型表明了这样一个结论:开展后评估这样一种具有开创性的工作,其成果必然会具有双重属性——变革性和守旧性,当后评估的实践面临无法预知、极不确定的复杂形势时,维持现有规章和规范性文件所限定的规则也是合理的、可接受的结果。

(四)注重研究后评估制度规范性与实践性的相互关系

从制度分析的角度看,从来就没有什么理性的制度,一切制度都是社会

---

[1] 汪丁丁:《制度分析基础讲义》,上海:上海人民出版社 2005 年版,第 106 页。

博弈的结果，既不是按照任何人的理性设计出来的，也不会完全符合任何先定的人类理性，很大程度上是历史性、经验性的产物。但这并非意味着行政部门立法后评估制度的合理性标准是随性、不可琢磨的，应当是后评估制度确立的行为模式与人们现实行为模式的契合程度，这就要求我们要重视后评估主体在实践中体现出的自主性、创新性，认真分析研究，加以取舍。

另一方面，社会学家博兰尼的"隐秘知识"理论告诉我们，"编码知识"——以符号形式储存在人体大脑内的知识——仅仅是人类获取的知识总量的极其微小的一部分，我们知识总量的绝大部分表现为个人身上的"隐秘知识"或者"知识传统"，在正常情况下它们不进入我们的意识，而构成我们行动的"支援意识"。[1] 也就是说，没有任何精英人物和精英群体有能力掌握人类知识的整体，绝大部分人类知识是分布在无数普通人的头脑里的"隐秘知识"，而"隐秘知识"往往会在人们的实践中体现出来，这同样表明研究后评估制度的规范性和实践性之间相互关系的重要性。

（五）正确处理基本制度规范与具体制度规范的关系

一方面，由于行政部门立法后评估工作的开创性，《国土资源部规章和规范性文件后评估办法》及相关文件具有简易性和粗放性，限定了其只能是基本制度方面的规范；另一方面，由于后评估实践具有重要的现实意义，其必然会体现出一定的制度功效，形成事实上的制度形态，加之其具有微观、具体的特点，所以，后评估实践是部门行政立法后评估具体制度规范的重要来源。因此，行政部门立法后评估制度体系中存在着基本制度规范和具体制度规范两种制度样态，正确认识并协调二者的关系，是构建科学合理的行政部门立法后评估制度的重要环节。

---

1. Arrow, "The Economic, Implications of Learning by Doing", *Review of Economic Studies*, Vol. 29, 1962, p. 81.

第一，二者的相对独立性与相互依存性，决定了其既相对独立，又相互依存。一方面，只有在基本制度规范所确立的整体秩序得以存在的前提下，具体制度规范才能充分发挥自己的功能。否则，无论具体制度规范有多么完美，最终也会因为制度整体失序而无法实现自己的价值。在这一意义上，基本制度规范是具体制度规范的基础。另一方面，具体制度规范只有具备基本制度规范不可代替的功能时，才可能在特定的实践领域实现基本制度规范所确立的基本秩序，从而满足基本制度规范对具体制度规范的需求。

第二，基本制度规范与具体制度规范在循环往返中相互调适，实现了动态平衡。一方面，基本制度规范与具体制度规范之间存在一定的张力与冲突，但这种张力与冲突恰恰是制度进步和发展的动力，因此必须正视张力与冲突的合理性。相反，一厢情愿地追求无张力的制度体系，就会无视制度的发展规律。另一方面，在正视张力与冲突的同时，必须建立矛盾的化解机制。正是在矛盾不断产生并不断得以化解的过程中，双方不断地调整自身，从而实现制度整体的有序发展。在这一意义上，行政部门立法后评估制度不是静止不变的，而是基于各个具体领域的相互调适所形成的动态平衡状态。

第三，基本制度规范与具体制度规范之间的循环往返、相互调适，满足了二者之间的相互诉求。基本制度规范所确立的整体秩序与基本价值必须在各个具体领域中体现出来。为此，具体制度规范必须按照基本制度规范的精神与要求来构建具体的规则与价值。这里，可能会存在一种错误倾向：即认识到了基本制度规范对具体制度规范的这种诉求，但却忽视了具体制度规范对基本制度规范的诉求，没有认识到具体制度规范对基本制度规范发展的促进作用。

实际上，基本制度规范与具体制度规范的相互诉求表现为三种情况：（1）具体制度规范符合基本制度规范的规定，体现了基本制度规范的价值与精神，具有基本制度规范上的正当性。此时，具体制度规范满足了基本制度规范的诉求；（2）由于地位与功能的差异，具体制度规范与某些基本制度规范（如体现基本原则与精神的规范）冲突时，前者当然无效。但有时虽然与具体的基本制度规范相冲突，但与基本制度规范所确立的原则和精神符合。此时，为了满足具体制度规范对基本制度规范的正当性诉求，可能需要解释或修改基本制度规范，从而促进了基本制度规范的发展；（3）具体制度规范既没有得到基本制度规范的肯定，也没有得到基本制度规范的否定，此时基本制度规范"沉默"了。这种情况最有可能发生。现代法治要求任何具体制度规范都必须具有基本制度规范上的正当性，否则就有可能遭到质疑，对此，必须将具体制度规范纳入到整体制度体系之中，为具体制度规范"正身"（对具体制度规范可能是肯定，也可能是否定）。后两种情况都表明，具体制度规范对基本制度规范的诉求促进了基本制度规范的发展。

（原载《福建行政学院学报》，2012年第1期）

地方法治建设绩效测评体系构建的实践性探索
——以余杭、成都和香港等地区法治建设为例的分析

朱未易

（南京市社会科学院）

近年来，我国地方法治的理念已经深入人心，基本形成共识。但是，如何在总体上确立一种科学的、具有普适性的、可以量化的方法来判断一个地区的法治现状和法治程度，无论是在理论界还是在实务界，都还处于不断的探索和试验阶段，很有必要从经验和理论上加以总结与研究。目前，有些地区正在尝试制定法治的系统性标准和尺度，或称之为"法治指数"，以此来考量一个地区的法治状态和水平，这也是当前我国一些地方提升法治工作绩效、进行法治建设探索的新的尝试。

一、地方法治建设的绩效测评体系及其结构模型检视

（一）"法治余杭"量化评估体系及其结构模型

2005年11月，杭州市余杭区在全国区县级政府中率先提出了建设法治城

区的目标。2006年初，该区明确了"法治余杭"建设的要求："党委依法执政、政府依法行政、司法公平正义、权利依法保障、市场规范有序、监督体系健全、民主政治完善、全民素质提升、社会平安和谐"。2006年4月，省内外九位知名法学专家受聘担任建设法治余杭专家委员会委员。10月，区法治建设领导小组与浙江大学法学院签订了法治余杭的量化考核评估体系技术咨询协议。在余杭区委区政府的指导下，区司法局与法律专家一起，到全区48个部门、14个乡镇街道收集了1000多条有关法治建设的指标数据，这也形成了法治余杭建设量化指标的基础。经过一年多的共同努力，2007年7月，《"法治余杭"量化评估体系》初稿形成。同年11月9日，该指标体系正式通过专家论证。

"法治余杭"可以用1、4、9三个数字来概括："1"是一个法治余杭指数，这是对余杭公民社会现状最概括的评价，即"用一个指数来度量余杭的法治状况"；"4"是四个评估层面——区本级、区级机关部门、乡镇街道、村和社区；"9"是面向公众的九种调查问卷，涉及党风廉政建设、政府行政工作、司法工作、权利救济、社会法治意识程度、市场秩序规范性、监督工作、民主政治参与、安全感等九个方面。[1]

余杭区将自己提出的九大法治建设总体目标进行分解量化，并对区本级、区级机关各部门、各镇乡（街道）和村（社区）四个层面的法治建设实施量化考评，同时设计党风廉政建设、政府行政工作、司法工作、权利救济、社会法治意识程度、市场秩序规范性、监督工作、民主政治参与、安全感和满意度等九方面的调查问卷，总分为1000分，由人民群众广泛参与并检测各方面推进"法治余杭"建设的成效。该评估体系内容涵盖了余杭经济、政治、文化、社会建设的各个领域，从考核的安排上来看，力求做到具体化、目标

---

[1]. 西南政法大学行政法学院，http://xzf.nwupl.cn/yuanzhu/ShowArticle.asp?ArticleID=1406（访问时间：2008年7月6日）。

化、现实化，基本构建了一个横向到边、纵向到底的指标体系，具有较强的科学性、实践性、指导性和鲜明的余杭特色。[1] 余杭法治指数的结构模型将法治内涵分解为如下九个主要目标，每个目标又细化为若干具体指标。[2]

第一，推进民主政治建设，提高党的执政能力：（1）创新执政理念，强化立党为公、执政为民意识，强化以人为本和法治理念，确保执政的合法性，确保人民生活品质提升与社会安定有序；（2）完善执政体制，坚持和完善人民代表大会制度、中国共产党领导的多党合作和政治协商制度，保证决策更好地体现人民的意志；（3）支持人大、政府、政协依照法律和章程履行职能，规范党委同人大、政府、政协和人民团体的关系；（4）保障检察机关、审判机关依法独立行使司法权；（5）建立健全领导法治建设工作体制和机制，定期研究解决法治建设中的重大问题，明确年度法治建设任务，分解落实工作责任；（6）发展党内民主，保障党员权利，健全完善党内各项制度；积极实施党务公开，扩大党员群众对党内事务的知情权、参与权、选择权、监督权；（7）健全完善干部人事制度、科学考核干部政绩和能上能下的用人机制；（8）不断健全民主制度，丰富民主形式，保证人民依法实行民主选举、民主决策、民主管理、民主监督；（9）对与群众利益密切相关的重大事项，实行公示、听证等制度，扩大人民群众的参与度；（10）积极开展文明城市（城区）创建，以开展创建"民主法治示范村（社区）"等活动为载体，不断完善以村、社区民主选举制度、村务工作规则，深化村（居）务公开；（11）坚持和完善职工代表大会和其他形式的企事业民主管理制度，加强各种所有制企业工会组织建设，切实保障劳动者的合法权益。

第二，全面推进依法行政，努力建设法治政府：（1）认真贯彻实施国家法律、法规，改革行政管理方式，充分运用间接管理、动态管理、事前引导

---

1. 《杭州市：法治余杭"149"评估体系开先河》，载《领导决策信息》，2008年第7期。
2. 资料来源：余杭法制网，http://www.yhfz.cn/newsshow.aspx?artid=2711（访问时间：2008年7月15日）。

和事后监督等手段管理经济和社会事务；（2）积极探索行政规划、行政指导等方式，实现行政管理目标；深入开展"依法行政示范单位"创建活动，覆盖率达到100%；（3）建立健全各种预警和应急机制，努力提高政府应对突发事件的能力；（4）推进政府信息公开，加快电子政务建设，完善行政服务中心体制机制；（5）严格按照法定职责行使决策权，完善政府内部决策规则，建立健全公众参与、专家论证和政府决定相结合的行政决策机制；（6）完善行政决策程序，对社会涉及面广，与人民群众利益密切相关的决策事项，应当向社会公布，重大行政决策事项在决策过程中要进行合理、合法性论证；（7）严格按照法定权限和程序制定规范性文件，建立和完善规范性文件的备案审查、定期评价、修改和废止制度；（8）加强政府法制机构建设，强化政府法制工作；（9）发挥政府法律顾问组织作用，为建设法治政府提供良好法律服务；（10）深化行政执法责任制建设，加快建立权责明确、行为规范、监督有效、保障有力的行政执法体制；（11）加强对财政、税收、社保基金、住房公积金等公共基金管理；（12）科学规范执法职能，合理设置执法机构，坚决改变多头执法和执法缺位、越位、错位的状况；（13）健全行政执法案卷评查制度，建立行政执法绩效评估、奖惩机制，提高行政执法效能，降低行政执法成本，促进行政执法行为的规范化；（14）建立健全对政府规章和规范性文件实施的监督制度，强化对政府部门行政行为的监督；（15）加强行政复议工作，严格执行行政赔偿和补偿制度；（16）着力解决民生问题，当年新增财力用于社会事业和解决民生保障问题的比例不低于三分之二。

第三，促进司法公正，维护司法权威：（1）尊重和维护审判机关的司法判决；（2）提高司法队伍素质，加强对司法活动的监督和保障；深化审判方式改革，依法扩大简易程序适用范围，缩短诉讼周期，方便群众诉讼，提高司法效率；（3）健全人民陪审员和人民监督员制度，加大生效裁判的执行力度，维护司法尊严和权威；（4）积极探索司法权力制约机制，防范司法腐败；（5）健全侦查、公诉、诉讼监督工作机制，保障诉讼参与人合法权益，加大查办和预防职务犯罪的工作力度，减少和预防职务犯罪的发生；（6）完善司法救助制度，保障经济困难的群众平等参与诉讼。

第四，拓展法律服务，维护社会公平：（1）规范法律服务市场，完善律师、公证、司法鉴定、法律援助、基层法律服务体系；（2）拓展法律服务领域、方式及功能，规范法律服务主体、行为和管理；（3）依法规范律师与法官、检察官的关系，建立保障律师在刑事诉讼中依法执业的工作机制，发挥律师的司法监督作用；（4）建立健全法律援助质量监督、经费保障机制，加强对弱势群体的法律援助工作，不断提高法律援助的社会效益。

第五，深化全民法制教育，增强法治意识，提升法律素养：（1）积极引导广大市民学习宪法和与公民生产生活密切相关的基本法律法规，进一步树立维护宪法和法律权威、法律面前人人平等、权利和义务相统一的基本观念；（2）不断增强公民的民主法治观念，尤其是增强国家机关工作人员主权在民、执政为民、权力制约、尊重人权的意识，在全区形成崇尚宪法和法律权威、严格依法办事的社会环境和舆论氛围；（3）各级领导干部和公职人员要带头学法、守法、用法；（4）认真抓好中心组学法、领导干部法制讲座等各项学法制度的贯彻落实；（5）建立健全各级领导干部法律知识任职资格制度，人大常委会和组织、人事部门要把法治意识和法律素养作为干部任命、使用和任职资格考核的重要内容；（6）推动法制教育与道德教育、社会教育与课堂教育相结合，全面加强青少年法制宣传教育；（7）大力加强对企业经营管理人员的法制宣传教育，增强知法、守法的自觉性和依法维权意识；（8）全民法律意识不断增强，法治素养明显提升。

第六，依法规范市场秩序，促进经济稳定良性发展：（1）健全保障经济持续快速发展的机制，完善各类市场主体公平发展的政策；（2）大力发展和依法规范审计、会计、房产、法律服务等各类中介机构及其服务市场；（3）强化政府对市场的有效监管，健全和完善土地承包、经营、流转等相关制度，依法规范用工、交易、纳税等行为；（4）依法加强安全生产管理，实行对与人民生活密切相关的食品、医药、房地产等行业和自然垄断行业的有效监管；（5）按照政府主导、市场运作、社会参与的原则，加快建设以道德为支撑、产权为基础、法律为保障，覆盖社会经济生活各个方面的信用体系；（6）政府率先加强诚信建设，努力提高社会公信力，大力培育信用市场和信用中介机构，加快企业、中介组织和个人的信用服务体系建设；（7）加强信用监督，建立守信激励机制和失信惩戒机制，全力打造信用余杭；（8）保护各类产业的生产经营安全，加强农、畜产品防疫检疫和有毒物质残留检验。

第七，依法加强社会建设，推进全面协调发展：（1）加大城乡各类建设规划编制和管理力度，健全并严格执行规划审批制度，完善制约机制，增强规划刚性；（2）依法加强建设市场管理，强化质量监督，确保工程质量；（3）依法健全和完善区、镇乡（街道）相互衔接、合理分工、规范高效的城市管理体系，逐步实现城市管理的规范化、制度化、科学化；（4）加强环境保护、市容环境卫生管理、市政公用设施建设管理、拆除违法建筑等方面的执法；（5）积极实施中心村和新型社区规划建设，加大村庄整治力度，进一步加快社会主义新农村建设；（6）积极实施文化名区规划，推进科技、教育、人才、卫生、体育强区建设；（7）依法加大对知识产权和无形资产的保护力度，推进技术进步，形成吸引人才、高效配置人才资源、保障各类专业技术人员充分发展的法治环境；（8）深化教育体制改革，坚持依法治教，规范办学行为，促进教育事业健康发展；积极培育体育产业，规范体育市场行为，依法保障人民群众参加体育活动的权益；（9）改革文化管理体制，整合文化资源，培育和完善繁荣、健康、有序的文化市场；依法加强文物保护工作，积极实施良渚遗址、塘栖古镇等保护开发工程；（10）完善医疗服务、预防保健、卫生监督执法体制，不断提高全民卫生保健和社会公共卫生水平；（11）落实社会保障措施，完善养老、失业、医疗、生育、工伤等基本社会保障制度，建立健全同经济发展相适应的社会保险、社会救济、社会福利、优抚安置和社会互助相结合的社会保障体系；（12）依法加大对被征地农民的社会保

障力度,促进农民共享城市化成果;协调劳动关系,依法保护劳动者特别是农民工的合法权益。

第八,深化平安余杭创建,维护社会和谐稳定:(1)依法打击危害国家安全的犯罪活动,打击黑恶势力犯罪、暴力恐怖犯罪、严重经济犯罪等,切实解决群众反映突出的治安问题,坚决维护国家安全和政治稳定;(2)深化"无毒"社区创建,依法遏制涉毒违法犯罪发展蔓延的势头;(3)进一步推广政府主导型、市场契约型、义务志愿型等群防群治模式,完善以110指挥中心为龙头,治安卡口控点、交巡警控线、群防群控力量控面的治安防控网络;(4)加大公共安全基础建设,大力开展平安镇(乡)、平安街道、平安单位系列创建活动,提高公共安全管理水平,实现社会长治久安;(5)进一步健全完善工作网络,加强行业调解和企业调解,努力形成民间调解、行政调解和司法调解协调发展的大调解格局,提升人民内部矛盾的自我化解能力;(6)深入开展"四有五无"创建活动,大力加强两所(派出所、司法所)一庭(人民法庭)建设;(7)进一步落实社会治安综合治理责任制,完善机制,健全网络,充分发挥综治中心作用;(8)切实强化流动人口综合管理服务,加强归正人员的帮教安置、社区矫正和轻微违法犯罪人员的教育挽救工作。

第九,健全监督体制,提高监督效能:(1)建立健全并严格实施责任追究制度,构建全方位的监督网络,使公共权力置于严密的监督之下,确保有法必依、执法必严、违法必究;(2)区人大常委会要加强对行政机关制定的规范性文件及依法行政、公正司法的审查监督力度,强化对人民群众关注的热点领域监督;(3)区人民政府要进一步加强行政执法监督、行政复议监督等层级监督和审计、监察等专项监督,强化对重要部门、重大事项和重要岗位的监督,实行严格的决策责任追究和绩效评估制度,确保行政部门依法严格履行职责;(4)加强人民政协以及民主党派、工商联、无党派人士的民主监督和工会、共青团、妇联等群众团体的监督;完善举报网络,健全举报制度，加强信访工作，进一步畅通群众监督渠道；（5）切实发挥新闻媒体的监督作用，加强舆论监督；（6）认真贯彻《中国共产党党内监督条例》和《中国共产党纪律处分条例》，以党的各级领导机关和领导干部特别是各级领导班子主要负责人为监督的重点对象，坚决查处各种违纪违法案件，切实纠正损害群众利益的不正之风；（7）坚持标本兼治、综合治理，注重思想道德教育，建立健全教育、制度、监督并重的惩治和预防腐败体系，从源头上预防和治理腐败。

（二）成都创建全国法治城市的考核评估指标与测评体系及其结构模型

2010年2月初，成都市委市政府在全市下发了《成都市创建全国法治城市工作方案》（以下简称《方案》），对成都市争创全国法治城市提出了明确要求，即争取用两年时间，把成都市建设成为全国法治城市，实现党委依法执政、政府依法行政、司法公平正义、民主政治完善、法律服务质优、法律保障有力、监督体系健全、城市全面步入法治化管理。根据《方案》的要求，成都市法制建设领导小组办公室首次印发出台了《成都市创建全国法治城市考核评估指标与测评体系（征求意见稿）》（以下简称《测评体系》），它将创建测评的法制宣传教育、地方立法、法治政府建设、依法治理、司法公正、经济法治秩序建设、法律服务市场秩序建设、法律监督等八大方面细化为72项具体内容。

据介绍，成都市建立的《测评体系》是以全国普法办、司法部在创建全国法治城市中"自定标准，自我探索，自主创新"的总体要求为依据，在充分调研和采纳各级各部门意见、建议的基础上，借鉴了发达国家的先进经验和国内先行试点城市的成功做法，汇集了知名专家学者的智力成果，并结合成都市法治建设工作实际和统筹城乡综合配套改革试验区建设、灾后恢复重建的需要，编制而成的。

据了解，初步编制完成的《测评体系》主要突出、集中体现了法治城市的核心要求、地方特色和推广价值、注重长效机制的建设等特点，全面、集中地体现了法治城市的总体要求和核心价值。《测评体系》将采用听取汇报、材料审核、实地考察（暗访）、问卷调查、网络调查、整体观察（明察）等方法，客观科学地采集数据，并进行系统的测评。成都法治指数的结构模型将法治内涵分解为如下八个主要目标。[1]

第一，推进基层民主政治建设，提高党委依法执政能力：（1）建立健全领导法治建设工作体制和机制，定期研究解决法治建设重大问题，明确年度法治建设任务，分解落实工作责任；（2）完善执政体制，落实人民代表大会制度、中国共产党领导的多党合作和政治协商制度，保障司法机关依法独立行使司法权，积极支持工、青、妇等人民团体工作；（3）党委依法决策、科学决策、民主决策机制健全，落实到位；（4）健全完善干部人事制度、科学考核干部政绩和能上能下的用人机制，并落实到位；（5）发展党内民主，保障党员权利，健全完善党内各项制度；（6）建立健全并落实基层民主制度，丰富民主形式，保证人民依法实行民主选举；（7）开展创建"民主法治社区（村）"活动，完善社区、村民主决策、管理、监督制度，基层民主政治、法治建设落实到位。

第二，加强地方立法，努力建设法治政府：（1）立法工作制度健全，程序合法，符合成都社会经济发展实际；（2）围绕城乡统筹和灾后恢复重建，积极开展立法调研，地方立法和新法执行情况的执法检查工作落到实处；（3）行政执法制度健全、程序规范、合法，执法工作落实到位；（4）行政审批工作取得成效，并联审批和"一站式"服务工作落到实处；（5）严格按照法定权限和程序制定规范性文件；（6）建立健全并落实行政复议制度，建立并落实行政复议集中审理机制。

---

[1] 资料来源：《成都市创建全国法治城市考核评估指标与测评体系（试行）》。

第三，加快司法体制改革，促进司法正义：（1）法院依法开展审判工作，完善并落实人民陪审员制度，切实做到程序合法，实体合法；（2）深化审判工作改革，建立公开、公平、公正的审判工作制度，依法行使审判权；（3）完善司法救助制度，保障经济困难群众诉讼地位平等；（4）充分发挥检察工作职能，建立健全司法检察工作机制，检察改革工作落实到位；（5）社区矫正工作落实到位，严格控制重新犯罪率；（6）在刑事侦查工作中，依法采取侦查措施和强制措施，确保司法公正；（7）法律援助工作制度健全，基础扎实，效果明显，确保法律面前人人平等。

第四，加强依法治理，维护社会和谐稳定：（1）政府对灾后恢复重建的资金、物资监管到位；（2）依法征税，税收稽查工作措施有力，成效明显；（3）人民群众来信来访工作扎实有效，畅通诉求渠道，基层社会稳定；（4）社会治安秩序良好，城市社会治安综合治理成效显著，群众对社会治安工作反映良好；（5）加强治安、刑事案件的侦破工作，依法打击违法犯罪活动，确保社会和谐稳定；（6）依法治校工作扎实有效，积极推进依法治教工作，促进教育事业健康发展；（7）青少年犯罪预防机制健全，校园周边环境井然有序；（8）建立并落实以"预防为主，调解优先"的多元化社会矛盾纠纷解决机制，完善"大调解"工作体系；（9）深入开展非法用工专项整治活动，严厉查处劳动用工中的违法犯罪行为；（10）建立健全维稳处突预警和工作机制，突发性事件的依法处置工作及时有效；（11）安全生产责任明确，市民安全生产意识增强，预防和减少一般生产安全事故发生，防止重特大公共安全事故发生，公共安全监管工作成效明显；（12）刑释解教人员帮教安置工作措施有力，严格控制重新犯罪率；（13）切实开展基层依法治理，群众关心的热点、难点问题得以及时、有效解决；（14）积极推进农村产权制度改革，依法处理改革中出现的涉法问题；（15）依法管理粮食和农资市场，加强执法检查；（16）开展企业依法治理，加强企业基层组织建设；（17）旅游行业的依法治理工作落实到位，深入开展旅游业综合治理活动；（18）商务依法治理活

法 治 政 府
Government Ruled by Law

动扎实有效地开展,进一步规范商务行政综合执法行为;(19)依法管理交通行业,严厉打击非法营运,切实维护交通行业的生产经营秩序;(20)依法管理公共卫生事务,促进卫生事业的健康发展;(21)药品、食品、水产品等行业依法管理,工作落实到位,食品和药品行业发展健康有序;(22)依法管理计划生育工作,严格执行《人口与计划生育法》并取得成效;(23)依法管理民族宗教事务,依法解决民族宗教问题;(24)依法保护环境,严厉打击不法排污行为,确保社会与环境协调发展;(25)建立城乡一体的城市居住环境综合治理机制,深入开展城乡环境综合治理活动。

第五,规范经济法治秩序,促进经济平稳较快发展:(1)严格基本建设程序,加强政府投资项目审批管理;(2)创新价格监管方式,依法提供价格公共服务;(3)中介服务市场规范有序;(4)商品流通市场管理有序,健康发展;(5)诚信体系和管理机制健全,"重合同、守信用企业"创建活动得以有效开展;(6)消费者权益保护机制健全,运行有效,消费者合法权益得到切实有效的保护;(7)建立知识产权管理、保护、服务机制,知识产权保护工作扎实有效;(8)建立健全版权管理、保护、服务体系,版权相关产业健康发展;(9)依法管理金融机构,建立健全金融风险预防机制。

第六,拓展法律服务,提高服务水平:(1)依法规范法律服务机构,法律服务工作人员依法从业;(2)建立公共法律服务长效机制,积极开展"一社区(村)一律师"活动;(3)法律服务机构积极为统筹城乡发展和灾后恢复重建提供优质服务;(4)基层司法行政工作基础扎实,基层司法所全面达标;(5)司法鉴定监管工作扎实有效,司法鉴定活动公正、规范、科学。

第七,深化法制宣传教育,提升全民法治意识和法律素养:(1)普法依法治理工作扎实有效,规划明确、机构健全,人员、经费落实;(2)重点普法对象突出,普法和学法、用法制度健全并落到实处;(3)法制宣传教育工作基础扎实,硬件建设、队伍建设、阵地建设得到全面落实;(4)城市的法治氛围浓郁,普法依法治理工作的宣传报道及时有效、深入人心;(5)"法律六进"活动深入开展,"送法进机关、进农村、进社区、进学校、进企业、进单位"取得实效。

第八,健全法治监督体系,提高监督效能:(1)市人大对法院、检察院工作的监督有效;(2)人大、政协对依法行政工作监督有效;(3)建立健全并落实预防腐败体制,党风廉政建设工作扎实有效;(4)民主监督制度健全,落实到位;(5)行政监督制度健全,落实到位;(6)司法监督制度健全,落实到位;(7)社会监督和舆论监督制度健全,落实到位;(8)审计监督工作机制有效运行、措施有力、效果明显。

(三)"香港法治指数"及其结构模型

"香港法治指数"是由香港社会服务联会(简称"社联")倡导及赞助进行的。社联于1999年开展"香港社会发展指数计划",制定了一套评估香港整体社会发展进程的工具,并自2000年起,每两年发表一次"社会发展指数",最近一次公布为《社会发展指数2008》。社会发展指数是由14个领域,共47项社会、政治及经济指标组成,涵盖公民社会、政治参与、国际化、经济、环境因素、文娱、科技、人身安全、教育、房屋、卫生健康、治安及家庭团结等范畴。鉴于原有的社会发展指数并不包括对法治的评估,但法治不单是社会进步的象征,更是社会发展的一个重要基石,因此社联于2004年起,另行着手制定一套法治分类指数。

在香港社会服务联会的倡导及赞助下,一项旨在调查确定香港的法治指数的研究在2005年得以开展和实施。该项目以体制性的进路,以质化和量化相混合的方法来确定特定地区的法治指数。调查结果显示,在及格分为50、满分为100的情况下,在包括法律程序公平及法律面前人人平等等七个评分范畴之中,香港的法治指数为75分。该分数表明,一方面,香港人的法治状况总体上较为理想;另一方面,香港法治的某些方面还不尽如人意,而且总

法治政府
Government Ruled by Law

体上较前几年有下降的趋势。负责制定指数及编算的香港大学法律学院副院长戴耀庭指出，75 分显示香港法治正处于很高的水平，不少评审团成员也都形容香港现时拥有高度法治。

该项研究是以体制性的进路来对法治进行研究的。这种对法治的理解着重于政府是否透过法律和在法律之下行事。政府的体制是根据某些原则来制定，根据某些程序来运作，从而确保利用法律来管治的社会目的得以达致。另一法治的研究方向是价值性的进路。它审视法律的内容，看其是否确认某些基本人权和价值。本研究采用的是较狭窄的体制性进路，不是因为与价值性进路比较之下，前者较优或真确，而是可令本研究更加聚焦。[1] 香港法治指数的结构模型将法治内涵分解为如下七个主要目标。[2]

第一，法律的基本要求。（1）一般性。法律是适用于所有人而不是个别人士。该要求可大大规限执法者的酌情权力，因他们必须引用相关的法规和原则来解释为何不同人会得到不同的对待。（2）公布。法律一定是要公开并向人民公布的，因受法律规管的人，必须可以知道法律是怎样。法律亦可被公众讨论。若法律不能让人知道，那就难以对不守法者作出监察。（3）稳定。法律不应修改太频密，不然人们将难以肯定此刻所适用的法律是如何，并会常在法律已被修改了的恐惧中。法律的稳定性对人们能长远以法律来计划其生活尤其重要。（4）确定。法律不应含糊不清，误导人们或造成混乱。（5）没有追溯力。若刑事责任可以有追溯力的话，那人们今天合法的行为就可能有一天成为非法。法律没有追溯力对法律的确定性极为重要，让人在作出某行为时，就可确知其法律责任。（6）不可要求不可能的作为。法律所要求或禁止的当事人在合理的情况可作出或不作出的作为。法律不能要求人们作出一些不可能的作为。（7）不可赋与任意的权力。法

---

1. 参见戴耀庭：《香港的法治指数》，载《环球法律评论》，2007 年第 6 期。
2. 同上。

律不应赋与政府任意的权力，以防止法律权力被用以谋私利、作偏颇或复私仇。与一般社会价值相符，法律应与公众的意愿大体相符。不然，若公众对法律产生广泛的不满，那会导致人们以暴力行为来改变法律或以非法的行为来表达他们的不满。

第二，依法行政。政府的权力都要由法律所规限。政府官员只可行使宪法或一般法律所赋予的权力，并依据这些法所规定的方式来行使。政府官员本身亦受法律所规管，并不享有特权豁免于法律责任。

第三，不许有任意权力。政府官员不应享有任意的权力。执法人员、其他政府官员和政府任命的官员都不能利用法律赋予的酌情权力来滥用法律。

第四，法律面前人人平等。对所有人来说，法律应是一样的。人们不应因他的种族、肤色、性别、语言、宗教、政治或其他信念、国家或社会背景、身份地位或其他情况而得到不同的对待。每一个人都可在平等及不受歧视的条件下及于司法公义，以保障他的权益并取得补偿。

第五，公正地施行法律。（1）政府的行为与公布的法律相符。应设立有效的程序和机制如由司法机关复核行政机关的行为或决定，以确保政府是依法而行。一般法庭可审决政府与市民之间的争议。法院应有权复核一般法律的合宪性或行政法规的合法性。（2）司法独立。保障司法独立的规定如任命法官的方法、任职的保障、厘定薪酬的方法及其他工作条件，是为了确保法官能不受外界干预以法律作出裁决。这是指法官不受行政部门的威迫利诱。同样，立法机关亦不可对司法人员行使司法权力作出干扰。

第六，司法公义人人可及。（1）法院人人可及。法院应是每一个人都轻易可及的。由于法院的功能是确保法治，这是极为重要的。长久的拖延、昂贵的讼费都会使法律变成只是纸上的保障，使人难以用法律来指引自己的行为。（2）独立的法律专业人员。法治需要让人能得到律师的代理。在刑事案件中，被告能得到律师代理尤其重要。（3）投诉政府决定或行为的程序。在

司法程序以外应还有其他途径让市民因其他原因如行政失当,投诉行政部门的决定或行为。

第七,程序公义。(1)假定无罪。在所有刑事起诉中,被告都应被假定无罪,由控方来证明被告是有罪,而不是由被告来证明自己的清白。若被告不能被证明是有罪,对他的指控就当不成立。(2)自然公义的原则。公平的聆讯及不偏私的仲裁者。在行政及司法的诉讼中,程序公义必须得到保障。这包括两个经典的程序公义的原则:作裁决者不可有偏私及权益受影响者有公平聆讯的权利。(3)基本的证据法则以达公义。执法者当以合法的途径取得证据。法庭接纳的证据应是那些当接纳的,且这些证据得公平地向法庭陈述。为实践法治,向法庭提出的证据当是全面及可靠的。(4)公平的审讯。在判定对任何人提出的任何刑事指控或确定他在一件诉讼案中权利和义务时,人人有资格由一个依法设立的合格的、独立的和无偏倚的法庭进行公正的和公开的审讯。由于民主社会中道德的、公共秩序的或国家安全的理由,或当诉讼当事人的私生活的利益有此需要时,或在特殊情况下法庭认为公开审判会损害司法利益因而严格需要的限制下,可不使记者和公众出席全部或部分审判;但对刑事案件或法律诉讼的任何判决都应公开宣布,除非少年的利益另有要求或者诉讼系有关婚姻争端或对儿童的监护权问题。

二、地方法治建设绩效测评体系模式的比较分析

余杭、成都、香港等城市和地区的法治指数模型虽然体系或结构上有所差别,繁简也有很大的差异,如果说香港法治指数侧重于实质正义的话,那么内地某些城市的法治量化考核则侧重于形式正义。可以说,三地的法治指数模式各有特点。

（一）地方法治指数测评体系中"依法行政"评价指标的个案解读

以下仅以"依法行政"的法治指数设计来进行法理层面的分析。

1. 余杭法治指数体系中的"依法行政"

杭州余杭区的"'法治余杭'量化评估体系"中将依法行政的评估内容归纳为12个方面。我们可以将其分为立法领域、执法领域和监督领域等几个方面的依法行政内容。

一是立法领域的依法行政。该项内容包括：严格按照法定权限和程序制定规范性文件，建立和完善规范性文件的备案审查、定期评价、修改和废止制度。

二是执法领域的依法行政。该项内容包括：认真贯彻实施国家法律、法规，改革行政管理方式，充分运用间接管理、动态管理、事前引导和事后监督等手段管理经济和社会事务；积极探索行政规划、行政指导等方式，实现行政管理目标；深入开展"依法行政示范单位"创建活动，覆盖率达到100%；建立健全各种预警和应急机制，努力提高政府应对突发事件的能力；加强政府法制机构建设，强化政府法制工作；发挥政府法律顾问组织作用，为建设法治政府提供良好法律服务；深化行政执法责任制建设，加快建立权责明确、行为规范、监督有效、保障有力的行政执法体制；加强对财政、税收、社保基金、住房公积金等公共基金管理；科学规范执法职能，合理设置执法机构，坚决改变多头执法和执法缺位、越位、错位的状况；健全行政执法案卷评查制度，建立行政执法绩效评估、奖惩机制，提高行政执法效能，降低行政执法成本，促进行政执法行为的规范化；加强行政复议工作，严格执行行政赔偿和补偿制度；着力解决民生问题，当年新增财力用于社会事业和解决民生保障问题的比例不低于三分之二。

三是监督领域的依法行政。该项内容包括：推进政府信息公开，加快电子政务建设，完善行政服务中心体制机制；严格按照法定职责行使决策权，完善政府内部决策规则，建立健全公众参与、专家论证和政府决定相结合的行政决策机制；完善行政决策程序，对社会涉及面广，与人民群众利益密切相关的决策事项，应当向社会公布，重大行政决策事项在决策过程中要进行合理、合法性论证；建立健全对政府规章和规范性文件实施的监督制度，强化对政府部门行政行为的监督。

邓小平曾指出："把人民群众拥护不拥护，满意不满意，赞成不赞成，高兴不高兴，答应不答应作为一切工作的出发点。"地方法治建设的评估体系是否科学合理，地方法治建设的现状怎样，地方法治建设的绩效如何，都应该交由人民来评判和考量。由此针对地方出台的法治建设评估指标和法治指数，其设计和运作的科学性、社会性、合理性、操作性和现实性如何，有两个方面的实践性标准：一是这个地方的广大人民群众对这种测评体系或法治指数设计现实性和合理性的评价和看法；二是这个地方的广大人民群众在参与测评或问卷调查中的真实感受和态度。这或许可以为有些部门如何进行地方法治建设的绩效评价提供一个终极的参照和出发点。我们暂且不评论余杭评估体系指标设计是否科学和合理，在公众参与这方面，"'法治余杭'量化评估体系"面向公众的九种调查问卷就可以说明，作为地方法治建设的余杭模式，具有了法治建设的公众参与理念和操作实践，这是值得肯定的，也为地方法治建设提供了一个分析、研究和借鉴的样板。

2. 成都法治指数体系中的"依法行政"

成都"法治城市考核评估指标与测评体系"中将依法行政的评估内容归纳为25个方面。我们可以将其分为公共经济领域、公共社会领域和公共文化领域等几个方面的依法行政内容。

一是政府在公共经济领域的依法行政。该项内容包括：依法征税，税收稽查工作措施有力，成效明显；积极推进农村产权制度改革，依法处理改革中出现的涉法问题；依法管理粮食和农资市场，加强执法检查；开展企业依法治理，加强企业基层组织建设；旅游行业的依法治理工作落实到位，深入开展旅游业综合治理活动；商务依法治理活动扎实有效开展，进一步规范商务行政综合执法行为；依法管理交通行业，严厉打击非法营运，切实维护交通行业的生产经营秩序；药品、食品、水产品等行业依法管理，工作落实到位，食品和药品行业发展健康有序。

二是政府在公共社会领域的依法行政。该项内容包括：政府对灾后恢复重建的资金、物资监管到位；人民群众来信来访工作扎实有效，畅通诉求渠道；基层社会稳定，社会治安秩序良好，城市社会治安综合治理成效显著，群众对社会治安工作反映良好；加强治安、刑事案件的侦破工作，依法打击违法犯罪活动，确保社会和谐稳定；建立并落实以"预防为主，调解优先"的多元化社会矛盾纠纷解决机制，完善"大调解"工作体系；深入开展非法用工专项整治活动，严厉查处劳动用工中的违法犯罪行为；建立健全"维稳处突"预警和工作机制，突发性事件的依法处置工作及时有效；安全生产责任明确，市民安全生产意识增强，预防和减少一般生产安全事故的发生，防止重特大公共安全事故发生，公共安全监管工作成效明显；刑释解教人员帮教安置工作措施有力，严格控制重新犯罪率；切实开展基层依法治理，群众关心的热点、难点问题得以及时、有效解决；依法管理公共卫生事务，促进卫生事业的健康发展；依法管理计划生育工作，严格执行《人口与计划生育法》并取得成效；依法保护环境，严厉打击不法排污行为，确保社会与环境协调发展；建立城乡一体的城市居住环境综合治理机制，深入开展城乡环境综合治理活动。

三是政府在公共文化领域的依法行政。该项内容包括：依法治校工作扎实有效，积极推进依法治教工作，促进教育事业健康发展；青少年犯罪预防机制健全，校园周边环境井然有序；依法管理民族宗教事务，依法解决民族宗教问题。

法治政府
Government Ruled by Law

从评估体系中依法行政的指标体系的设计理念来看,其内容都与城市法治的方方面面相关,但偏重于法治部门对自身法治工作的推进所进行的项目分解,而忽视了公民对于法治建设参与主体和评价主体的作用和影响,最后很可能变成一个法治工作部门的自我主观的工作绩效评价,可能会导致地方法治建设的社会价值评判功能和公民参与功能的弱化。

3. 香港法治指数体系中的"依法行政"

香港法治指数将依法行政的主要条件和评估内容概括为:政府的权力都要由法律所规定和限制。政府官员只可行使宪制性法律或一般法律所赋予的权力,并依据这些法律所规定的方式来行使。政府官员本身亦受法律所规管,并不享有特权豁免于法律责任。政府官员不应享有任意的权力。执法人员、其他政府官员和政府任命的官员都不能利用法律赋予的酌情权力来滥用法律。

从"香港法治指数"整个体系设计来看,它的制定有两个明显的法理价值取向,一是从城市治理权力架构的进路出发,对政府行使权力的空间和范围进行规制和约束;二是从城市治理人权保障的进路出发,对公民基本权利和自由的保障。因此,"香港法治指数"主要是在四个方面进行的制度性考量:一是权力制约,在何种程度上防止和限制公权力的不当扩张和滥用;二是人权保障,在何种程度上保障和尊重人的基本权利和利益需要;三是司法公正,在何种程度上保障公民平等的诉权和诉讼效率;四是程序正义,在何种程度上保障当事人的权利和义务得以公平地对待和有效地履行。

衡量一个城市或地区法治的状况有很多指标和方法,如果我们把这种考量作为一种手段的话,那么背后必有一种法律理念的支撑,这个法律理念对于法治指数的制定和实施以及效果将产生非常重要的影响。"香港法治指数"的法理支持应该是很值得借鉴的,它不是一种仅仅停留在法治工作的分解层面,去对工作体系作众多的切分和衡量,而是将目标定位在城市的法治化程度上,这个法治化程度的衡量并不以政府做了多少的法治工作为衡量标准,而是以城市的法治状态为考量的基点。有很多城市制定的所谓法治创建考核，与其说是法治测评体系，毋宁说是城市法制工作的绩效考核，与法治的实质要义和价值理念还有差距。

（二）地方法治建设绩效测评体系运行模式的比较分析

地方法治建设绩效评估体系的构建，从目前已有的实践性测评体系的目标模式来看，产生了两种截然不同的价值取向，非常值得比较和研究。

1. 以内地一些地区（余杭、成都等）为代表的法治指数测评模式

这一测评模式有两个非常重要的特征，即党委政府的积极推动性与地方法治建设工作的层层分解整合性。

一是党委政府的积极推动性。在当下我国公民参与、民主法治、社会冲突等方面还存在诸多矛盾和问题的状况下，地方法治建设还不可能或者说无法由第三方来进行积极的推动和参与，只能由各地方党委和政府组织推进，虽然在理念上仍然摆脱不了工作分解和工作布置的思维框架，但是毕竟已经在尝试着用一种标准和尺度来衡量地方法治建设工作的推动状况以及地方部门法治建设的进步程度。从发展观的视角看，从过去地方法治建设推动的单向性工作思路，到地方法治建设的主观评价体系的构建，的确是一种进步和提升。但是如果随着社会的发展，民主政治的不断推进，法治建设要求的不断提高，评价体系的社会参与度、中立第三方测评的介入度、公民客观评价的广泛性，以及评价体系设计的进一步科学化和合理化等都将逐步改变地方法治建设的质量和价值取向，真正达到法治建设为了人民、人民参与法治建设、人民享有法治建设成果的目标。

二是地方法治建设工作的层层分解整合性。地方法治建设按照国家依法治国，建设社会主义法治国家的总目标，从省到市，再到区县，绩效考核的

法治政府
Government Ruled by Law

工作分解和整合非常明显,所有法治建设目标的推动和工作的落实被层层分解成形式化和碎片式的工作要求和达致目标,经过上级主管部门或工作实施部门的主观评价和指标考核,最后整合成一个地区、一个市县区地方法治建设绩效,并以主观的考核分数来排定法治建设的成效和业绩。地区法治化程度、公民参与的绩效、法治建设的社会评价绩效,以及法治价值理念导引下的公权力制约和私权利保障绩效等法治建设的实质性目标往往被面上的工作所遮蔽和淡化。如果我们将香港的法治指数测评体系与国内一些城市构建的法治指数测评体系进行一番比较的话,就会发现同样都是法治指数的测评体系,但在指标设计的价值理念、评价条件和评估内容等方面确有较大的差异,这种差异既体现在经济、社会和文化发展背景下的实践性差异,同时也体现在制度、机制等规范构建层面下的理念性差异。

2. 以香港为代表的法治指数测评模式

这一测评模式有两个非常重要的特征,即广泛的民主参与性与地方法治状况的主客观结合性。

一是广泛的民主参与性。法治指数的测评指标体系评价主体以普通公民的问卷调查客观统计数据为主,以法治建设工作有关部门的主观评价为辅。

地方法治建设的绩效如何、法治建设的状况怎样,不完全由法治建设工作有关部门来进行自我的主观评价,而是交由广大的市民和普通公民来体验和评判。

二是地方法治状况评价的主客观结合性。对地方法治建设既要进行主观的评价,又要进行客观的评判。首先是问卷设计的科学公正,如我国台湾地区公共治理指标体系中七个一级指标测评系统,都与社会法治建设具有高度的契合性、实质性和针对性。[1] 关于政府效能和政府回应力的测评问卷设计,在理念和价值取向上针对政府效能指标,除将综观地检视当前政府在总体及

---

[1]. 参见台湾地区"行政院"研究发展考核委员会:《台湾公共治理指标(1998)年度报告》,2010年出版。

个体政策的施政成就，亦将评估政府落实政策的能力及其施政方向的一致性等。而针对政府回应力，旨在检视政府之各项政策施行过程是否能呼应人民之需求，以及整体上政府的施政是否能接受、转化并调和人民之不同需求。这些测评和问卷设计的社会价值理念和人本价值理念是值得借鉴的。其次是问卷调查的可靠性和真实性，问卷调查对象以学术界、政府界和企业界人士为主，比例较为合理，2008—2009 年学术界分别占 62% 和 55%、政府界分别占 22% 和 24%、企业界分别占 16% 和 21%，保证了数据的完整、合理、真实和准确。最后是地方法治建设效果的社会回应性，通过测评指标体系的设计和问卷，能够将政府进行法治建设的社会反响和社会效果及时准确和客观地收集和反馈出来，这一点不仅仅是指标设计本身优势的体现，更加重要的是这个体系背后的设计理念和价值取向。笔者以为，地方法治建设状况主客观评估有两个最重要的法理判断标准：一是公共权力的不当扩张和滥用是否得到有效的控制和约束；二是公民权利和发展自由是否得到有效的保障和维护。

三、地方法治建设绩效测评体系构建的目标模式探索

对于地方法治建设绩效测评体系，我们也可以将其称之为地方"法治指数"。根据对上述不同地区和城市法治建设绩效评估模式（或称"法治指数"）的分析，虽然内容和目标各有不同，但是建立评价体系的目的却有着一致性。季卫东教授认为，法治指数的构建有三大意义：一是可以对不同社会体制和文化进行比较分析；二是可以为改造权力结构提供更清晰的蓝图；三是可以使法治建设的具体举措和绩效的评价趋于统一化。[1] 笔者认为，它还具有另三项重要意义：一是可以监督公权力的不当扩张和滥用，保护公民私权

---

1. 参见季卫东：《以法治指数为鉴》，载《财经》，2007 年第 21 期。

利的行使;二是可以提高公民参与公共治理的范围和程度;三是可以为法治建设提供系统性的量化运作模式。不同的社会体制、文化背景、经济发展水平以及人文素质有可能导致法治建设绩效测评体系的不同架构、模式和内容,但是,法治是人类的普世价值之一,因此法治建设的评价也总会存在普适性和公共性的原则和基本内容。笔者试图从各种不同或迥异的评价模式中归纳出普适性的结构模型和评价范式,旨在对地方法治建设评价体系的构建作一些前瞻性的补充和完善。

(一)地方法治建设绩效测评体系构建的基本原则

1. 测评体系的民主性与开放性原则

地方法治建设测评应该是一个民主和开放的系统,它要研究的是法治建设绩效测评体系究竟由谁来制定和设计,由谁来评价和判断,由谁来对测评程序和过程进行监督等问题。笔者认为它的民主性和开放性集中体现在几个方面:一是法治建设测评指标设计的民主性和开放性,不但要体现测评指标内容的针对性和广泛性,而且还要体现测评指标设计的公众参与性,比如测评体系的设计可以由独立的第三方来进行;二是法治建设测评主体的民主性和开放性,不但要体现参加测评的被评价对象的信息公开,而且还要体现评价主体的多元性、代表性和广泛性,地方法治建设最直接、最有效、最真实的评价主体应该是一个地区或城市的广大人民群众;三是法治建设测评运行机制的民主性和开放性,不但要体现测评的多部门、多层次协作、合作的协调性,而且还要体现测评程序和过程的公正性和公开性。

2. 测评体系的系统性与整体性原则

地方法治建设测评体系的构建是一个大系统,包括了民主政治、法制完善、依法行政、公正司法和公民普法等子系统,这些子系统从整体上构成一个系统的评价体系。对地方法治建设这样一个系统工程的绩效进行评价，就必须用系统性和整体性的观点，从系统论的视角出发，在系统的相互关联、相互制约中把握测评体系构建的特征，从整体上把握地方法治建设绩效评价的特性和功能，从法治建设的可持续性和可发展性理念出发，对地方的法治建设绩效评价指标作出整体的设计和分析。地方法治建设绩效测评体系作为一个有机的整体，要能反映和测度被评价系统的主要特征和状况，包含法治建设绩效评价的各个要素。当然，法治建设绩效测评体系不可能包罗万象，但影响法治建设绩效的主要因素不可缺少，因此地方法治建设测评体系的构建应该体现形式和内涵的系统性和整体性原则。

3. 测评体系的可达性与操作性原则

地方法治建设绩效测评体系的构建必须考虑评价目标的可达性和实施测评的可操作性。目标的可达性表示测评体系构建要达成的预期目标，测评实施的可操作性则表示进行法治建设绩效测评的各个环节和步骤的可进行性，并且能够达致测评体系构建的目标设计要求和测评对象的真实状况及数据统计。但是在构建测评体系时有两个方面的情况要注意：一是测评体系的设计必须考虑到指标值的测量、数据采集及汇总工作的可行性和可实现性，解决好地方法治建设测评的定性分析和定量评估两者的整合和交互性；二是测评体系每一个指标的设计必须考虑到现实针对性和可信度，解决好地方法治建设测评的公信力和权威性。

4. 测评体系的普适性与特殊性原则

测评的普适性原则体现的是对地方法治建设评估标准的普遍性。一个地区或城市法治建设评估的核心指标具有一般性特征，对其他地区或城市也具有普遍适用性。而测评的特殊性原则体现的是不同地区、不同城市、不同对象、不同法治发展水平、不同经济和社会及文化发展水平的主客观条件下，构建针对性、典型性和指向性的特殊评估指标。一个完善的地方法治建设评估指标体系应该是普遍适用和个别针对适用的结合，在地方法治建设发展的统一性当中体现出差别性和特殊性，这符合我国幅员辽阔、经济社会发展不平衡对地方法治建设的现实需要。

5. 测评体系的静态性与动态性原则

静态性评价是对地方法治建设的现有水平进行评估，反映地方法治建设特定时间和空间所存在的现实状况。静态性评价突出的是对一个地区或城市法治建设现状的评估，地方的法治建设处在一个什么样的层次和水平上，具有评估的现实显现功能。而动态性评价是对地方法治建设纵向和横向发展预期进行的评估，反映地方法治建设未来的发展趋势和走向，具有评估的预测预警功能。因此，一个比较完善的测评指标体系的构建应该是静态性与动态性评价相结合的评估模式，通过地方法治建设实然性的评估以达到对法治建设应然性的价值追求。

（二）地方法治建设绩效测评体系目标模式构建的再探索

法治建设绩效的最大化和最优化是每一个地区或城市追求的目标，但是什么样的绩效才是最优的，应该说老百姓认同的绩效才是真正的绩效，因此衡量地方法治建设绩效的标准和内容首先要由公众参与和认可，而不应该仅仅是某些部门封闭式的设计自我评价标准，或某些专家学者主观臆断的指标设计。虽然地方法治建设的经济和社会发展条件和对象有所不同，但普适性的能够体现公众意志或回应公众诉求的地方法治建设的考量指标及其价值理念却是相同的。

笔者根据对以上不同地区和城市法治建设考量的指标体系的分析及比较，试图构建一般性的地方法治建设的测评及其目标模式的结构模型。地方法治建设测评指标的设计是一个系统工程，包括了政治、立法、行政、司法和人权五大基本要素。这些要素在地方法治建设绩效测评体系中的运用能够体现出怎样的功能和作用，从某一种视角看，就能够判定一个地区或城市法治化的程度和水平。因此，笔者运用以上五个要素试图对地方法治建设测评体系及其目标模式进行一般性构建，首先将测评体系的一级目标构建为五个目标项：民主政治、法制完善、依法行政、公正司法、公民普法；其次在五大目标项下再分为 45 个子目标项，当然还可以为了具体实施测评的需要在每个子目标项下分别设计若干具体测评的细化标准。本文对地方法治建设测评体系及其目标模式的一般性构建只是为了方便研究和比较，并未作完全的展开，这是以后继续深化研究的任务。

评测目标一是民主政治。它的主要标准和评估内容为：（1）地方人大代表完全反映民意的能力及其程度如何；（2）地方政党在国家和地方法律范围内活动及其遵法守法的程度如何；（3）地方政协、民主党派以及社会团体在政治协商方面的权利和权力得到多大程度的体现；（4）地方及其基层群众自治的能力和权利在多大程度和深度上得以体现；（5）公民在宪法和法律范围内的政治自由和自我价值实现在多大程度上得到维护和保障；（6）公民在宪法和法律范围内政治参与的能力和权利在多大程度上得到维护和保障；（7）地方党委和政府反腐惩腐的力度和成效在多大程度上体现，以及各级党政官员的清正廉洁程度；（8）地方公众对本地区民主政治建设完善程度的主客观综合评价。

评测目标二是法制完善。它的主要标准和评估内容为：（1）地方性法规和政府规章的制定和实施在多大程度上能够不受政治权力或利益集团的干扰；（2）地方性法规和政府规章制定的完备和系统化程度；（3）地方性法规和政府规章的制定和实施在多大程度上维护和保障了公共利益、社会利益和民生利益以及公民的个人权益，并且在多大程度上体现了民意和民权；（4）地方性法规和政府规章的制定和实施在多大程度上与上位法保持了一致性和不相冲突；（5）地方性法规和政府规章的制定和实施在多大范围和程度上体现了公民的参与；（6）地方性法规和政府规章的制定和实施在多大程度上起到调整利益冲突和社会矛盾的作用；（7）地方性法规和政府规章的制定和实施在多大程度上满足了公共利益、社会利益的需要；（8）地方公众对本地区法制建设完善程度的主客观综合评价。

评测目标三是依法行政。它的主要标准和评估内容为：（1）地方政府行政权力行使的实体性和程序性规范在多大程度上得到了完善；（2）地方政府的行政职能设定和职能履行在多大程度上依法获得和依法行使；（3）地方政府行政执法体制和机制在多大程度上保障了依法行政职能的履行；（4）地方政府行政权力的不当扩张或行使在多大程度上得到监督和制约；（5）地方政府行政职能履行的责任承担在多大程度上和范围内得以体现；（6）地方政府公共信息在多大程度和层面上以及范围内依法向公众公开；（7）地方政府公共行政的行政能力和行政效率在多大程度上满足了社会发展的需要，在多大程度上为行政相对人提供了便利和服务；（8）地方政府应对公共事件、突发事件以及回应社会的能力在多大程度上得以体现；（9）地方政府的行政决策在多大程度上和范围内采取各种措施征求公众意见以及公民在多大程度上参与公共事务的管理；（10）地方政府的公共行政职能在维护社会安全、和谐、有序上得到多大程度的体现；（11）地方政府具体行政行为和抽象行政行为在多大程度上依法履行；（12）地方公众对本地区政府在经济、社会和文化等领域履行公共职能完善程度的主客观综合评价。

评测目标四是公正司法。它的主要标准和评估内容为：（1）地方司法机关的实体公正和程序公正在多大程度上得以实现；（2）地方司法机关的体制机制在多大程度上促进了地方经济和社会的有序发展；（3）地方司法机关的司法效能在多大程度上保障了公民的合法权益；（4）地方司法机关的司法援助在多大程度上保障了弱势群体的诉讼需求；（5）地方司法机关的司法事务在多大程度上独立运行而不受政治权力的干预；（6）普通公民在多大程度和范围上参与了地方司法机关的司法事务;(7)地方司法机关的司法权行使在多大程度上受到合法的监督;(8)地方司法机关和法律服务机构在多大程度上解决利益冲突和纠纷以及缓解社会矛盾;(9)地方司法人才和法律服务人才的素质在多大程度上得到提高和合理配置;(10)地方公众对本地区公正司法完善程度的主客观综合评价。

评测目标五是公民普法。它的主要标准和评估内容为:(1)公民对自己拥有的基本权利和其他各项权利以及应该履行的各项义务的知晓程度;(2)公民的基本权利和其他各项权利在多大程度上得以行使或实现;(3)公民的各项义务和社会公德在多大程度上得到履行和遵守;(4)公民的权益诉求和社会矛盾冲突在多大程度上是通过诉讼途径或非讼调解途径解决;(5)公民日常行为的公共规则意识在多大程度上得以体现;(6)地方进行的公民法制宣传和教育在何种程度上体现出实际的效果;(7)公民遵纪守法以及道德素养程度的主客观综合评价。

(原载《政治与法律》,2011年第1期)

参考文献

1. 韩丽：《中国立法过程中的非正式规则》，载《战略与管理》，2002 第 4 期。
2. 季卫东：《法治秩序的建构》，北京：中国政法大学出版社 1999 年版。
3. 季卫东：《现代中国的法制变迁》，东京：日本评论社 2001 年版。
4. 季卫东：《宪政新论》，北京：北京大学出版社 2005 年版。
5. 梁治平：《法治：社会转型时期的制度建构——对中国法律现代化运动的一个内在观察》，载《当代中国研究》，2000 年第 2 期。
6. 强世功：《惩罚与法治——当代法治的兴起（1976—1981）》，北京：法律出版社 2009 年版。
7. 夏勇：《法治是什么：渊源、规诫与价值》，载《中国社会科学》，1999 年第 4 期。
8. 俞可平主编：《治理与善治》，北京：社会科学文献出版社 2000 年版。
9. 张健：《合法性与中国政治》，载《战略与管理》，2000 年第 5 期。
10. ［法］莱昂·狄骥：《公法的变迁》，郑戈译，沈阳：辽海出版社 1999 年版。
11. ［美］B. 盖伊·彼得斯：《政府未来的治理模式》，吴爱明、夏宏图译，北京：中国人民大学出版社 2001 年版。
12. ［美］哈罗德·J. 伯尔曼：《法律与宗教》，梁治平译，北京：生活·读书·新知三联书店 1991 年版。
13. ［美］埃德加·博登海默：《法理学、法律哲学与法律方法》，邓正来译，北京：中国政法大学出版社 1999 年版。
14. ［美］布鲁斯·阿克曼：《我们人民：宪法变革的原动力》，孙文恺译,北京:法律出版社2003年版。

15. [美]乔万尼·萨托利:《民主新论》,冯克利、阎克文译,上海:上海人民出版社2009年版。

16. [英]约瑟夫·拉兹:《法律的权威:法律与道德论文集》,朱峰译,北京:法律出版社2005年版。

17. [英]弗里德里希·冯·哈耶克,《自由秩序原理》,邓正来译,北京:生活·读书·新知三联书店出版社1997年版。

18. [英]汤姆·宾汉姆:《法治》,毛国权译,北京:中国政法大学出版社2012年版。

19. Geoffrey De Q. Walker, *The Rule of Law: Foundation of Constitutional Democracy*, Melbourne University Press, 1988.

图书在版编目（CIP）数据

法治政府 / 李月军主编. —北京：中央编译出版社，2013.8
（中国的民主治理：理论与实践 / 俞可平主编）
ISBN 978-7-5117-1732-0

Ⅰ.①法…
Ⅱ.①李…
Ⅲ.①国家机构-行政管理-研究-中国
Ⅳ.①D630.1
中国版本图书馆 CIP 数据核字（2013）第 177869 号

法治政府

出 版 人	刘明清
出版统筹	薛晓源
学术统筹	陈家刚
责任编辑	侯天保
责任印制	尹　珺
出版发行	中央编译出版社
地　　址	北京西城区车公庄大街乙5号鸿儒大厦B座（100044）
电　　话	（010）52612345（总编室）　（010）52612335（编辑室）
	（010）66161011（团购部）　（010）52612332（网络销售）
	（010）66130345（发行部）　（010）66509618（读者服务部）
网　　址	www.cctphome.com
经　　销	全国新华书店
印　　刷	北京印刷一厂
开　　本	787 毫米×960 毫米　1/16
字　　数	247 千字
印　　张	21.25
版　　次	2013 年 8 月第 1 版第 1 次印刷
定　　价	66.00 元

本社常年法律顾问：北京市吴栾赵阎律师事务所律师　闫军　梁勤
凡有印装质量问题，本社负责调换。电话：（010）66509618